僕の少年時代

昭和を生きた父母の日記より 感謝を込めて

鈴木昌和
SUZUKI MASAKAZU

幻冬舎
MC

僕の少年時代

〜昭和を生きた父母の日記より　感謝を込めて〜

プロローグ

「もう何をすればいいの？」とは聞かない

自分史を書く人の思いは様々であろう。

自分一人で読むだけなら日記で十分である。ところが人は人生の終焉に差し掛かると、何がしか自分の足跡を振り返り、自分が何者であったのかを探ってみたいと言う思いに駆られ、できる事ならその人生を丸ごと肯定してほしいと願うもののようである。私の自分史も必然的にそうした思いの上に出来上がっていることは否めず、所詮自己満足の域を超えるものではない。けれども私が読んで欲しいと思う人の大部分はすでに亡くなってしまった。80歳という私の年からすれば当然のことではあるが……。

大抵の人が自分自身の周りにいる人たちはいつまでもずっとそばにいてくれるはずと思いこんでいる。けれどもふと気が付いてみると自分一人だけ取り残されている、それが現実である。

私は現在80歳の小児科医、病院勤務の後42歳で開業して36年になる。あっという間の36年であった。

振り返ってみると全力でここまで駆け抜けてきたという思いがある一方、これでよかったのかとのある種戸惑いを感じているのも事実だ。私はこれまでに２回引っ越しを経験している。物心がついて記憶にある初めての住まいは目黒区の上目黒。最寄り駅は学芸大学、当時の駅名は第一師範前だったと記憶している。そこにはたくさんの思い出があり、これまでの私の生涯の中でも、もっとも濃密な時代であった。「もし戻れるとしたらいつの時代に戻りたいか」と問われたなら、即座にこの上目黒時代と答えるが、それは年老いてつのる郷愁の裏返しのようでもある。小学校３年の12月まで約６年間を過ごした。

その後は世田谷区の等々力に転居して33年間住み続けた。最寄り駅は大井町線の尾山台。小学校高学年、中学・高校・大学と学生時代の大半をここで過ごし、さらに損害保険会社に就職したものの水に馴染めず１年半で退職、３年半の浪人生活を経て昭和大学医学部に入学。卒業後小児科医局に在籍する傍ら小平市の公立昭和病院に勤務することになり、そのあと縁あって小平市で開業されていた小児科女医先生に請われ医院を継承することになった。すなわち５年半程昭和病院に勤務していた間に患者さんの紹介・病状報告や講演会などを通じて大勢の開業の先生方と顔見知りになったが、勤務して３年目の頃、後継者のなかった女医の先生から自院を継承してほしいとの打診をいただいた。

当時は小児科の長として多忙ながらやりがいを感じており、まったく開業を考えてはいなかったのでずっとお断りし続けていたが、その後も数度にわたってわざわざ世田谷迄来られて熱心に継承を勧められ、将来を考慮した上で開業する決心を固めた。そして病院勤務の時のように世田谷から通うのではなく、小平に骨をうずめるつもりで家族全員で転居することになった。昭和60年８月のことである。私が42歳、長男は中学２年、長女は小学５年生であった。

妻も子供たちも当初ある程度は戸惑った事と思うが、そこは若さですぐに学校にも環境にも慣れてくれた。問題は母親である。母はもともと社交的で趣味も多く、日本画や南画、華道などを続けており世田谷では親類も近くにいてそれなりに晩年を自由に楽しく暮らしていたのだが、79歳という年齢で初めての土地で暮らす事にとても不安を感じていた様子であった。それでも転居後しばらくは電車を乗り継いで世田谷へ通っていたが、体力的にも負担は大きく次第に足が遠のくようになり、また、小平で稽古が続けられる場所を探して何か所か通ってみたが以前のように楽しそうではなく長続きしない。

私の方は９月の開業に向けて心身共にいっぱいいっぱいで、もう少し時が経てば母にも知り合いが出来て新しい環境に慣れてくれるだろうと高をくくっていた。

自分史を書き残す直接のきっかけは、母の残した一言であった。

昭和27年以来33年間慣れ親しんだ世田谷の家を離れることは、いかに一生の仕事として開業の道を選んだとはいえ、積極的に関わってきた近所付き合いを捨て、親類との行き来を困難にし、加えて足腰も弱り、脊椎圧迫骨折も加わって、一人で外出する機会も減っている母親にとってみれば、どこか外国にでも移り住むにひとしい環境変化と私自身充分承知していたはずであった。今となって後悔しても始まらないが、私は自分のことだけしか考えていなかったとつくづく思う。

その頃母には認知症が現れ始めていた。転居して3年位経ったある日の昼、午前診療を終えて地続きの自宅に戻ってみると、食堂のテーブルに稲荷寿司やカッパ巻きの大きな山が2つも並んでいた。母は椅子に座って半ばうつろな目で窓の外を眺めていた。

「2つも買ってきたの？」と聞くと

「そうらしいね。何で２つもあるのか、変だね。私どうかなっちゃったのかね」と言う。母の認知症の始まりであった。しばし愕然としたが、私には信じられなかった。絶対に認めたくなかった。

その後前後して腰部・背部脊椎の圧迫骨折を3回繰り返して次第に腰が曲がり、外出も儘ならなくなったのと歩調を合わせるように母の認知症は静かに進行していった。食事を食べたことを忘れてまだ食べていないと言い、夜中に一人起きて来て台所の鍋に指を突っ込んだり、昼食のあと私たち夫婦が夜の診療を終えて自宅に戻ってくるまで６、７時間も電気も点けずに真っ暗な食堂の椅子にじっと座り続けていることもあった。そんな状態になってからも母は最期まで私の事を忘れることはなかった。「マーちゃん、ズーッと見ててね」、確かめるように何度も繰り返していた。

不安だったと思う、淋しかったんだと思う。私は自分のことばかり考えていて、開業の忙しさにかまけて大切な母を置き去りにしてしまった。79歳という年齢で見知らぬ土地につれてこられ、人も景色も見覚えのない状況におかれ、日々の時間をどう過ごしていいのか分からなかったのだと思う。顔を会わせるたびに「私、今何をしたらいいの？」と聞いて来るようになった。

以前父正居の死去のあと母が丸1年以上「般若心経」の写経を続けていたのを思い出して、物忘れ防止のために勧めてみたところ半年ほどは続けていた。仏壇の父に供えた。以前ほどではないにしてもかなりきちんと書けており、流石明治生まれの人と改めて感心した。1日に4～5枚も書き続けることもあった。脊椎圧迫骨折を繰り返して真っ直ぐ座っていることも難しく、写経も困難になってきたので、次にはノートに簡単な日記をつけてみることにした。初めのうちこそ1日の出来事、テレビの内容などを短く書き留めていたが、やがて新聞はもとよりテレビを観ることもなくなり、ノートに書かれる文字も「＊時★分ベッドに寝ている」とだけ書くようになり、さらに＊時★分と時刻だけとなり、これを何行も何ページも書き連ねるようになった。

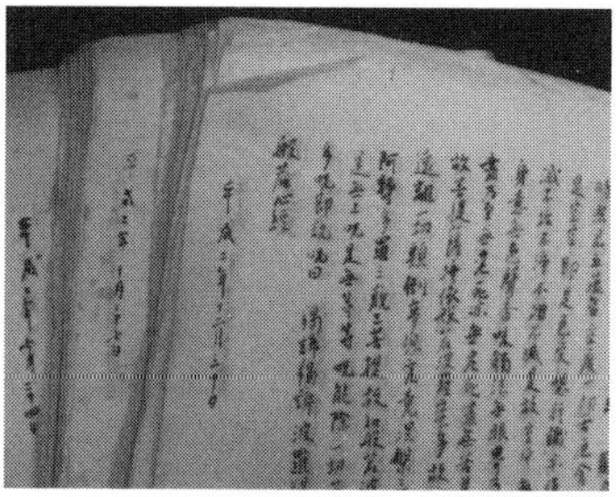

1-1 写経
（摩訶般若波羅密多心経）

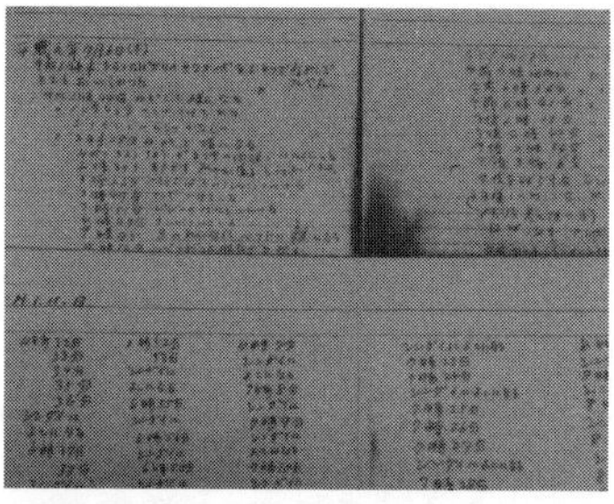

1-2 母のノート
（初めは日記帳、やがて時刻のみに）

最近自分史の資料を探していて仏壇の抽斗の中から件《くだん》の母のノートを3冊

見つけ出した。そして１冊のノートの裏表紙に書かれた文字を見たとき、息苦しいほど切なく、涙がとめどなくあふれてきた。あれほど愛してくれた母に自分はなんとむごい仕打ちをしてしまったのだろう。「もう　何をすればいいの？とは聞かない。一生寝ていればよい」と書かれていた。

私は自分史を育ての親である父正居と母巳冬に真っ先に読んでもらいたい。育ての父と母に「もらわれてきて幸せだったよ」とたった一言言えないまま亡くなられてしまったことに対する悔やみきれない思いがある。いかに父や母が自分を大切に育ててくれたのか、今、自分が両親の生きた年齢を超えようとしているときに及んで無限の感謝の思いをなんとかして両親に伝えたい。大声で叫んで届くものなら喉がつぶれ、胸が張り裂けるまで声の限りに叫んでもみよう。

1-3 仏壇の父母の写真

所詮自己満足には違いないが、存命のうちに果たせなかった感謝の気持ちを文字に残すことによって天国の両親に届けたい。

目　次

母の鎮魂

平成３年

10月28日

地獄のような悲嘆・苦悩は少しずつ薄らいできたようだ。昨晩、母が逝去してから、初めて頭を洗った。この間に入浴は短く1回のみ。恐れていた通り浴槽の中に骨と皮ばかりにやせ細った母の像が浮かんできて私は声を出して泣いた。風呂は元気な頃は好きだったのに次第に億劫がるようになっていたが、湯舟につかれば気持ちよさそうにしていた。死別の辛さは別れということにあるのではない。思い出が残ることにあるのだとどこかで読んだことがある。48年間一緒に暮らしてきた痕跡は消しようがない。見る物、触れる物そのいちいちに母の面影がまつわりついて瞼から離れない。毎朝毎夜、遺骨と遺影に向かって合掌する。苦しさのあまり、「少し楽になりたい」と唱えても、首をやや左に傾けてやさしく微笑んだ母の写真は何も言ってはくれない。涙が滲んでボーッとかすんでくる。これではいけない、自分を励まそうと両のこぶしに力をこめるが、涙は粒となって頬を伝わってくる。もう一度会いたい、会って確かめたい。「巳冬さん、私を息子にしてあなたは幸せでしたか？」

夜、宇敷さん（母の女学校時代からの友人）と富山先生（小平市医師会の眼科の先生）から届いた手紙を開いてみた。お二人とも母は幸せだったと書いてくれていた。霊前に供え、少し気分が楽になった。

10月30日

喜怒哀楽の表出が次第にはっきりしなくなってきたが、それでもつい最近の事家族５人で食卓に着いていた時、突然「オバアチャマのことといい人だと思うでしょ」と全員に聞いていた。面と向かってこう聞かれると何か気恥しくて、皆、なま返事だったが、あのときもっとはっきり「もちろんいい人だよ」と答えてあげればよかった。母の椅子に座ってみる。今でもそのまま5つそろっているのが切ない。母の誕生日にプレゼントした卓上の眼鏡入れに母愛用の眼鏡をみつけた。写経のときにもいつもかけていた眼鏡だ。手にとってまた涙が滲んでくる。

母が呆けるなんて思いもよらなかった。それで随分ひどいことも言った。困らせたり悲しませたりもした。どうして悔やまれる事ばかり想い出されるのだろう。楽しんでくれたこと、喜んでくれたこともたくさんあったはずなのに。

診察の合間に地続きの自宅に戻ってきた。リビングの椅子の周りを母の手を引いて何度も何度も回ったね。いつものようにご飯時ゆっくりした足取りで一人で自分の部屋から廊下伝いに食堂に入ってくる姿が浮かんで見える。『入れ歯は？』と聞くと、チョットバツ悪そうにニコッとしてくるりと廻って部屋に取りに帰る。

あまりにも思い出が多すぎる。本当に時間が経てば楽になるのだろうか。苦しい悲しい思いを堪えることが母への供養になるのならとも考えてみるがいかにもつらい。入院の前夜母のベッドの横に自分の布団を敷いた。夜中苦しそうな呼吸の合間に電灯をつけて紙片を見せた。「今度生まれ変わっても巳冬さんの子供になりたい」。母は薄く目を開けて2度ほど読んだように見えたが、表情からは嬉しそうな様子はうかがえなかった。意識はもうかなりうすれていたと思われた。入院後呼吸が改善され元気になったときに、もう一度尋ねてみるべきだったと悔やまれるが、数日後に退院予定となっていたので、周囲を気にしながら尋ねるより、帰宅してからにしようとそのままにしてしまった。

心の底からそう思う。出自について思い悩んだことも確かにあったけれど、母と一緒にいられて幸せだった。それだから別れが、過去の思い出がこんなにもつらく悲しいのだ。

母がまだ元気だった頃、「理永や映美にはずっとオバアサンで居させてほしい」と妻・多美子に言っていたという。母は私に対してだけでなく孫たちにもある種の引け目を感じていたようだ。「大丈夫」とはっきり聞かせてあげたかった。子供達には1周忌を過ぎたらすべて話そうと思う。真実を明らかにしたところで彼らの気持ちが変わることはないだろう。私自身の気持ちが毫も変わらなかったように。

10月30日

『摩訶般若ね』そう言って写経の準備をする姿、書き終えた半紙を手に、たどたどしく歩きながら父正居のいる仏前に供える姿、入浴中の姿、歩行練習をする姿、リビングの椅子にじっと身じろぎもせず座っている姿、すべてが現実の情景のように浮かんでは消えて行く。一体どれくらいの時が経てば苦しみは癒えるのだろう。

母巳冬と私の間には通常の實の母子よりも強い絆があったと思う。お互いの痛みの部分を表に出さずにお互い心の底でいたわり合ってきた深い愛情があったと思う。だからこそ通常の親子の別離よりずっとずっと深い悲しみが伴うのだと思う。別れがつらいのは裏を返せばそれだけ幸せだったと言うことだ。

11月1日

何気なく読んでいた今朝の新聞に、『パンプキング』の文字をみつけたと同時に、キリで刺されるような痛みがわたしの胸に走った。「ゴールデンパンプキング」、晩年食卓に皆がそろっているとき突然母が口にした言葉だった。母自身も何故その言葉が口をついて出てきたのか分からなかったようだが、どうやら小学校か女学校時代に演じた英語劇の台詞らしい。I am a golden-pampking と言ったものらしい。少し笑いながら、そしておどけたような調子でゴールデンパンプキングと繰り返していたのを思い出す。とても懐かしい言葉だが、今の私には切なくつらい言葉だ。

11月2日

母の死後20日、明け方母の夢を見た。起きている間は目の奥に焼き付いて片時も離れない晩年の痩せた母の姿であったが、不思議とこれまで一度も夢に出てきたことはなかった。多美子は「そういうものよ」とあっさりしている。ただ今朝の夢はチョット妙だった。覚えているのは家の中においてある蘭のような鉢物に、うす青い棒状の花が伸びてきたのを見ていると、いきなり着物姿で50～60歳頃の母が傍に立っていた。二言三言何か言葉を交わしたあと母の唇に軽くキスをしてみた。そこで目が覚めた。

意識がはっきりしているうちにキスをしてあげよう。私を育ててくれて幸せだったという言葉に添えて……。月曜日に退院予定と土曜日に告げられていた。そのことが心に残っていたために今朝の妙な夢となったのか。

昭和病院に入院する前日の夜、息苦しそうに喘いで半ば意識が遠のいている母の唇にキスしようとしたら嫌がって横を向いた。

そして2週間後冷たくなって家に戻ってきて、仏壇のある茶の間に一晩安置した夜、顔にかけてある白い布を持ち上げ、死化粧をしてうっすらと紅をさした唇に幾たびか軽くキスをしてみた。とても冷たい唇だったが、今度はいやいやをしなかった。ドライアイスで囲まれた母の白い顔に水滴がいっぱいついていた。

11月3日

病院で意識が無くなってから一晩中まだ温もりのある母の指をぎゅっと握ったりさすったりしていた感触が今でも私の指先に残っている。栄養不足と循環不全で色艶が悪くなり、水虫で白濁した爪、それでも私にとっていとおしい手、その手を握っていないとすべての繋がりが断ち切られてしまいそうな頼りなさと不安、病院ではそれだけしか許されなかった。

11月4日

今年の5～6月頃であったか、トイレで排便時、すでにパンツにたくさん漏れたままお尻をふくため、何回拭いても手や便器、床などに便がついてしまう。ついカーッとなって母の頭を小突いてしまった。最初で最後とはいえそのことがいまでも頭から離れない。地獄のように私の心を責め続ける。母にはその頃きれいに便を始末する気力も体力もすでに失われていたのに、私にはそれを理解できていなかったのだ。あのキチンとした聡明な母が自分の排泄物の始末すらできなくなったことを私は認めたくなかったのだ。「巳冬さん、ご免なさい、許してくれますか」。

２階の母の部屋を片付けていて、傍らの椅子に入院中に使用していたタオルや寝間着、入院の前に身に着けていたカーディガンやズボン、オムツカバーなどがたたんであった。もう２度と身に着けることのないものだ。涙があふれ出て止まらない。

11月5日

心臓と胃に鉛を詰め込まれたような重苦しい寂寥感はいつになったら軽くなるのだろうか。

「昌和がいなくなったら生きていられないよ」と小平に転居してから唐突に何度か言っていたのを思い出す。「大丈夫､任せておきなよ」と一言、なぜ言ってやらなかったのだろう。いつも「なに言ってんだよ」くらいに軽く受け流していたんだと思う。ここ数年は心細く、すべてを皆に頼り切っている様子だった。その頼りなさを一度だけでもはっきりと受け止めてやれていたら私もこれほど苦しまなくてすんだに違いない。

11月6日

9月10日の私の48歳の誕生日には少しだけどケーキを食べて Happy Birthday to you を一緒に歌ってくれたのに……、14、15の連休にはワゴンで河口湖まで行ったよね。勝沼のブドウ園では車を降りてブドウ棚の下の椅子に腰かけておいしそうにブドウを食べていたっけ。地元のスーパーで買った木製の小さい組み立て椅子は早速富士吉田の炭焼き店で使ったね。

今日久しぶりにワゴンのトランクをあけた時、その組み立て椅子が目に入った。炉端で組み立て椅子に腰かけて串焼きを食べていた母の姿がつい昨日のことのように目に浮かぶ。

11月9日

私にとっては以前の若々しい姿も、晩年の衰えた姿もどちらも恋しい懐かしい母であることに変わりはない。

11月10日

来年から父母の仏前に供える事ができるようにいろいろな色の菊の苗を買ってきて庭に植えた。久しぶりにワゴンのエンジンをかけてみる。この前皆で乗ったのは９月の最初の連休の時だ。最後部の座席にちょこんと座った母の様子がつい昨日のように目に浮かぶ。見てはいけない、探してはいけないと思いつつも、つい後部座席から母の白髪を１本見つけて悲しみがこみ上げてくる。座席の横にさしてある杖を見てまた涙。大正海上を退職して医者に転向すると言ったとき、母は本音で賛成してくれたのだろうか。その後何度か確かめてみたが、「あの時が一番張り合いがあって楽しかった」と言ってくれた。本心からそうだったのだろうか。

私が東京に来なかったらきっと兄弟同様自然に医師の道を歩んでいたはずと考えたからこそ賛成したのであって、本心は出来れば医者以外の職を選ばせたかったのではなかったか。大正海上入社の折にもお世話になった伯父達（母の兄二人）は「正居父が数年に及ぶ闘病後に亡くなってやっと少し落ち着いたときに、なにを今更好んで苦労する必要があるのか、自己中心的な我儘以外のなにものでもない」と猛反対であった。

伯父たちが心配したのは妹（巳冬母）の将来のことであったことは私自身も十分わきまえていた。母と私は何回か伯父達と話し合った。母は最期まで味方だった。「私も一緒に頑張る」と言って、とうとう「巳冬に苦労を掛けないように頑張りなさい」と伯父達に言ってもらった。母と父は私のレールを変えたことにいつも負い目を感じていたに違いない。いつものように答えの返ってくることのない問い、「巳冬さん、本当に幸せでしたか？」。

11月11日

朝、線香をあげたあと庭にでた。最近植えた菊とコスモスがきれいに咲いている。生前庭に植木をいれ、池を造ったあと母から「マーちゃんは思い通りになって幸せでしょう」と言われたことを思い出した。今なら「自分はどうなの？」と聞き返したかもしれないが、何だか私一人だけいい気分になっているようで申し訳ないと思った。それから私は面と向かって母の名を呼んだことがないことに気づいた。小学校の低学年頃までは父母が自分達を指して言うように「おとうちゃま」「おかあちゃま」と呼んでいた記憶がある。父母からもお父さんお母さんと呼びなさいとは言われなかった。そう呼ばせる事に何となく気恥ずかしさ、あるいは後ろめたさのようなものがあったのかも知れない。それでいつもネエとかチョットとか曖昧に読んで済ませてしまった。一度くらいは「お母さん」「お父さん」と呼んでみたかった。

11月12日

明け方何回か母の夢を見たような気がするが思い出せない。鼠色の雲の垂れこめた暗い朝だ。私の胸の底にも鉛が澱んでいて重苦しい。母はいまどこにいるのだろう。魂は本当に存在するのだろうか。私たち家族を見守ってくれているだろうか。三島由紀夫の豊饒の海は輪廻転生を柱として書かれている。そしてそれを確信していたからこそ自決によって完結させる必然があったのだと思う。

母に会いたい。会って聞きたい。満足な一生でしたか？　私を迎えて育てる意味はありましたか？

11月13日

小月命日、ちょうど1か月前、絶望的な思いに打ちのめされながら病室で次第に冷たくなってゆく母の指を握り続けていた。ほんの何時間か前に言葉をかわし、あさって帰れるからね、と言ったら嬉しそうに笑っていたのに。せめてゆっくりと悲しみにひたる時間が欲しい。母の遺品の一つ一つに目をつぶらずに、涙が涸れるまで泣いてみよう。それで母の死を少し乗り越えられるかもしれない。そんな気がして。

11月15日

父正居が息を引き取ったのは昭和41年2月17日早朝だった。急変との連絡が入り母と病室にかけつけた。すでに主治医のM先生もベッドサイドでわれわれの到着を待っていたと思われた。今はもう行われなくなった臨終の儀式が型どおり行われた。

すなわち心電図を見せながらM先生が父の胸にボスミンを心注、何秒か心電図の波型が表れた後フラットになった。私自身も後年医師になってから小児病棟で何度か家族の前で心注の儀式をおこなったことがある。

病人は最後まで病気と闘ったこと、医療スタッフも十分な医療をほどこしたこと、そして寿命尽き心臓が停止したことを確認し合うための儀式であった。主治医が父の心臓に針を突き刺した時、となりに立っていた母がウオッと言葉にならない叫び声を発したのを覚えている。最愛の家族の前でそんなむごい儀式が当たり前のようについ先ごろまで行われていたのである。

父が息をひきとる前夜、病室を見舞った正形叔父（正居の兄）に何か言ったようだが、耳の悪い叔父にはまったく聞き取れなかった。父は仰向けの姿勢の為インクの出が悪く、かすれる文字で紙片に書き残していた。
「おれは……」そのあとが読めない。そのあとを続けるだけの力もなくなっていたのだろう。多分「俺は死ぬ」と書きたかったのだと思う。
あとになってその紙片を母に見せようとしたとき、母は見たくないと言って目をそらせたのを思い出す。最近になって仏壇の抽斗にしまってあった紙片を見せたときには、何もいわずほとんど表情をかえることもなかった。
なのに昭和病院での最後の10日間ほどは表情も感情もほとんど以前の状態に戻っていた。10月12日の夜理永と最後に見舞ったときもとても嬉しそうに手を振っていた。
「このつぎ」がもう絶対にないということがとてもつらい。

11月17日

その朝刊の投書欄に母へのプレゼントと題して17歳の女の子が母親に蘭の鉢植えをプレゼントした話が載っていた。私にはもうプレゼントをする母がいない、微笑んで受け取ってくれる母がいない、母の日。小平に開業して間もなく、母が机のわきに座ってスライドの整理を手伝ってくれたことがあった。
その当時母はしきりに「何かやることはないか」と口にしていたのを思い出す。新しい土地での開業が母の空間としての居場所のみでなく、心の居場所まで奪ってしまったのだ。開業をせず、あのまま世田谷にとどまっていたなら、母にとってもっと幸せな日々が送れたに違いない。そう思うとまた息が詰まるほど苦しくなってくる。自分や家族の将来を考えたうえでの決断であったが、最適の選択であっただろうか。
桜の時期でもないのに何故か喜平橋の傍の自衛隊の門を正面に見据える桜並木通りが心に浮かんだ。去年の春満開の桜を観に行った時。母は車からおりて花の下で首をやや左にかしげるいつものポーズをとった。

今年は歩道を歩く元気はなかったが、窓越しに「きれい、きれい」を連発していた。桜が咲いても来年観に行くことはないだろう。

11月18日

母が実際に形としてあらわれるのではなく、以前そうであったように一緒に生きている、日常を共有しているという感覚だ。母が亡くなったことを忘れる瞬間といってもいい。だがすぐに現実に引き戻されてどうしようもなくつらくなる。

静岡の実父達（とおる）は昭和52年に胆嚢炎から腹膜炎を併発して亡くなった。晩年登呂遺跡の隣地に建てたプール付きの家で兄弟家族が集まって通夜を過ごした。実父とは最後までなんとなくしこりが残ったままの別れであった。それでも薄暗い部屋の中で何度も涙をぬぐった。そして自分はあと2回親を見送らなければならないのだと考えていた。何の屈託もなく、父母の愛にさえ気付かずに自由に動きまわっていた子供の頃に戻りたい。父も母も、私も、みんな幸せだったあの頃。

11月19日

朝新聞をひろげるとすぐ三面の下段に目が行く。死亡告知蘭。亡くなった人の年齢が85歳以下だったら少し安心、90歳を超えていたりするとなんとなくガッカリ。母は85歳で亡くなった。

11月20日

朝母がいた和室の廊下の雨戸を開ける。静かに母はまだ眠っているような気がする。だから障子は開けないでおこう。「おはよっ」

N氏がT病院付属の特養入所希望の申請書を書いて欲しいといってきた。N氏の奥さんは5～6年前から認知症がでてきたが、周辺症状は乏しく言わばおとなしい認知症である。N氏に言わせるとすぐけんかになり、暴力的になるため介護に疲れたと言う。現状で夫婦別居は奥さんには酷とおもう。

母の痴呆が悪化して家族を認識できなくなり、徘徊、介護への抵抗、暴行などの問題行動が目立ってきたら施設入所を選択せざるを得ない状況になったかもしれない。そのようなつらい選択をせまられずにすんだことは母に感謝である。

11月21日

今朝の冷え込みは厳しいが未だ霜はおりない。庭に出て菊を見る。振り返っても縁側に母の姿はない。夕食は妻と二人、母が座っていた左隣ががらんとすいて目のやり場に困る。つい涙がにじんできたので向かいの妻に気づかれないように顔をテーブルに落とした。本当に時が解決してくれるのだろうか。苦しくても母をずっと忘れずにいたい。

午後11時50分。明日鶴見総持寺で49日法要。

49人出席予定。母の遺骨を前にして、今夜限りでこの家を離れるのだから、もう一度見ておきたい誘惑にかられ、桐の箱を開けて青磁の壺の蓋を取ろうとしてみたが、びくとも動かない。火葬場では係員が目の前で普通に蓋をしたように見えたが、接着剤を付けたのかしら。それとも何か霊的な力？　諦めて元通りにしまった。

仏壇の抽斗には母の遺髪が納めてある。遺体が却って来た夜にそっとハサミで切り取ったものだ。

11月23日

総持寺での納骨は、予報が外れて天気に恵まれ、寒さも厳しからず好都合であった。読経の後お墓に行き墓石をずらしてカロートを覗いたところ、滑川院（父正居）の白い骨壺一つ。その隣に麗川院の新しい青磁の壺を並べた。

25年ぶりの再会である。正居さんは何と言って巳冬さんを迎えたことだろう。精進落としで親類に挨拶周りをするとき、私は図らずも涙をこらえきれなかった。

皆「よく面倒を見た、十分よくやったよ」と言ってくれたが、私自身は決して十分でなかったことを知っている。如何に男児一生の仕事とはいえ、晩年の母を見知らぬ土地に連れて来たこと、それよりもなによりも「あなたに育ててもらって幸せでした」と最後まで言えなかったこと。

11月24日

一夜明けて、仏壇の上の壁に新しく母の写真をかけて、滑川院の写真と2枚が並んだ。父の顔はいつみても笑っているようでいて、どこか厳しい眼差しである。遺骨が鶴見に移ってやはり幾分気の抜けた感じはある。こうして私の心は少しずつ諦めを感じ取っていくのであろうか。

夕方身も心も疲れて何もやる気なし。わけもなく死んでもいいという気分になる。二人の遺影に合掌しても、答えは返ってこない。また危険な状態になったようだ。夜はどうにも淋しい､気が狂っているような気分。

仏壇の上に束ねてある母の写経の日付を見たら9月24日と書かれていた。今から2か月まえ、入院の1週間前、私がこれを書いているこの机で私の左に座って書いたものだ。夜半2つ並んだ写真に手を合わせる。似合いの夫婦だと思う。ふたりの間に私の居場所はあるだろうか。今死ぬことは怖くない。生きていることがとてもつらい。

11月25日

この貨幣セットは、生前私が申し込んでおいたものだ。「巳冬宛て」の広告などが今でも時々配達されてくる。母宛てのそうした封書や葉書を屑籠に捨てることはできない。いっとき母がまだ生きているような気持ちにさせてくれるから。

11月27日

目に浮かぶ母は私が会いたいと願う姿ではないことが多い。食べ物を探して台所へ出てきた時のこと、リビングのソファーに両手をついて何か用事を探して困ったように辺りを見回している様子、オモラシのあと「世話をかけるねー」と言った時の表情、冬の夕暮れ時一人電気も点けず６、７時間近く食堂の椅子に腰かけていた時、すべて胸の痛みを伴う思い出である。それが供養になるのであれば私はいくらでも涙を流そう。

11月28日

診察をしている最中にも時々母のことが頭をよぎる。患者さんを前にグッと胸に詰まって話ができなくなる。きっと半ベソをかいていたに違いない。何でムッツリしてるんだろうと思われたこともあったかも知れない。

11月29日

私の「快晴だよ」に返事はないが母は眠っているはず。障子を開ければしばらく梳をいれないため乱れた頭を少しだけ浮かせて「おはよう」と言うはずだ。そして、「ごはん？」と問いかけてくるだろう。でも今日はまだ眠そうだから起こさないでおこう。

夜風呂に入る。母の死後とにかく面倒でずっとシャワーですませていたが久しぶりに湯舟につかった。多分2回目だと思う。父正居の死去のあとも同じように母も私も数か月間シャワーのみですませたことを思い出した。

目を閉じても開いても母の姿が浮かんでくる。

痩せて骨と皮だけの母、母のために取り付けた手すり、湯舟の中で赤黒い膝を伸ばしている母、水虫の指を片方ずつ一生懸命石鹸でこすっている母、疲れて湯舟のサイドタイルに腰かけようとする母、曲がった腰を一生懸命細い脚で支えながら黄色いタオルで背中をふく母、石鹸が目に入り痛がる母、頭を洗うためにお湯をかけてやると両手で耳栓をする母、パンツもはかずに自室に戻ろうとする母、赤くむくんだ足、すべていま眼前にあるように焼き付いて離れない。

私が死んだら本当に母に会えるのだろうか、会ってどうしても確かめたい。幸せだったでしょ。

11月30日

ベッドを覗くと母がいない。洋服はベッドに脱ぎ捨ててある。和室（世田谷の家らしい）に、裸にシーツを1枚掛けただけの母が寝ている。

それだけの夢だ。会話はなかった。母の遺影に向かって「幸せだったよネ！」何だか確認したくなって……。

本日午後多摩医学会で肥満児健診について発表。遺髪を和紙に包んで胸の内ポケットに入れて話した。帰宅後遺髪を開いたら懐かしくて涙が止まらない。

12月2日

母宛の年賀状、受け取り手のない賀状は切ないが、母がまだ存在感を示しているようで少し嬉しい。昼休み、しばらく途切れていた写経を再開、40分ほどかかった。母の写経（平成3年9月24日付）を見て涙。

12月4日

母は常々「いま何がしたい？　どうして欲しい？」と聞くと「皆と一緒にいたい」と言っていた。車に同乗しても自分からは何もしゃべらず、外の景色を眺めている風でもなかったが、その表情からは安心が読み取れた。

12月5日

就寝前の合掌。滑川院（昭和41年逝去）、麗川院（平成3年逝去）。

父正居他界の後25年間よく生きてくれたと思う。最後の数年は不本意だったであろうが、母の一生はいつも外向きの積極的な生きざまであった。

青山新居時代、ベルリンヤ新橋時代、戦争、昌和と養子縁組、昌和（育英幼稚園、清明学園、麻布学園、慶応義塾大学）、父の手術、父逝去、大正海上入社、同退社し3年間浪人生活、昭和医大入学、結婚、昭和医大卒業、小平市公立昭和病院入職、小児科開業、常に傍にいて、私の成長にずっと付きあってくれた。

養子縁組以降は母と共に歩んだ道だ。この間、小唄、華道、日本画、南画、洋画と次々に趣味を広げ、女学校時代クラス会などにも積極的に参加、親戚付き合いも広く絶えず飛び回っていた印象が深い。

12月6日

この間久が原（多美子の実家）へ行った時、納骨が済んで骨壺がお墓に行ってしまってから淋しくなったでしょ、と義母に言われたが、そんな実感はない。今でも朝晩の挨拶は欠かさない。

12月9日

朝焼香。最近重苦しい気分が少しずつ薄らいできたようだ。意味もなく涙がこぼれることが減ってきたような気がする。母に対する思いが薄れたわけではない。もう一度会いたい、短くても話がしたい、でも心の隅では所詮無理なことと諦めている自分がいる。だから苦しみがすこしずつ薄れていくのだろう。母も許してくれるに違いない。

12月10日

昨日の夕方から発熱。自分で点滴を入れて母の部屋で寝た。母は毎日こうやって天井を見ていたんだなー。母が使っていたベッド、布団、枕。最後に入院した時のままだ。こうしてこの部屋で、このベッドで休むことで母と同じ空間を共有できる。

母の部屋を片付ける。机の上の立てかけ式カレンダーは９月のままだ。

黒のマジックで囲んだ９月14日が虚しく胸を刺す。（14日は退院予定日だった）。

買い溜めてあった新しいタオル、寝巻、紙おむつ……すべてむなしくつらい。まだ元気な時に母に日記を書くようにと渡したノート、「何時何分シンダイにヨコになる」の羅列。ほとんど数分置きにビッシリと書き込まれている。どんな思いでこれを書いていたのだろう。初めのページを見ただけで悲しくて、つらくて仏壇の下の抽斗にしまった。

12月11日

昨夜も母のベッドで寝た。私としては何となく贖罪のような、供養のようなそんな気分である。母の部屋の押し入れにあった紙箱の中に「昌和育児ノート」と書かれた数枚のノートがあった。

昭和22年の記録である。数行文字を追ってみたが涙があふれてそれ以上は読み続けられなかった（別の項に入れた）。そのほかに葉書きや手紙があったが、小平へ転居する前に母が整理していたのでかなり廃棄した模様である。

私が小学校６年生のときに母が静岡からの手紙を読んでいるのを見て、私にも読ませてと言ったところ「あなたは読まない方がいいよ」とひっこめようとするのを無理やりひったくるようにして読んだ手紙も見当たらない。兄弟たちも皆大きくなって、これ以上昌和のことを隠してはおけない、といった内容であったと記憶している。

その時も母は「ごめんね、でもこれからもずっと離れないでね」と泣きながら何度も繰り返し言った。やはりそうだったんだ、と改めて思い知らされた。

父の日記帳も見つからない。伊達方（本籍の掛川市）へ行って遊びに来ていた静岡の子供たちと久しぶりに再会した時の歓迎ぶりを「さすが血を分けた兄弟と感動した」と書かれていたように記憶している。

その他掛川駅から伊達方まで6 km弱を歩いたことを褒めてくれていた。この父の日記があればいろいろのできごとが明らかになったことであろう（その後等々力から小平へ転居してきたとき診療所の２階の物入れに押し込んだままになっていた荷物の中から父の日記手帖と母の買い物記録が見つかった）。

12月11日

朝ティーポットにお湯を注ぎながら思い出した。母は、ポットの中蓋がきついため蓋をしたまま注ごうとしたり、バターナイフを探して食器の抽斗を全部開けたりもした。果物ナイフを水平にこちらに向けたまま前進して、孫達から「オッカナイナー」と言われたこともあった。それら一つ一つの情景がありありと瞼に浮かび、涙が頬を伝う。仏壇の前に座って写真に向かって何度も何度もつぶやく。「もう一度子供の昔に戻って貴女と親子をやり直したい」

12月15日

皆外出して一人。仏壇の抽斗から母の遺髪を取り出してみた。懐かしさがこみあげてくる。そっと鼻に当ててみたが母の匂いは分からなかった。

12月17日

父と母が結婚したのはいつだろう。自分が東京に貰われてきたのは幾つのときだったのだろう。両親の結婚の様子など普通子供たちは知っているものだろうか？　気にもしないのが当たり前なのだろうか。私自身は出自に関わるできごとをことさら避けてきた。父母も同じだったと思う。父母の結婚は昭和７、８年頃のようだ。すると父と母は34年間一緒に暮らしたことになる。私と母とは45年間は一緒にいただろう。ネ、巳冬さん！　夜38度。体調不良。

12月19日

朝、食堂の窓から見える梅に小さい蕾がいっぱいついている。去年は何度か手をひいて庭に出て満開の梅を「きれいねー」って眺めていた。今年からはその声を聴くことはない。金沢の林時枝さんからご仏前が届いた。母と金沢を訪れた過ぎし日が思い出されて涙がこぼれる。

12月20日

朝母の部屋。目をつぶらなくてもベッドで体を起こした母の姿が見える。眼鏡を鼻にずらし、髪の毛はボウボウ、チョット笑って「おはよう」と言う。いつもの表情だ。「ごはんは？」ときくから、「食べたら」と答える。危なっかしい足取りで廊下を食堂へ歩いて行く。なつかしく、そして悲しい風景だ。

12月23日（天皇誕生日）

２階の母の部屋の戸棚を開けたら、２度と袖を通すことのない母の洋服が何着もハンガーに吊り下がっている。とても正視できず直ぐに扉を閉めた。まだまだ形見の整理はできそうにない。

12月24日

今日もほんの一瞬だが、母がまだ生きているような錯覚があった。母のところにすぐに行かなくちゃ、とほんの一瞬せかされたような感覚があったが、すぐに自分で打ち消した。

12月26日

母の買い物帳はNo.57の昭和62年５月頃まではきちんとつけているが、６月と７月に数日ずつ記載があるだけで、以後パッタリと途絶えている。思い起こすとお昼の稲荷寿司を2度も重ねて買いに行った時と同じ頃であった。

12月27日

納戸にあった母宛ての手紙の中に、実父柴達急逝後初盆の折りの実母弘子より母巳冬宛て大内行灯返礼の手紙を見付けた。「達急逝後は何も手につかず、ずっと閉じこもりっきり、こんな状態でも時が解決してくれるだろうか」と書いてある。

今の私の心境と全く同じ。あれから14年、実母は少なくとも見た目には元気に飛び回っている。やはり時が悲しみを癒したのだ。私にもいつかその日が来ることだろう。でも決して忘れることはない。誰よりも私を愛し、そして頼ってくれた母のこと、父のこと。

12月30日

休日診療当番。181人。母に言ったら「すごいわねー」と言ったに違いない。夜理永、映美と４人で青梅街道駅そばの藍屋で食事。去年富士吉田の藍屋では巳冬さんも一緒だった。

12月31日

午前中診療、母逝きて２か月半。巳冬さん、大晦日だよ、とうとう今年は一緒に年を越せなかったね。

平成４年

1月1日

正居さん、巳冬さん、明けましておめでとう。

巳冬さんとは少なくとも平成4年の新年は一緒に迎えられると思っていたのに。

何もする気がしない、「巳冬さん、今私は何をしたらいいですか」。

1月2日

小平神明宮へのお参り。去年までは転居後6年間母が一緒だった。帰りがけに見つけた寺に立ち寄って、現在鶴見の総持寺にある両親のお骨を分骨埋葬させてもらえないか相談したところ、その心がけや良しと褒められると思いきや、忙しい・遠いなどは理由にならない。気持ちの入らない墓参は受け容れられない、と15分間も説教された。

宗派が同じ曹洞宗であり、自宅からも近いのでもっと密にお参りできるので具合がいいと考えてのこと、鶴見への墓参は従来通り続けると言うこちらの真意を推し量りもせず言いたい放題、さらに言葉を重ねようとするのを制して外に出た。

察するに鶴見総持寺は余りにも現代的／文明的、経営主義的になり、能登の本山と比べても素朴さが失われていると住職に言ったことが、まるで自分に言われたように聞こえたものと思われる。とんだ災難のお参りになってしまった。

1月4日

おはよう！　何もしない3が日だった。この無気力はいつまで。

1月5日

ベッドは母が寝ていた時のままだ。買い溜めておいた紙おむつが部屋の隅に高く積み重ねてある。母の思い出に結びつくものをいっそ片付けてしまったら気持ちが楽になるだろうか、それとも淋しさがつのるだろうか。

1月8日

今日は仏壇に多美子が鎌倉彫りで出された和菓子を供えてある。大晦日のとろろそば、元日のお雑煮、七草粥、そして今日のお菓子、すこしも減らないのが悲しい。

1月9日

静岡で生まれそのまま柴昌和として暮らしたなら、きっと平凡な生活を送ったことだろう。そう考えれば鈴木昌和として人並ではない人生を父母と共に乗り越えてきたといえよう。私が結婚する前、一度母に聞かれたことがある。

「自分が昌和の一生を変えてしまったが、それでよかったか、恨んではいないか」と。自分にとって母は巳冬さんしかいない、だからこそ実の母でないことに悩み苦しんだのだ。養子に選んでくれたことをよかったと思う気持ちはずっと変わらない。

ただ母の問いに対して何か気恥ずかしく明確に肯定の返事が返せなかったとの思いが残っており、そのことをずっと悔やみ続けてきた。その後この類の会話を繰り返すことはなかったが、今度は私が尋ねたい。

「巳冬さん、私と一緒で幸せでしたか？」。

1月11日

庭の霜柱がすごい。母の賄い日記には達筆で数行日記が添えられている。私は一体いつ東京へ来たのか、なかなか見つからない。

賄い帖をみていると、終戦直後という時代背景もあって、親類も含め人とのつながりが強く、温かみを感じさせる時代だったことが分かる。物資不足、娯楽不足の中でも希望の見通せる時代だった。現在は民主主義、個人主義、核家族が進み、ますます排他的な社会に突き進んでいるように思われる。

1月12日

母の日記兼用の賄い帖をとりだしてきた。昭和21年5月6日に初めて東京に連れ帰ったと記されている。その後2回ほど気賀と東京を往き来したようだ。私に対する母の愛情の深さが偲ばれて涙を禁じ得ない。私を静岡から東京へ連れて来る前後の母の心の動きが生々しく伝わって来る。

一方弘子母の気持ちも分からないではないが、私にとって母は巳冬さん一人。生母は弘子であって、実母は巳冬だ。このことを何故意識のはっきりしているうちに伝えられなかったのか。

1-4 母の作品
（胡蝶蘭の絵）

1月13日

母の油絵を初めて額にいれた。胡蝶蘭の絵は６号の額におさまって一層引き立った。そのまま玄関に飾った。

1-5 母の作品
（うぐいすの南画）

1月14日

とうとうこの日がきてしまったね。巳冬さん、祝えなかった86回目の誕生日。おめでとう、と言えなかったね。つい９月10日の私の誕生日にはおめでとうと言ってくれたのに。母の遺した南画に「み冬」の印を押した。

母が自分の意にそぐわずに押さなかったものもあったかも知れないが、私にとっては母が遺したということが大事。

1月19日

日曜日、終日家に。体調は良くなってきたように思うが、まだやる気がでない。父の死のあとも気持ちが吹っ切れるまでに１年位かかった。母はもっと長く悶々とした日々を送っていたはずだ。

摩訶般若心経の写経を２年近く１日も欠かさずに続けていた。鶴見総持寺での七七忌の折り、十分な介護、看護が出来なかったと言う私に親戚の皆が「よくやった、十分やった」と激励してくれた。周りから親孝行と百万遍言われるより、一言「幸せだったよ」と母の口から聞きたかった。

1月21日

「ねえ、ねえ、雪だよ、見てごらん、こんなに積もったよ、今夜から大雪注意報だってさ」

「まあすごい、もう寒いからいいよ、早く閉めて」 なんて言うだろうナ。

母巳冬逝って３か月半、庭の白梅が２輪ほころんだ。去年庭に降りて匂いを嗅いでいた母がいない。

1月23日

朝、母の部屋に入る時、目を伏し目がちにしたまま「おはよう」と声をかける。目を見開くとベッドに母が居ないことが分かってしまうから。

1月25日

朝、仏壇に紙製の升に入った節分用の豆が供えてあった。恥ずかしそうに押し殺した母の「鬼は外、福は内」が今も耳に残っている。大きくなった長男・長女の分まで、そしてやはり声を出せない我々夫婦の分まで声を出してくれていた。

1月26日

最近やる気が出ないため医師会理事を辞めたい旨Ｓ先生に申し出たところ、「医師会は健診業務等控えており今は無理でしょう、自分も数年前にそうだったけれど、１年もすると治っちゃうよ」と。

1月27日

外来患者数202人。

1月30日

夜、寝る前に母にお休みの挨拶をしてこなければと一瞬頭によぎった。いまだに母が生きているという錯覚に囚われる瞬間があり、そのあと淋しくなる。

2月1日

昨日の夕方から降り出した雪が今朝は15センチほど積もった。開院前に診療所入り口に積もった雪を掻きだそうとしてうっかり扉を閉め忘れたところ劉《リュウ》（飼い犬）が矢のような勢いで外に飛び出して行った。

診療所前の五間道路を左右も確かめずに突っ切ってから左に疾走、猛烈な勢いのまま、こちらも車に轢かれてはならぬとの思いで日頃出したことのないほどのあらん限りの声で必死に「劉！劉！」と叫ぶのに目もくれず、さながら競馬馬のように今度は右方向に疾走、一時は行方を見失ったが、狼のような犬が走っているのを見たという子供たちに教えられて三筋先の細い道で困ったようにトボトボ歩いている劉を発見、事なきを得た。

こちらには目もくれず右に左に駆け抜ける様はまさに野生の姿を見た思いであった。それ以後15年生きたがあれほど真剣な目をみたことはなかった。

2月3日

今月２度目の200人突破（202人）節分の夜、映美、小さな声で「鬼は外、福は内」、母の声が重なる。

2月6日

明け方、母の夢を見た。亡くなってから３度目だったか。ワゴン車に２人で乗っていて母は助手席に。見知らぬ通りを走って、市場のような所で降りて昆布と海苔を混ぜたような黒い総菜を買ったところで目が覚めた。何の意味もない夢でも母に会えただけで嬉しかった。

覚めた後は少し寂しいが、夢の方が実際は現実と思えば楽しくなるはず。

日記 其の一

昭和17年～昭和36年の出来事

昭和17年

11月 6日	巳冬昼頃より右腹痛、7日より出血連続す。外妊と診断さる。
11月15日	大家の手術故心配無用と思わるるも手術を受ける方は経験無き事故心騒がしきものなり。 自分すら斯く心にかかる事故、受ける本人は猶更の事。 気の毒の次第なり(11月15日夜10時半記す)
11月16日	朝下剤を用い手術時に空腹にせしめたり
11月17日	午後岩田先生来診あり。 別に差し支えなく恢復を待つようにとの事、5時に辞して帰る

昭和18年

5月 8日	少し出血あり(母)
5月17日	赤十字病院高山保先生に診察して貰う。外妊の疑いあり
5月18日	帝大にて岩田先生診察
5月22日	赤十字　妊娠なしと(血液検査結果)
5月26日	午後新橋に行く、少しブルートあり。 その後もしばしば(歩行時、用便時などに)ブルートあり
6月 6日	小石川原町12井出医院に入院す
6月 9日	午後2時20分森田先生に面会、Operationの模様に就き説明を聞く
6月10日	朝7時青山を出で8時半井出病院着。夜8時半又井出病院に着す。 9時30分帰る。巳冬結果良し
6月11日	経過良し。朝食重湯、夕おまじり。
6月17日	ひろ子先生来たり種々話す。夜いろいろと考え、眠る事困難なり
6月22日	退院す。その後しばらく少量の不正出血が断続的に続いた

昭和19年

1月14日	巳冬38歳誕生日
2月 9日	伊関洋子来訪(3歳)
3月12日	梶川本日入隊
3月13日	富山本日入隊。夕方より慰問浪曲

3月18日	朝田良行訓練招集
3月19日	安全寮慰問、浪曲、懇親会
7月16日	サイパン陥落
10月 9日	夏目伸六より不在中電話あり（洋服地の件）
11月 1日	帝都に初めてB29来襲
11月22日	近藤龍郎入営決まる
11月24日	B29、70機帝都初空襲、その後空襲頻繁

昭和20年

1月 7日	巳冬少々お腹痛み、37度少しの微熱あり。 去年の２月の時と同じ経過の如し。心配なり
1月10日	夜空襲３回
1月12日	7度３分微熱続く
1月14日	巳冬、誕生日、39歳
1月27日	病院へ。これにて終診となる
3月 1日	勤労奉仕で間引き疎開した家を壊しに行く
3月 7日	早稲田姉末子梓海兵入隊の挨拶に来る
3月 9日	夜B29、130機大空襲、東京死傷者12万人
3月18日	青山宅強制疎開となる
3月22日	成城、西川昌子宅訪問し疎開の件を打診、受け入れ承知と
3月31日	青山宅取り壊し、感慨無量
4月 6日	工場廃止届提出、廃業届提出。初めて夜成城（疎開先）に泊る
5月23日	連夜大空襲、山岡宅全焼
6月22日	主人一日中昌子さんと穴掘り（物資保存の為）
7月 8日	ほみ子（理一郎の娘）男児（正芳）を出産、鈴木家安泰なり
7月20日	モンペ縫ったり、シーツなど洗濯したり、配給取りに行ったり忙し
8月15日	生涯忘れることのできない日、大変悲し。 陛下のお声ラジオで聞く（玉音放送）

8月25日	米軍厚木進駐、９月２日　ミズリー号上調印
9月　9日	正形と綱島へザリガニ取りに。約３kg
10月26日	朝のうちはお洗濯、午後一寸銀座へ映画を観に行く
11月　1日	巳冬、和二彦兄と共に飛騨高山に母を迎えに出立。３日朝東京着
11月11日	日曜、終日庭の植木手入れ。サトウキビ取りに忙し
11月12日	千駄ケ谷へ母様を見舞い、お世話に。（そのあと連日見舞いに）
11月24日	既に80歳、衰弱甚だし。病状思わしからず憂い深し
11月26日	巳冬昼頃千駄ケ谷へ行くも意識なし。夜半永眠す
11月27日	正居昼前正形と共に伊達方へ。克己・ほみ子も在宅。夜半迄話す。 巳冬疲労の為昨晩は成城に帰宅す。為に結局死に目に会わざりし由
11月28日	正居早朝伊達方出発、気賀に柴をたずねる。伊達方より長谷川母逝去の知らせあり。達に子供の件話したるも首肯ならざる模様なり
11月30日	朝成城着、母の告別式に参列。多福院鶴壽貞鏡大姉
12月23日	正形、蒲田から上目黒へ一足先に引っ越し

昭和21年－1

巳冬・正居の日記

1月14日	巳冬40歳
2月27日	巳冬と共に気賀、柴達宅を訪問。正記、由起子、良武、昌和　大元気 就寝時巳冬より昌和の件を弘子に話す。承諾の模様なるも今回連れ行くは無理ならんとの事なり。春４月頃今一度来気の上、弘子同道出気の予定に決す
4月　4日	千駄ケ谷へ行き半日昌和の布団皮を縫う
4月13日	昌和用布団皮付けたり座蒲団皮縫ったりする
4月23日	再び気賀へ。24日正居は帰京するも巳冬は昌和が慣れるために気賀に留まることにした
5月　3日	正居伊達方経由で気賀へ。昌和、巳冬に良く慣れて良し
5月　6日	朝気賀をたち、２等車小田原経由小田急で成城の家へ。 玄関にて愚図られたるも玩具にて元気を取り戻す。夜「お家へ帰る」には如何にも閉口す
5月　7日	朝から少し愚図り前途を考え悲しくなる。お昼頃より元気になる

5月 7日	達へ無事着ウナ電。昌和落ち着かざる為会社を欠勤す。朝食卵の食事も余り進まず、急に気賀を思い出し、「お家へ帰る」には巳冬も閉口童心を傷つけんこといかにも悲しく共に泣く。巳冬曰く『如何に骨折れるとも差し支えなきも、自分等のためにこんな目に会わすはこの子に可哀そうなり』と初めて東京（疎開先の成城）へ。昌和２歳７か月の年であった。また７月の出産をひかえてか、実母弘子の同道はなかった
5月 8日	朝から元気。此の分なら大丈夫かしら。こちらも元気になる
5月 8日	出勤して２、３の同僚に尋ねたところ、子供は１週間位で慣れるものだといわれた
5月 9日	夜おねしょして朝から布団つまみ洗いしたりゴタゴタ。牛乳３円
5月 9日	次第に「お家に帰る」も減じて楽になる
5月10日	日一日と昌和の気持も落ち着くものの如し
5月14日	蓮華の花摘みに行ける際、付近の子供が自転車にて此の花を持ちいた様子を見てしばらく考え、「マー子もお父ちゃんに自転車に乗せて貰って蓮華をたくさん取りに行ったよ」と言えるよし。巳冬驚く
5月16日	先頃来体重を測らんとするも昌和応ぜず。 18日昌和我儘の点あり。指導の要あり

昭和21年ー2

巳冬・正居の日記

5月21日	昌和の身長を測らんとすれど昌和応ぜず 昌和「マコちゃんのお家にも電話があるよ」 巳冬「マコちゃん！　お家はここでしょ！」 昌和「お父ちゃん、お母ちゃんのいる処がマコちゃんのお家だよ」 「マコちゃんのお家にも木がたくさんあるよ」「マコちゃんの家のはきたないよ」（便所の金隠しのこと）
5月26日	マーコ連れて３人で上野動物園へ
5月27日	弘子より昌和出発以来のことに就き手紙来る
5月28日	この頃昌和「行ってまし」ができるようになる
6月 3日	今月より組長代理忙し。糸の配給やら、町会へ行ったり、ミルク買いに風月堂へ。又薬とりに門田医院へ

6月 5日	達へ第11信
6月 8日	昌和、今日は前の家の民子ちゃんとよく遊ぶ。襦袢の袖縫いなど
6月 9日	山羊ミルク1円50銭、銭湯1円90銭
6月13日	弘子より近々昌和を来静させて欲しいと申し越しあり
6月14日	巳冬弘子へ手紙出す。近々行くと返事
6月18日	昌和のコンビネーション縫う。主人クリーム洋服や国民服しまう
6月22日	気賀より「イツクルカヘン」との電報来たる
6月24日	気賀へ打電、27日に行くと
6月27日	朝4時起床、10時40分東京発、夜8時気賀着。子供達3人昌和を大歓迎す。11時まで達、弘子と話す
6月28日	夜10時まで達、弘子と4人にて昌和の滞留期間及び入籍の件を話す。 2週間後昌和を迎えに来る事に決す。昌和置いて帰る
6月29日	午後伊達方に向かう。夜10時半まで克己、ほみ子と共に話す
7月 1日	朝伊達方を出て夕方成城着、巳冬共にヘトヘト
7月 2日	気賀へ第12信
7月 2日	お洗濯したり片付け物したりする。マーコいなくて淋しい。 文化劇場へ映画観に(5円)
7月 3日	千駄ケ谷(長兄と姉の家)へ行く。一日遊んで帰る
7月 4日	お障子片付けてすだれ出す。色々片付けものする
7月 7日	七夕であるも敗戦の今日は何等の変化も風情もなし
7月12日	昨夜来巳冬腹痛。4畳半天井よりウジ虫(天井の死ネズミを掃除)
7月15日	多摩墓地に多福院(巳冬母)墓参後11時安全電機出社。 社長より今後自由に仕事をしてよい 会社としては要件のある時に通知するとのこと。 そうして貰えば有難いと伝えおく
7月15日	日曜日、多摩墓地へ主人とお参りに。そのあと千駄ケ谷へ。 昨日より毎日出勤せずとも好いとの話し合いをしたる由。何故か心配、生活上の事……
7月25日	巳冬・昌和同行、朝7時25分東京発、14時40分頃伊達方着

7月25日	伊達方経由気賀へ出発

昭和21年－3

巳冬・正居の日記

7月27日	伊達方から気賀へ。夜弘子男児出産
7月27日	柴弘子男児出産
7月28日	昌和に関し籍の件は８月中に入れる事で姉（琴）、達、弘子の同意を得たり
7月29日	掛川13時発列車にて帰京予定成るも、午前10時発の復員列車熱海付近にて脱線事故のため、夜10時半頃成城着
7月29日	昌和を連れて気賀より帰る。列車事故あり遅れる。朝６時半頃出て夜10時半頃成城に着く
7月30日	昌和東京のお家に帰ると言う。ここなりと答ふ。違う、由起ちゃんと良武のいる処だと言う。 東京と気賀との区別判然としない点はあるも、其の気持ちは察するに余りあり、吾々両人には慣れいるも以前よりは経験を増したる様子にて、巳冬は昌和の気持ちを察し上目黒の史真子の処へ連れて行った
7月30日	マーコホームシック、憂鬱。心身共に疲れる
7月31日	上目黒へ史真子と遊ばせに行く。夕方帰って来て又淋しくなる
8月　1日	昌和源ちゃんと水遊び、３回着物を替える
8月　1日	昌和の事につき心身共にクタクタ。自分も又ヒステリーらし。 昌子の母死亡との報あり、主人鎌倉に行きて帰り遅し
8月　2日	昌和お腹痛くて朝からお医者へ。熱もあり心配
8月　3日	昌和腹痛治れども由起ちゃんの所へ行くと泣くには全く困る。 巳冬38度１分、扁桃炎
8月　3日	巳冬扁桃腺にて苦し。マーコますますホームシック烈し
8月　4日	昌和の童心を傷付けん事、吾々両人心痛む。昌和を連れ上目黒へ行く
8月　6日	昌和稍々落ち着きたるものの如し。しかし以前と異なり骨が折れる
8月　6日	マーコやや落ち着く
8月　7日	源チャンと元気に一日遊ぶ

8月 8日	マーコ益々元気になる。巳冬神経使う事多くくたびれる
8月 9日	源チャン遊びに来る。昌和この頃元気良し。吾々両人やっと安心す
8月11日	昌和を初めて理髪店に連れて行く。柴達、理一郎、柴姉へ手紙出す
8月12日	一日源チャンと元気に遊ぶ
8月15日	きん子さんへマーコ連れて
8月20日	成城から上目黒迄引越し荷物を運ぶ為、荷馬車1台依頼す
8月27日	千駄ケ谷へ昌和つれて製パン頼みに
8月29日	成城から上目黒へリヤカーで荷物運搬す(一人で)
8月31日	リュックサックにて荷物を上目黒へ

昭和21年－4

巳冬・正居の日記

9月 1日	正形成城へ来たり。両人にてリヤカーにて上目黒へ荷物を運んだ。 帰途大雨に会いズブ濡れ
9月 5日	柴達より9月5日、昌和入籍予定との報あり
9月 8日	昌和と共に綱島へザリガニ捕りに行き大雨に遭い帰る
9月 8日	主人上目黒へ行き、帰りにザリガニ釣りに行き雨に降られる
9月10日	昌和3歳誕生日、ささやかな祝いする。床屋3円
9月15日	世田谷区役所より転入承認書入手。葉書きにて達に送る
9月21日	この日洋間の押し入れ大掃除、家ダニ？に刺され痒みひどく苦しむ
9月27日	マーコ配給の菓子取りに。駅前お祭りにて賑やか
9月28日	弘子より昌和を連れて来るよう手紙あり
10月 6日	午後防空壕の跡を耕しホウレンソウと大葉の種を撒く
10月 6日	日曜日、パーマネントかけに紀伊國屋へ。40円
10月17日	朝7時25分東京発14時40分頃伊達方着、入浴会食 伊達方兄、克己、保美、柴姉、朝田姉、達、登、正居、巳冬、昌和
10月17日	朝5時半成城発にて伊達方へ。午後2時半頃着く。 夜(正居)兄弟一同の会食あり。マーコ元気なり
10月18日	巳冬・昌和と3人で気賀へ。正記・由起・良武気賀駅出迎え
10月18日	伊達方を2時半出発、気賀へ5時半頃着く。一同大喜び

10月19日	見晴らし公園と幼稚園へ。 夜達、弘子、巳冬と昌和を東京へ連れ行く時期に就き相談。 弘子、「あげた事に間違いないが……」達の助言もあり 結局「昌和が行けば」との事にて最終的に22日上京の事に決す
10月19日	夜マーコの問題につき一同協議（達、弘子、正居、巳冬） かなり円満に話が進み21日か22日帰京の話になる
10月21日	昌和ジフテリア注射第１回
10月22日	成城に帰る。マーコホームシックにならず成績良し
10月22日	朝５時50分の汽車にて夜６時頃成城へ。雨降り人力車で帰る
10月23日	マーコ元気なり。民子ちゃんとよく遊ぶ
10月28日	昌和ジフテリア注射第２回

昭和21年－5

巳冬・正居の日記

11月 3日	新憲法発布
11月 6日	上目黒へ引っ越し
11月 6日	昌和つれて上目黒へ。一応本日転居。蜜柑１袋10円（６～７個）
11月11日	たまったお洗濯全部してから八畳の障子張り
11月15日	マーコ足袋造り、夜繕い物する。うなぎ30円、たくあん８円
11月28日	成城へ行き転出手続き、上目黒で転入手続き
12月 6日	昌和私が帰宅した時「マーコの父チャマだから史真子にお帰りなさいと言っちゃいかん」と言う
12月 8日	主人成城のリヤカーにて荷物運び
12月17日	克子、史真子、マーコ共々４人で祐天寺へ買い物に
12月30日	夜遅くマーコ足袋こしらえ２時までかかる
12月31日	極めて平凡なる大晦日。 昌和と初めて３人にて迎えた大晦日昌和は相変わらず６時頃入床
12月31日	大晦日にてお重箱料理こしらえるに忙し。 除夜の鐘を聞きつつお風呂に入る

昭和22年　巳冬日記

1月　1日	初めて上目黒にてお屠蘇とお雑煮を祝う。静かなる正月
1月　9日	巳冬、成城へ。醤油・サンダル・塩取ってくる。 マーコ「カーチャマいなくて悲しくて泣いた」と言う
2月　1日	15回目の結婚記念日。主人・巳冬・昌和三人で写真(伊勢丹へ)
2月23日	リヤカーにて成城へ荷物取りに。21日マーコ発熱、はしか
2月30日	昌和我儘にて自分の頭を叩いたり、ツバを吐いたりして手足縛る
4月　9日	主人オーバー裾直し、布団カバー付け。夕方マーコ連れて銭湯へ
4月13日	巳冬と成城へ、昨夜近所の森口さん宅にピストル強盗が押し入った由
4月18日	昌和野崎小児科受診、神経衰弱也と。身長３尺
6月20日	巳冬・昌和朝６時頃家を出て気賀へ。途中掛川にて伊達方兄に会う
6月21日	子供達と遊ぶ。27日東京へ帰る
6月28日	昌和時に沈みがちにて一人シクシク泣く事あり
7月　1日	休日、主人マーコ連れて大雨の中を多摩川園へ(初めて)。 気賀より手紙来たり。 弘子マーコを連れに来る由、大いに不快、悲しく、淋しく、憤りも
7月　3日	曇り、マーコ時々気賀行きを言いだす
7月　6日	日曜日、朝主人と新宿で待ち合わせ、武蔵境鈴木氏に手相をみて貰う
7月17日	気賀より弘子・良武来訪、品川まで迎えに行く
7月19日	一日多摩川園にて。20日渋谷で映画観る
7月21日	弘子・良武昼帰静す。マーコ少し寂しがる
7月24日	マーコ初めて幼稚園(夏期の臨時幼稚園)へ。 とても人気があって可愛がられた由嬉しい、嬉しい、心はずむ
7月25日	マーコどうしても幼稚園へ行きたがらず、26・27日も行かず諦める
8月　8日	主人夏の国民服丸洗い、主人ワイシャツ・マーコ洋服などミシンがけ
8月13日	朝主人良き白靴盗まれる。悪い方の靴だけ残っており残念なり
8月22日	朝早く油面通りへ配給糸買いに。午後ジャグにて飴作る。一日停電
8月29日	静岡へ送金(五千円)、先方のやり方気分悪し(？)

9月　2日	主人公休日、三人にて綱島にザリガニ釣りに。帰宅後天婦羅にて忙し
9月　9日	主人とマーコと３人で銀座へ散歩(主人と銀座松坂屋で落ち合う)
9月10日	マーコ満４歳誕生日、お赤飯をたく。道具屋へ床置き売りに
9月26日	朝工場で買い求めし白布売りに行くもダメ。27日主人古洋服売る
10月　5日	千駄ケ谷へ早稲田の陽ちゃん戦死のお悔やみに行く
10月17日	主人徳壽飲(伊達方母の) 17回忌にて墓参
11月11日	主人公休日、三人にて伊勢丹へ行きマーコ祝いの写真写す
11月15日	七五三にて明治神宮参詣
12月28日	朝早く起きて餅付き。主人夜帰る途中代々木にて大金を掏(す)られる

昭和23年－1　巳冬日記

※は筆者の感想

1月　1日	昌和私たちと一緒に迎える２回目の正月なり
1月　1日	元旦、少し朝寝坊して９時頃お屠蘇祝う。昌和凧揚げ
1月　4日	巳冬朝早く新宿にて映画『第七のヴェール』を観る
1月14日	巳冬誕生日(42歳)、朝お赤飯を食べ、夜ささやかな宴
1月16日	夜早く片付けて巳冬一人にてエビス本庄シネマへ、 「今ひとたび」※1
1月18日	午後青山(長谷川家、巳冬の２番目の兄)へマーコ連れて行き演兄(長谷川家、巳冬３番目の兄) と会う。和二彦今度専務になる由。演兄も製作所の常務とか。皆々発展の様子。 自分達も何となく気がせかれる思い、マーコの為に何とかしなくては
1月31日	朝早く髪を洗い、小麦粉の配給取りに行ったり、郵便局へ税金を納めに。午後は近所へセット
3月30日	着物交換の為渋谷に行き、出会った初対面の人の目黒の家に行って羽織と単衣を取り換えた
4月　7日	巳冬主人誕生日忘れる、でもビールを抜きささやかながら祝う
4月21日	雨降りたれどマーコ・史真子二人丈の入園式、克子さんと出掛ける
4月22日	マーコ・史真子連れて８時過ぎ育英幼稚園へ。帰るなり皆元気に遊ぶ。幼稚園の送り迎え大変なり。幼稚園母の会幹事となる
4月27日	マーコ・史真子よく喧嘩する。気分イラつく

5月　4日	この日よりマーコ初めてお弁当。 朝銀行へ行き幼稚園の月謝納め、郵便局で書留を出す。 帰ると砂糖配給、幼稚園へ迎えに行き、午後は醤油・塩の配給、夕方ガスが出るので明日の節句のお柏を作る。１日中忙し
5月　5日	マーコ節句にてささやかな祝いをなす。 夕食はマーコと二人（丁度入ったマーコの好きなお刺身にて） 夕食後お風呂に行きサッパリする ※2

※１　巳冬はこの年日記に書いてあるだけでも映画を９回観ている。仲の良い山岡姉と一緒の事もあったが、私を早く寝かし付けてほとんど一人で出掛けたようである。最近になってこの日記を読んで初めて知った。父正居はそれを知っていただろうか。私が小学校に上がり中学生になってからも一人で観に行っていたのだろうか。日記で知った巳冬母の新しい発見の一つである。

※２　月中頃育英幼稚園入園について聞きに行った処、既に締め切った後であった。巳冬の兄の知人を通して４月21日史真子と共に補欠入園となった。（昌和は２年保育、史真子は１年保育）。巳冬は母の会幹事となりますます多忙の日を過ごすこととなった。この時代はまだ新鮮な魚介が楽に手に入らなかったようだが、今更ながら母の気持ちが嬉しい。初対面の人とまで着物を取引きしていたのには驚いた。我が家に風呂ができてもいつでも気楽に入れると言う状況ではなかったようだ。もちろん薪式であったが水の確保が問題だったのだろうか。母の兄の家によく入りに行ったし、銭湯にも屢々通った。あの銭湯は今でもあるだろうか。

昭和23年－2　巳冬日記

※は筆者の感想

5月31日	朝早く主人と武蔵堺の鈴木健之氏（手相を見る人）宅を訪問し、昌和の将来等を占ってもらった。柴昌和より鈴木昌和の方が良いとの事なり。又万事進んでよろしいとの事で安心した
6月13日	育英幼稚園バザー開催、朝８時迄に幼稚園へ。緊張にてクタクタ。 静子さん・子供達、きん子さん・子供達、山岡姉等来訪
7月11日	日曜日、主人マーコ連れて鎌倉へ行くも横浜で電車満員、引き返す
7月16日	夕方より雷雨、11時になるも主人帰宅せず、金持たぬ為駅まで出迎え終電待つも帰らず。 午前２時近く恵比寿より歩いて帰宅 ※1
8月14日	午前10時半静岡より弘子母・正記兄来訪。大雨。一泊の予定

8月15日	弘子昼食後マーコ連れて静岡へ帰る。東京駅まで送る。マーコかなり心配の様子。行きたくも巳冬同行せぬ為落ち着かぬ様子。やりたくなし。義理の為仕方なし
8月29日	正居・巳冬マーコ迎えに朝東京発静岡へ。夜マーコ神経昂ぶっている様子にてとても甘える
8月30日	静岡より上目黒へ帰る
8月31日	マーコ朝元気なるも夕方よりとても淋しがり静岡へ行きたがる。兎に角非常に精神に動揺の様子
9月　1日	朝登園をとても嫌がる。無理に連れて行きずっとついている
9月　3日	同様。途中置いて来る。相変わらずすぐ涙こぼし落ち着かず
9月　7日	昌和幼稚園の門まで送る。そのあとは落ち着いて登園
9月10日	昌和誕生日、満５歳夕食後演兄宅へ、帰りは巳冬の背中で眠る
9月11日	巳冬扁桃炎にて高熱、今年のサマータイム終了
9月12日	日曜日、主人マーコ連れて豊島園へ
9月13日	山羊さん（近所の山羊を飼っている農家）から子猫を貰ってくる
9月15日	うちに来てから全く食べない為犬猫病院に連れて行き、親猫の元に戻すが良いとの事にて山羊さんに戻すも間もなく死んだとの事。爾《じ》来《らい》70年余り猫を飼いつづけているが、すべて野良猫である ※2

※1　私自身が手相を見て貰ったかどうかの記憶はない。あるいは姓名判断だけであったかもしれない。若し柴姓を勧められていたらどうなったのであろう。既に私が載っていたレールを取り換えた事が将来にわたって正しい選択であったことを保証して欲しいとの思いで占ってもらったのだと思う。バザーという言葉を久しぶりに見た気がする。現在ならボランティア寄付の会と言ったところか。自分で作ったり、死蔵してある物品などを持ち寄ってその売り上げを幼稚園に寄付する仕組みである。当時の電車はよく混んでいた。全く乗れなかったり、ドアから降りられないこともよくあった。網棚に荷物と一緒に乗せられたり、窓から外に出されたり、ホームの端からオシッコをしたこともあった。現在のような朝夕の通勤ラッシュとちがって日中に混むのである。戦後の急成長期にあって物資不足も著しく、人も物もあらゆるものが動き回っていた時代であった。

※2　二週間静岡で過ごした後、又いつものように憂鬱気分・ホームシックが現われた。普通の親類関係ならそれほど激しくメランコリックな気分に落ち込むことはなかったと思う。血の結びつきが自分を呼び戻そうとするかのようであった。今なら冷静にそんな分析もできる。だが５歳になったばかりの私にはどうにもコントロールできない感情であった。母の日記を読みながらハッと気付いた。自分が苦しんでいる時に、巳冬母も同じように、否それ以上に悩み苦しんでいたに違いない。私の誕生祝いをしたり、子猫を貰ってきたり、遊園地へ行ったりといろいろ気を遣ってくれた様子が記されている。

昭和23年－3　巳冬日記

※は筆者の感想

10月24日	運動会 ※1
11月 1日	（隣の）稲葉さんから五本木小学校の音楽会の切符を貰ったが結局断わった
11月15日	この頃は朝の５時頃にアイロンをかける（日中停電が多い為）
11月16日	最近停電多し。マーコ幼稚園お弁当の日なので、「聖メリーの鐘」南風座へ観に行くも停電多く途中で帰る ※2
12月14日	昌和幼稚園より学芸会（19日）の招待状を貰って来る。マーコ何も出ない様子。がっかりして何も手につかないくらい
12月19日	式典当日マーコ達うめ組は全員で１回出た丈。 夜の部は父親たちのお酒盛り。幹事達お酌やら天婦羅揚げやら忙し。バカラシ。主人は留守番
12月31日	午後３時頃銭湯へ。年越しそば食べて３人で年越しを祝う

※1　当時育英幼稚園は第一師範駅のすぐ近くにあって、小さい自分でもとても狭いと感じていた。殊に運動場が狭く徒競走で走る距離は１周40ｍを２周と言う程度だったように思う。体格が小さい方なのになぜか豪傑組と名付けられていつも一番最後に残った４人だけ（通常は６人）で走らされたのを思い出す。練習の時から、先頭に出ると後ろの奴がうわっぱりの後ろ頸を掴んで引き寄せ前に出る。するとまた後ろの者が前の者のうわっぱりをつかんで前にでる。そんな具合で運動会当日も練習通りの状況で、ゴールの手前で引っ張られて２着だった。

※2　日頃から付き合っている隣人がくれると言う音楽切符を断るについては何か理由があったのだろうが、日記には関係するような記述は見つからなかった。戦後復興に伴う電力需要の増加と渇水の為大口停電のほか、一般家庭を対象とした昼間時間の停電も頻繁に実施された

昭和24年－1　巳冬日記

1月 1日	雨、主人に山羊乳を取って来て貰い、8時頃屠蘇祝いお雑煮を頂く（正居・昌和と３人朝６時起床、新年を祝う。屠蘇の香り気分良し雨に妨げられて国旗掲揚できず。正形史真子を連れて伊達方へ）
1月 2日	主人、昌和を連れ伊達方と静岡へ。朝５時半頃出発（正居 東京７時20分発、昌和を連れ伊達方へ。バスの都合にて掛川駅から伊達方まで歩く。良武飛び出し来たり大騒ぎなり。夜歓談、理一郎･達･正形･克己。４日静岡へ。６日 東京(上目黒)へ帰る。元気)
1月 9日	早稲田三浦常吉氏名古屋に転居の為、親戚一同送別会
2月 1日	結婚記念日、午後写真撮りに行く
2月19日	幼稚園へ寄付払いに。マーコ元気よく号令かけるのを見て嬉し
3月 6日	夕方お風呂を焚き入る
3月 7日	マーコＴ君の影響か、お金使う事に興味を覚えたらし。困った事
3月18日	古森医院に行って主人の牛乳診断書もらう
3月27日	会社旅行、東京発の列車で修善寺へ。雨降る
4月10日	日曜日、写真撮る。三越にて五月人形を買い、上野動物園に行っておさる電車に乗る
4月11日	マーコ園から帰って発熱・頭痛
4月12日	高熱続くため14日の稚児道中欠席を伝える
4月13日	矢島医院に往診を頼む。扁桃腺らしいと。マーコ淋しそう。由起ちゃんの所へ夏休みになったら行くと何度も言う
4月14日	夜中雨降り故今朝も雨かと思いつつ見ると晴天。祐天寺では稚児さんを囲んでお母さん達大騒ぎならんと想像す。折角のマーコ出席出来ず残念。熱は37度台に下がり気味。うっとうしいような、胸がつかえたような淋しい日。マーコが早く元気になれば良し
5月 1日	日曜日、３人で渋谷東横に行き鯉のぼりを購入(紙製)
5月 5日	子供の日。昌和身長 1.045m、幼稚園母の会幹事に又なる
5月10日	静子さん朝早く来訪。大掃除に用いし黒のモンペ上下洗濯、午後はマーコの上っ張りやズボンの破れ繕い、洗濯物のアイロン掛け等忙し

5月15日	日曜日、正居マーコ連れてザリガニ捕りに
5月16日	和田さんと共に幼稚園へ。マーコ歌唄ったり割合と活躍していて嬉し
5月17日	マーコお弁当の日なのに12時頃泣きながら帰って来る。お弁当とられた由
6月 4日	今日からマーコ絵の稽古。和田さんと共にビワ手土産に持って行く
6月11日	夕方静岡より達来訪、夕食を共にす
6月12日	日曜日、主人マーコ連れてザリガニ釣りに

昭和24年－2　巳冬日記

6月17日	日曜日、日中暑くゴロゴロ。夕方入浴後散歩がてら東横へ行く
6月26日	日曜日、朝物置より冷蔵庫出す。 終わり頃梓、きん子、洋子来訪昼食を共にす
7月25日	昌和神奈川県馬堀海岸へ育英幼稚園より臨海保育の為10日間の予定にて参加出発。朝６時半
8月 1日	巳冬稲葉さん（隣人、同級）と馬堀へ様子を見に行く。帰りの電車で稲葉さんより、岩瀬さん（隣近所の人）がいろいろ自分（巳冬）の噂をしていると聞かされる。 マーコの事については憂鬱。近所のおしゃべり多いこと驚く。近いうちに引っ越したし
8月 2日	大工に建て増しを頼んでいたが、引越すなら中止することにする。その代わりに千円支払う
8月 3日	マーコ問題は煩わしい事のみ。マーコはただただ愛しいのみ。 マーコよ、母の気持ちを分かってくれるだろうか
8月 5日	マーコ帰る日、朝４時半に起きて６時出発、馬堀へ迎えに。川崎さん、父兄を代表して挨拶。和田淳子ちゃん、園児代表
8月 8日	昌和脱腸にて古森先生に相談、静岡達にも相談
8月21日	日曜日　昌和あまりせがむので午後から杉田海水浴場へ（横浜）
8月24日	夕方３人で静岡へ
8月25日	外科平野医院にて脱腸の診察を受く
8月27日	夜７時より左鼠経ヘルニア手術

9月　3日	マーコ下痢続く。この日はとても食べたがって大変。夕方魚釣り見に。帰り七間町に寄り買い物す。朱美迷子になり警察に行ったり大変
9月　4日	今一度平野先生に診てもらい経過良しとのこと、今日いよいよ帰京。正居横浜まで迎えに。東京に帰ってからマーコ久しぶりに入浴、東京はこの日迄停電の由。夜又一寸停電
9月　5日	マーコ幼稚園へ出席。割合元気。佐藤先生にしばらく運動休むよう頼む
9月10日	マーコ満6歳誕生日、夕方より大雨主人を迎えに行く。6時から8時まで待つも無駄骨、主人9時頃帰る。マーコ眠たがるし折角のお祝いあまり映えず
9月？日	日米水泳大会優勝を祝し日大プールへ。古橋選手にリボンを渡す
9月23日	お彼岸、マーコ連れて日劇へ、「杜子春」観劇。小夜福子主演
10月　2日	主人マーコつれて箱根へ
10月　3日	夜帰るも元気、主人財布落とす
10月　5日	雨降り、運動会の相談で幼稚園へ。自分丈傘盗られる
10月　7日	この夜主人靴盗られる
10月23日	育英幼稚園運動会(今年も上っ張りの引っ張りっこ)

昭和24年－3　巳冬日記

11月17日	昌和数日前の膝の傷が化膿し類丹毒と診断されペニシリン筋注
11月19日	昌和種痘を五本木小学校にて
11月21日	幼稚園発表会(雨降り)出席。マーコ独唱よくできる。園長先生、涙が出る程でしたでしょうと泣いて下さる。 帰りて障子張りにて忙し
11月25日	日曜日なれど主人出勤。幼稚園へハム持ってお歳暮に
11月27日	ちり払い等忙し
11月28日	佐藤先生お歳暮
11月31日	今日は前から準備してあった為4時ごろには全部片付く。お風呂を焚き7時頃よりお年越。 夕食の片付けも済みゆっくりラジオを聴く。 昭和24年もいよいよ終わる

昭和25年－1

1月 3日	一宮へ急に出掛けることにする。父の友人湯地宅に立ち寄り一宮館へ五時に着く、１泊
1月 7日	兄と共に一同にて久しぶりに大騒ぎして遊ぶ。兄の物まねやら何年振りにて涙が出て苦しいほど笑う
1月28日	ＫＯ 試験日。主人と３人にて出掛ける。父母面接のみにて翌日に延びる
1月31日	ＫＯ 主人発表見に行く。だめ……
2月 2日	第一師範試験日
2月 6日	第一師範発表の日。主人見に行く、入っている。嬉しくて涙が出る。喜びもつかの間、そのあとの籤《くじ》引きではずれ。また学校問題悩む。夕方まで寝て古森さんへ受診
2月22日	稲賀さん幼稚園にて清明学園（大田区）を進められたとて相談に。結局志願書すぐに出してもらう
2月23日	臥床。熱少し高し37度２分
2月24日	臥床。きん子さん来訪、清明の帰り。学校そのものは大変褒めるが、距離の関係でほとんどやめることにする 昌和克子さんに連れられて区立五本木小学校へ体格検査に
2月25日	臥床。朝稲葉さんは清明受験に。８時頃昌和急に行くと主張する。結局主人も自分も受験させる決心をし、大急ぎで支度し克子さんについて行ってもらう
2月26日	和田さんの話、昌和一番入学と張り出してある由
2月28日	今日克子さんに清明の入学手続きすませてもらう
3月 4日	この日清明へ初めて父兄会に出席。和田さん迎えに来てくれる 夕方近所で３輪車に乗っていて、口中で鳴らしていたブリキ笛を飲み込んだ。大きなサツマイモ２個食べて翌日排便と共に排出
3月 8日	終日臥床。依然としてだるく、微熱あり。夕方古森さん受診。神経衰弱の気味
3月22日	育英発表会、マーコ独唱（足柄山の金太郎のかげ歌）やら英語劇に出る。出来良し。午後謝恩会の支払いに幼稚園へ

3月23日	卒業式と謝恩会
3月24日	電話開通
3月25日	お洗濯して映画『青い山脈』観に。身体もほとんど恢復したらし
3月26日	朝８時半頃家を出て湯河原へ３人で。雨降り。途中工場の連中と
4月　5日	清明入学式、高瀬文部大臣等来賓出席
4月　9日	日曜日、前日の読売夕刊に清明入学式の記事が出ているとの事で主人買いに行く。大きく出ている
4月15日	清明総会、又委員になる
4月24日	清明へ月謝持って行く途中清水さんに会う。昌和音楽の時間に大騒ぎした由。清水さん例の調子で話す。 気分悪し。先生も困って居られる様子。本当に悲し。 帰りてより昌和によく話してやる。明日よりいい子になる約束する

昭和25年－2

4月25日	雨降り。一日史真子と仲良く遊ぶ。夜史真子と絵日記を書くと言って始める。それに「今日は学校のお遊び時間に芙蓉組と喧嘩をしました」と。もう学校で騒いでいる様子。どうしたらよいか
4月26日	吉田さん初めてピアノ教えに。昌和パス失くしたと言って一人で多摩川園前より都立高校まで歩いて来て、交番に行き、婦警さんと一緒に帰って来る。驚くよりもよくも歩いたもの。 昌和の何処にそんな不屈な気持ちがあるのか驚く。何か考えさせられる
4月28日	清明委員会、行きに第一師範の駅にて中村先生連中に会う。 曰く「昌和ちゃん、大分すごいようですね。一度幼稚園へよこして下さい。よく話しますから」。今日も初めから憂鬱。 学校へ行くとクラスの大江さん達まだ残っていて、「今日昌和ちゃん先生に叱られて、先生の手つねったりひっかいたりしたのよ……」（みよ子さんと喧嘩が原因の由） ……帰りにこんこんと話す。分かってくれたかしら。兎に角よい子になる約束をする
5月11日	吉田先生来るも昌和ピアノ少しも覚える気なし

6月25日	主人と日曜日なので『きけ、わだつみの声』観に。夜主人とマーコと演兄宅へ
7月 7日	七夕さま。昌和に七夕飾り作ってやる
7月15日	清明一学期終わりの日。学校へ10時頃行く。 石崎先生が昌和大変褒める。嬉しく一日興奮する。清明新聞にも作文載る
7月23日	朝早くから馬堀へ。お寺(浄林寺)へ行く。一日遊び６時頃帰る
7月25日	五本木小学校へ夜、静子さん・子供たち、克子さん・史真子、洋子、マーコたちと『白雲先生と子供たち』観に。 夜10時近く迄あり、又お風呂へ入りすぐ寝る。くたびれる
7月26日	洋子帰る、主人五反田まで送る
8月 2日	馬堀へ行く(浄林寺)、夜主人来る
8月 3日	主人馬堀より出勤。天気悪く雨降ったりやんだり。 映画『山の彼方に』を観る
8月 6日	品川工場連中、史真子・克子一家３人と共に馬堀へ 元気よく賑やか。夜久里浜へ、主人・昌和と共に、灯篭流しと花火見に
8月11日	朝、猿島へ行く横須賀中央より船にて猿島へ。夜主人来訪
8月12日	馬堀より主人と共に帰る。主人は品川で。やはり東京の生活は良し
8月13日	日曜日、夜主人と蒲田と渋谷へ主人ワイシャツ・靴買いに。マーコ留守中一人で演兄宅へ行き、９時頃帰ると居ないのでドキッとする。電話にて兄宅にいるとて安心する
8月22日	天気よし。演兄宅、きん子さん達と馬堀へ、一泊の予定。大変賑やか
8月23日	ヤッチャン、晴ちゃんも来訪、演兄も来訪。みんなで泳いだり、写真撮ったり
8月27日	日曜日、主人・昌和・正形綱島へザリガニ。巳冬東横へ
8月31日	巳冬映画『若草物語』観にエビス本庄へ。大変よろし
9月 3日	日曜日、昌和・主人、正形・史真子とザリガニ釣りに。巳冬青山へ

昭和25年－3

9月 4日	昌和学校始まる
9月 6日	巳冬・マーコ学校の帰りにエビス本庄にて『心の旅路』を観る
9月 9日	清明父兄会(完全給食について)。 昌和学芸会にて絵日記読みし由
9月10日	昌和誕生日、川口・和田・清水・稲葉・＊＊＊円兄宅子供３人よび、史真子とみんなで10人にて昼食をする。賑やかな日、巳冬接待にてくたびれる
9月17日	日曜日　主人昌和連れてザリガニ取りに綱島へ
9月24日	日曜日　主人と買い物、渋谷へ。昌和はデパートは嫌で留守番している
10月 7日	清明遠足(向ヶ丘遊園地)
10月 9日	昌和学校で立たされた由、悲観。本人平気なもの
10月15日	伊達方・静岡へ旅行。２泊
10月22日	日曜日、主人と自由が丘南風座へ『霊婦人』観に行く
11月 5日	日曜日、主人と昌和と３人にて成城へ、以前に比べて成城も荒れ果てている
11月26日	日曜日、石崎先生、稲葉さんで昼食を為しこちらへ２時半頃、５時迄話す
12月 6日	夜昌和寝てから巳冬南風座へ『帰郷』観る。非常によし。 ７日流感で休校
12月12日	石崎先生より電話にて相談あり。石崎先生元気なし。悪い噂に
12月17日	青山へ３人で出掛ける。青山得意のところ。結構なり。我が家失意の時代、淋し。昌和の為もっともっと主人も私も元気にガンバレ
12月20日	清明父兄会。昌和クラスの間ではなかなかの人気の様子。親分肌と言われる。勉強の方もまずトップの様、頼もし。ただいたずらの激しい事が悩みの種。オルガン壊したり、本当に喜んだり悲しかったり……
12月22日	昌和学芸会でピアノ独奏、落ち着いてよく弾く。 帰宅後夕食仕度している時、靴ドロに主人と巳冬の新しき靴のみ４足盗らる。交番に届ける(悪い事重なる)

12月24日	昌和と夕方から銀座へ。尾張町で主人に会い散歩。 大変な人、大変な人 不二家でお茶を飲む。帰ってからお酒と軽く食事
12月25日	昌和和田さんにお昼招かる。夕食を稲葉さんに。稲葉さん、石崎先生をよぶ。和田さんからご本、稲葉さんからもご本。
12月31日	朝から掃除でお昼迄かかる。午後買い物に。８時頃主人帰宅。一緒にお年越を祝い、お風呂に入って除夜の鐘を聞きながら寝る。 12月も６万余の赤字。（開業以来）25年で約30余万の赤字。それに藤川60万程未収、これが大きい。 来年はよい年であるように。主人·巳冬·昌和みんな元気でガンバレ！

昭和26年

1月19日	昌和学校より連絡簿受け取る。すっかり気分憂鬱なり
1月28日	２月１日結婚記念日の為早いけれど日曜なので写真写す
1月29日	夜昌和つれてお風呂へ行き、昌和軽い脳貧血起こす
3月 5日	怖い押し売り来てテープ買わされる。震える
3月22日	清明父兄会。昌和の成績良く嬉しけれど、悩み多し。うるさい事、人の噂に悩む
3月24日	石崎先生例の事にて来訪。このところ心痛み疲れる
3月27日	きん子さん子供連れて来訪。洋子だけ泊る
3月28日	雨、一日家で遊ぶ
3月29日	洋子帰る。主人五反田まで一緒
4月 1日	父母と正形サン、マーコの４人で多摩川べりへ野蒜《のびる》つみに
4月28日	清明も総会あり態と欠席。欠席してよかったと思う
5月11日	昌和学校より調書持って来る。不快
6月18日	下北沢「お光様」へ巳冬行く。最初大そうよろし
6月20日	この日も下北沢のお光様へ
6月29日	朝早くお光様？　へ行き、帰りてより午後清明へ
7月 1日	石崎先生、例の楠井さんとの件につき話しを聞きたいと

7月　7日	横須賀松坂屋へ貸し金とりに行く。なかなか面倒なもの。帰りに品川工場へ寄る
7月10日	横須賀松坂屋へ行く。誠意なし
7月15日	日曜日「ほたるの作文問題」について話し合いのため、石崎先生宅訪問。K及び隣家の子供たちも共々呼ぶ。面倒な事
12月　3日	朝早く石崎先生訪問。一緒に昌和学校へ
12月　6日	合の洋服やスプリングコート、合の帽子等のクリーニングする。一日忙し
12月10日	山岡晃さん死去、昌和友達（和田さん、狩野君）と遊んでいるところへ電話にて知る。夜お悔みに
12月28日	洋子ちゃん、読売ホールでバレエの会、花束を渡す

昭和27年－1

1月　2日	玉子85円、ほうれん草10円
1月　8日	昌和始業式、電車賃20円、昌和銭湯２円
1月12日	電車賃25円、玉子75円
1月13日	清明月謝850円、クラス費300円、燃料費15円
2月　6日	清明へ行く、石崎先生と話す
3月　4日	夜昌和、学芸会劇の服装の事で色々心配する
3月25日	パン券取りに出張所へ
4月21日	昌和、和田さんと錦織君見舞いに、見舞いの花100円
4月27日	日曜日、午後ザリガニ捕りに
5月11日	日曜日、母の日、昌和と自由が丘で映画、帰りモンブラン
5月13日	昌和遠足（桜が丘、多摩聖蹟記念館）
6月　1日	クラス会、とても面白し。傷痍軍人に寄付10円
6月　9日	夜映画、『トムソーヤーの冒険』と『サムソンとデリラ』
6月15日	昌和・捷ちゃん二子玉川園へ。夕方きん子さん来訪
6月18日	清水君・和田さん遊びに
6月29日	主人昌和とザリガニとりに

7月17日	昌和海へ(千葉へ臨海学校)和田さん、清水君と自動車で
7月21日	昌和から葉書き来る。朝天津へ電話する。怪我したと心配で
7月23日	昌和帰る、両国へ迎えに。さんま15円、たまご95円
8月27日	いよいよ伊達方・静岡へ。豆腐10円、鰻240円
8月30日	巳冬発熱？　昌和たち袖師海岸へ海水浴に
9月　1日	静岡より帰京
9月　5日	洋子・近藤玲子バレエ発表会に
9月　8日	山岡へ、一緒に映画『情婦マノン』『アンナ・カレーニナ』 映画50円
9月29日	清明遠足、羽田飛行場、横浜野毛山公園へ
10月　1日	松茸外97円、卵105円、電車10円
10月14日	清明運動会寄付100円、松茸８円、放送局150円
10月27日	等々力の家に決める(駅は尾山台)
10月31日	電気料金229円、水道料金77円、汲み取り30円、ガス48円、米256円、うなぎ100円、まき50円、消しゴム５円

昭和27年－2

11月　2日	清明運動会
11月　3日	三宅先生来訪
11月　9日	日曜日。昌和、和田さんと多摩川園へ。清明立太子基金100円
11月21日	銀座へハンドバッグ買いに、2500円。バス15円
11月22日	土曜日、学校臨時休業。三宅先生４日休み。葉書き出す。 第一師範～尾山台片道10円(大人)
11月30日	日曜日、引っ越しの相談でゴタゴタした日を過ごす
12月　2日	三宅先生から連絡簿、コロッケ５円
12月　6日	清明委員会、清明楓組マラソン大会優勝祝い。60円
12月13日	引越し準備で忙し
12月14日	引越し
12月15日	引越し翌日で大車輪

12月23日	清明学芸会、昌和独唱
12月31日	しめなわ110円、お飾り110円

昭和28年

1月 2日	昨夜天井で鼠騒ぐ
1月 9日	目黒電話料金810円、ガス代875円、電気代292円
1月14日	巳冬誕生日夜一寸お酒盛り
1月25日	昌和連れてロマンス座へ、『陽の当たる場所』を観に
3月 1日	三宅先生との事で千鳥町へ（S方）
3月17日	三宅先生問題で方々から電話
3月18日	昌和三宅先生宅を訪問
3月20日	昌和作文コンクール入選（清明新聞28.4.25）
3月24日	昌和和田さんとシンデレラ姫観に、和田さんへ泊る
5月 9日	昌和猿島へ遠足、朝品川迄送る。篁同窓会
5月12日	三河島へマキを引き取りに。手数料450円
5月13日	日曜日、昌和と東横へ解剖器買いに。昌和だけお相撲に
6月 6日	清明マラソン大会、大山・加納・楠井・錦織来訪
6月19日	巳冬清明三宅事件にて呼ばれる
6月28日	毎日新聞360円、日経新聞280円
6月29日	お稽古、三宅先生から保険頼まれる
6月30日	三宅先生へ断りの電報打つ
7月 5日	渋谷へ映画観に、入場料240円、電車賃片道35円
7月16日	映画、地上最大の作戦を観る。190円
8月21日	館山へ（北条）1泊。女中さん心付け300円
8月25日	主人・昌和伊達方へ
9月20日	昌和・史真子連れて映画
10月11日	昌和花相撲観に
10月13日	夜高津映画へ

10月17日	区民税860円、生姜と松茸50円
11月 6日	昌和クラスでカバヤのことが問題に
11月11日	マキ毒を飲み医者を呼ぶ

昭和29年－1

1月 4日	昌和から静岡に電話し３人で静岡へ
1月 5日	静岡の街を見物し６日帰京
1月24日	大雪、昌和暴れる
1月31日	昌和、和田さんに誘われ大相撲観戦
2月 1日	父母結婚記念日、祝いなし
2月 7日	松浦先生（担任）来訪
3月19日	昌和通信簿引き続き首席
3月21日	４年生終業式
3月23日	正記・良武来訪。横浜まで迎えに
3月24日	柴弘子・のり子来訪
3月26日	静岡一同とはとバスで東京見物
3月27日	良武・昌和二子玉川園へ
3月28日	伊達方克己・正芳・正具来訪し大いに賑わう。30日に帰る
3月30日	昌和楓組御岳へハイキング。正記・良武連れて銀座へ
3月31日	昌和、正記・良武と共に静岡へ
4月 4日	巳冬、昌和迎えに熱海へ。熱海まで弘子送りに来る。熱海で昼食
4月 5日	昌和新学期、クラス替えあり泣いて帰宅。巳冬も不愉快と記す
4月 7日	清明父兄会、クラス替えに就き説明不明瞭、もめる
4月 9日	巳冬、神楽坂酒井抱渉氏（占い師）を訪問し、昌和の進路に就き清明に残るか、田園調布あるいは赤松小学校に転校すべきかとの問いに対し、動かぬが良いとの事
4月12日	夕方昌和良武を懐かしみ寂しがって泣く
4月16日	昌和大井町線線路沿いの柔道場へ入門。月謝50円、柔道着1360円
5月22日	昌和和田さんに大相撲招待される。23日も花相撲に招待

5月28日	昌和、大岡山村西先生（家庭教師）宅で勉強開始（西村君と）
5月30日	村西先生に誘われ『森は生きている』を観劇
6月 6日	雨、正居学友平賀五郎君５月29日に長逝の報あり愕然たり 大学時代、ベルリン時代想い出は尽きず哀悼に耐えず
6月12日	昌和、学校にて先生より変な事を言われし由、非常に悲観して帰宅す それは冗談だと話おくも悲しむべき事に巳冬心配し終夜一睡もせず 同日巳冬の日記には「M先生訪問、実にいやな日」と書かれている
6月13日	昌和本日は元気に登校し元気に帰るも何だか変

昭和29年－2

7月19日	昌和マキと散歩中、同じく散歩中の犬と出会い興奮したマキに左腕を噛まれる
7月20日	等々力自宅にコソ泥、1600円程盗られる
7月29日	マキが見当たらず犬殺しに連れて行かれたかと祖師谷大蔵まで
7月30日	昌和、松浦先生、浦上先生に手紙を出す
8月 1日	浦上先生より返事
8月 5日	松浦先生より返事
8月 7日	西村君一家、三浦君、二子玉川の花火観に来る
8月19日	昌和、巳冬と共に静岡へ
8月20日	巳冬一人上京、汽車賃380円
9月 2日	昌和上京。弘子熱海まで送り、巳冬横浜まで出迎える
9月26日	昌和、村西先生の帰りにテレビ観に西村君親戚の家へ（東映時代劇）
10月 2日	清明学園遠足（大磯千畳敷）
10月 3日	午前中朝田姉御浄霊、昌和は和田さんに誘われて大相撲千秋楽観戦
10月 7日	山辺恵一氏によるおまじない：「小豆48粒を家の周りに、小豆27粒と４円を坂下の四つ辻に埋める」
10月11日	巳冬、自由が丘で映画『二十四の瞳』を観る
10月15日	愛犬マキ近所の鶏小屋で雛を100羽以上噛み殺したとの訴えあり
10月20日	雛事件は見舞金3000円支払って手打ちとした

11月 3日	休日、昌和暴れ押さえる(始め巳冬と言い争う)
11月13日	静岡より柴達・良武・由起子・誠泰ルーブル展観に、当日帰岡
11月27日	昌和(５年)清明秋季マラソン大会２位入賞
12月27日	昌和19時４分の汽車にて静岡へ、巳冬横浜まで見送る

昭和30年－1

巳冬・正居の日記

1月 1日	昌和は昨年末静岡へ行き、今年の正月は巳冬と二人淋しき正月
1月 6日	昌和、静岡から帰京。巳冬・正居横浜駅迄迎えに
1月 9日	昌和大相撲へ。夜巳冬・昌和演さん宅へ年賀に
1月12日	今日昌和また我儘なり、一寸押さえる
1月14日	巳冬49歳誕生日、昌和と３人東京会館で夕食
1月16日	夜昌和勉強の事よりゴネ、入床せず炬燵にて寝る
2月 1日	鰻食べに主人と銀座へ
2月10日	洗髪、少し抜け毛多し(この後１年余脱毛に悩む)
2月21日	夜昌和ゴネて母の顔をぶつ。押さえる。謝罪あり、マキの囲い作る
2月26日	３m高の囲い作るもマキは容易に飛び越えた。ダメ
2月28日	昌和、英語30点、20点、理科69点。正居自分が11歳の時母に叱られ発奮した話をする
3月12日	巳冬より昌和の悩みの件を聞く、気の毒なり
3月21日	昌和春休みを利用し静岡へ
3月21日	昌和静岡へ
3月27日	良武ちゃん、誠ちゃん等と伊達方へ
3月28日	事件の日
3月29日	昌和静岡に戻る。行き違いに正居午後１時35分伊達方へ。掛川よりハイヤーに乗る。７時頃伊達方着。 登の子供誠泰、毅典２人も居り賑やか。伊達方の家・土地などについて話す
3月29日	正居午後伊達方へ。登の子供誠泰、毅典も居り賑やか。伊達方の家や土地などについて話す。巳冬浦上先生と松本さんへ

3月30日	朝静岡へ電話するも、昌和は伊達方へ来たらず
3月30日	朝正居静岡へ電話、昌和は伊達方へ来たがらず
3月31日	巳冬から（静岡より伊達方へ電話あり）
3月31日	巳冬静岡へ行き、伊達方へ電話す

昭和30年－2

巳冬・正居の日記

4月　1日	慶雲寺（菩提寺）お寺参りをなす
4月　2日	午後２時27分金谷より静岡へ。姉（琴子）も達も元気にて安心
4月　2日	正居午後金谷経由で静岡へ。姉（琴）元気で安心。達も元気、仕事も多忙の由、丁度静岡祭り（浅間神社祭）なるも連日の雨にて意気上がらず
4月　3日	朝８時51分にて上京、巳冬・昌和と共に
4月　4日	朝８時51分にて上京、巳冬・昌和と共に
4月　8日	朝昌和、巳冬の額をぶつ／朝昌和不機嫌
4月　9日	昌和朝おとなしく自分で支度して出校す
4月11日	巳冬大岡山長谷川の紹介にて行く、神経性脱毛とのこと。昌和は算数（100万人の）巳冬と共に３時間に９ページ解いた
4月11日	巳冬大岡山の皮膚科を紹介され受診、神経性脱毛との事
4月12日	巳冬田園調布土肥先生の診察を受く
4月17日	正居静中明治会へ出席。巳冬・昌和二子玉川園へ。入園料40円
4月17日	巳冬・昌和二子玉川園へ。入園料40円、映画80円
4月22日	昌和言う事をきかず。巳冬と２人散歩して帰る。夜昌和落ち着く
5月　1日	メーデー。昌和国立模擬テスト150人中14位
6月22日	マキ去勢手術800円
7月16日	静岡達へ手紙だす。昌和今年は中学入試のため行かぬ事を伝える
7月17日	巳冬・昌和自由が丘で映画『女中っ子』を観る
7月26日	昌和清明山の学校へ（那須八幡温泉）
7月30日	昌和帰る、朝７時56分上野着。此の間外耳炎を患う。昌和夜少し暴れる

9月23日	お彼岸、正居朝正形と共に鶴見総持寺へ参詣をなす
9月25日	昌和、巳冬と共に渋谷で映画『織田信長』を観る。 （正式名『紅顔の若武者 織田信長』）
11月 8日	朝昌和就学旅行に出発（東北、４泊５日）。仙台（青葉城）、松島（瑞巌寺）、平泉（中尊寺）、鳴子（温泉）
11月14日	早朝より昌和ゴネル
11月17日	静岡柴琴子（正居姉）来訪
12月 3日	静岡姉夕方帰静す
12月26日	午後３時半東横にて昌和、巳冬と落ち合い買い物し、そのあと銀座散歩。X'masも過ぎて人通り多くなくて良し。太田屋にて食事

昭和31年

2月 1日	麻布中学入学願書提出、巳冬早朝６時半出立、2774番。 吾々（正居、巳冬）は23周年結婚記念日。夜写真を撮る
2月19日	麻布中学入学試験、巳冬映画観に
2月20日	麻布中学入学試験、巳冬映画観に
2月22日	入学試験発表、合格、最良の日
2月25日	柴達来訪（祝いに）
3月 3日	３人で買い物に。麻布制服6800円
3月 7日	静岡柴達より手紙来る。昌和読みたしとの事。巳冬と話し結局読ませる。涙。来るもの来たる 心情察するもやる方なし。既に感じ居りたるものの如し。巳冬より良く話す。一応落ち着きたる様子に
3月17日	昌和朝７時36分発にて一人静岡へ。巳冬横浜まで送る
3月18日	帰京。芝浦工場に泥棒（19日に発見）
3月24日	昌和、清明卒業式（答辞を読む）
3月25日	昌和、静岡へ。巳冬横浜まで送る。汽車賃200円（横浜から）
3月26日	巳冬映画へ50円
3月29日	正居朝早く単身伊達方へ
3月30日	昼頃伊達方発静岡へ。巳冬も東京から静岡へ

4月　1日	３人で東京へ帰る。午後４月として13年ぶりの降雪
4月　2日	昌和、麻布制服にて巳冬と共に入学式に出席
4月　3日	昌和、単身にて３たび静岡へ
4月　7日	巳冬椿山荘にて篁クラス会、昌和静岡より帰京
5月　2日	麻布中学授業料・保護者会費1500円
5月12日	巳冬パーマかけに。午後昌和と帽子屋へ。 電話料金2097円、水道料金　？
6月　8日	正居、午後単身静岡へ、柴へ１泊
7月14日	昌和夕方静岡へ
7月18日	昌和帰る、巳冬横浜まで迎えに
7月23日	静岡より一同来訪(弘子、正記、のり子、雅夫)１泊
8月　8日	伊関捷一君来訪一泊
8月10日	昌和朝９時４分横浜より静岡へ、巳冬横浜まで送る
8月21日	昌和静岡より手紙、25日頃帰京予定と
8月22日	正記も１か月の神田予備校の講習を終え本日夕静岡へ帰る
10月13日	巳冬。昌和と伊東温泉プールへ。日帰り
11月19日	伊達方克己来訪、伊達方兄市長候補云々の話ありと
12月　6日	伊達方へ当選祝いとしてハムを贈る
12月31日	除夜の鐘の後昌和あばれる。炬燵の中に寝る

昭和32年－1

1月　1日	２時お屠蘇散の酒楽しく飲む？　その後昌和又暴れる
2月　1日	結婚24周年。しかし祝賀はなし
3月17日	正記、昌和夕方７時21分東京発の電車にて静岡へ
3月21日	昌和、正記上京
3月26日	昌和４時30分東京発静岡へ
3月30日	昌和より葉書き来る
4月　7日	60何回か分からぬが今日は僕の誕生日、朝日ゴールドという上等ビール２本飲んで良い気持ち。平和。来年は結婚25年だ

4月29日	昌和単身帰京、またゴネル、閉口
5月20日	９時半頃帰宅、６畳の障子全部孔を開け、大騒ぎの跡歴然、しかし障子の骨を折ってないのは正気？
6月 5日	９時前帰宅、昌和、巳冬の気持ち悪く寝ているのを、布団をかぶせてやめず。自分が止めれば向かって来るので大いに押さえた
6月 6日	昌和を落ち着かせるために静岡に電話して弘子を呼ぶ
6月 9日	弘子、昌和、巳冬浅草へ
6月13日	巳冬、昌和静岡へ
6月14日	巳冬丈上京、昌和は６月16日上京の事となる由
7月 3日	静岡に行き昌和のことについて話す
7月17日	昌和大いにゴネル。巳冬を探しに駅まで行く(11時30分)
7月19日	昌和２年１学期通信簿平均81点
7月20日	昌和静岡へ単身行く、巳冬横浜まで送る
8月 2日	昌和静岡より元気に帰京
8月 7日	昌和横浜より単身静岡へ
8月22日	巳冬も静岡を訪問
8月23日	巳冬夜８時頃帰着
9月 2日	昌和上京す
9月26日	夜昌和巳冬と大騒動

昭和32年－2

11月 7日	夜またまた昌和と争う
11月12日	昌和昨晩からゴネ、今朝ワイシャツをやぶり、学校へ行く
11月28日	夜テレビの事にて昌和ゴネル
11月30日	昌和へ弘子からの手紙(静岡一泊みかん狩りの誘い)
12月16日	昌和みかん投げる
12月19日	巳冬クラス会後何れかへ行き帰宅せず。昌和に手紙を書いて行く。心身疲れたから１、２日休養すると。昌和手紙をみて驚く、自分も驚く

12月25日	昌和静岡行の為大井町駅にて巳冬昌和と会う、昌和一人静岡へ
12月30日	昌和静岡より帰宅、達よりの手紙昌和持参
12月31日	昌和海苔の事にて大いにアバレし由

昭和33年

1月　1日	家族３人新年を寿《ことほ》ぐ
1月10日	昌和静岡より上京す
1月11日	昌和アバレル、鼻血出す
1月14日	巳冬誕生日
1月15日	巳冬、Birthdayの祝いをなす
2月　1日	結婚25年記念日、自分は夜９時頃帰宅、昌和と３人祝いをなす
2月　5日	昌和大アバレ
3月22日	午後伊達方から克己、ほみ、具、洋子来訪一泊す
3月28日	正形、克子、史真子静岡と伊達方へ。午後昌和・正記静岡へ
4月　3日	弘子、正記、昌和、堀内氏と４人上京、一泊
4月13日	夕方克子から大泉へ引っ越しの件に就き話あり
5月24日	静岡姉(琴)上京来訪、当分滞在の予定
5月25日	一日中在宅。姉、昌和、正記、巳冬、克子、史真子６人で新宿中村屋へライスカレーを食べに
6月11日	静岡姉本日午後静岡へ帰る。巳冬自由が丘迄送りに
6月28日	静岡より達上京一泊す
7月　5日	昌和まくらを蹴る
7月19日	昌和通信簿平均80、午後単身静岡へ
7月25日	昌和今日より工大夏季講習会へ
8月17日	昌和単身静岡へ、４時頃の汽車にて
8月24日	夜７時頃伊達方克己、正具をつれ上京一泊。正記は得若松へ柔道に、昌和は初めて川上へ行き不在中
8月28日	正記午後６時頃静岡へ、昌和昨日川上より静岡へ、本日午後上京す

9月17日	夜帰りに大井町にて正形と一杯。お互いに話が激し過ぎた
9月26日	台風22号関東地方襲来
9月27日	台風一過、中秋名月
10月 2日	青山土地問題につき巳冬と青山兄宅へ行き大いに飲む、少し失敗
11月27日	皇太子妃正田美智子さんご成婚発表される。奉祝極まりなし
12月12日	昌和今日より試験(麻布中３年)
12月20日	ふぐ料理を昌和、正記、巳冬、史真子と共に。 伊達方兄来訪、今月いっぱいにて市長をやめる由
12月23日	昌和優等に、平均85点

昭和34年－1

1月 1日	早朝から初雪にて５、６cm積もる
1月 2日	昌和・巳冬今日の好天気に朝８時横浜より静岡へ。正形と少し飲む
1月 3日	巳冬及び史真子上京
1月 7日	昌和・正記上京す
1月14日	巳冬誕生日にて４人で祝う
1月15日	正記成人の日
1月31日	ここ数日昌和・正記お互いに話をせぬ模様、困ったもの
2月 1日	今日は26回目の結婚記念日、夕食に昌和・正記と共に４人祝杯
2月31日	今日にて芝浦工場に来て満６年経過、感慨無量、何等進展せず
3月19日	捷チャン・三浦君・昌和。巳冬・正居皆で大倉山へ散歩
3月21日	昌和中学年優等卒業
3月23日	愛猫ミー（10歳)半年ぶりに帰る。昌和は学校へ行き会わず
4月 3日	昌和・捷一・三浦君、３人で村山貯水池へサイクリング(100km)
4月 7日	弘子・由起子来る、１泊
4月10日	皇太子ご成婚
4月14日	正記昭和医大付近に下宿を見付け数日中に引っ越すと言う
4月15日	正記引っ越し先を告げずに、荷物積み込み、昌和は淋しき模様
4月18日	巳冬、昭和医大の教務課に電話して正記の住所を聞く

4月19日	9時長原駅に巳冬と落ち合い正記の新下宿を訪ねてみる。帰りバスにて。夜正記来訪、食事・入浴等
4月24日	弘子上京1泊
5月 7日	昌和鼻の件にて静岡辰へ電話
5月10日	正記にjyoseiの事に注意し置く
5月25日	夜静岡から電話、正記、住吉君(静高友人)と同居の件心配と
5月26日	夕正居、正記の下宿を訪ねいろいろ話す。寿司屋にて夕食
6月 2日	正居昌和を連れ静岡へ。肥厚性鼻炎の手術。手術時間30分
6月 4日	午後正居のみ上京
6月 6日	昌和夜半に帰着
6月 8日	巳冬長兄長谷川辰兄逝去【東京医科歯科大学病院】
6月11日	青山斎場にて日本理化社葬、のち多磨霊園に埋葬(昌和も出席)
6月28日	昌和製図少しやり外に。勉強せず

昭和34年－2

7月 5日	昼間床屋へ行き帰りに一寸玉突きへ(学芸大学駅そば)
7月14日	高1一学期試験終了、午後父と静岡へ。左鼻の手術の為？
7月20日	昌和成績平均73点、代数44点で不可、巳冬と一日中話すも努力を約束することすら出来ず、慨嘆す
7月21日	朝昌和の日課表を作成(勉強時間を在宅時間の約3分の1とす)
7月28日	昌和自由時間を主張するが勉強時間も勉強せず
7月29日	静岡より手紙あり、正記下宿からこちらに戻りたき由。従って正形家族の引っ越し問題起る
7月30日	巳冬より克子に引っ越しの事を話す
8月 6日	巳冬、昌和と共に夜11時15分発高山へ出発(左武郎さん3男と)
8月10日	夜10時40分頃巳冬単身飛騨高山旅行より帰る。昌和は川上に行くも天気悪し。泳ぎ、魚釣りできる？
8月14日	静岡達より手紙、正記の引っ越しは正形に良い家がなければ見つかる迄伸ばす要ありとの事にて。手紙見せる(正居、正形、巳冬宛て)

8月20日	昌和川上より静岡に立ち寄り、即日上京。9時頃帰宅
8月23日	正形等々力の家に決定す(等々力町2の104の6)
8月30日	正形一家転居。昭和21年11月以来依頼昌和と13年間同居。 今日引っ越しに際し史真子感傷的に泣く。 気の毒なり、一寸寂しくなる
9月　1日	夜巳冬・昌和と3人で正形新居へ訪問、往復とも歩行
9月　5日	夜正形・史真子尾山台に来訪、静岡へ正形移転の通知出す
9月13日	弘子夕方単身来る。一泊
9月14日	自分(正居)工場より帰りし後正記帰宅、挨拶に来たらず
9月15日	朝頼むとの挨拶有(正記)
9月21日	巳冬、昌和を連れ山本常市君の診察を受けに。鼻の手術も良く出来ているし其の儘が良いとの事、本人悲観、困ったもの
9月22日	昌和今日も案外落ち着き居たり
11月　1日	日曜日、五反田までモグリ鼻医者を観に行きダメ、帰り昌和と自由が丘に落合南風座へ。混雑、立ち見『日本誕生』を半分観て1人帰宅
11月27日	昌和すこしも勉強せず就寝
12月13日	昌和明日は中3の試験にて勉強中
12月21日	昌和・巳冬・正記と4人銀座お多幸にて食事
12月24日	Xmas eve　銀座にて飲む、正記静岡に帰る
12月25日	昌和午後蔵王へスキーに(学校から)
12月31日	朝7時昌和蔵王より帰宅、正記静岡より上京、新年を祝った

昭和35年

1月　1日	9時起床、巳冬・昌和・正記4人屠蘇を祝う
1月14日	巳冬誕生日、54歳。家にて祝う
2月　1日	27回目の結婚記念日
2月19日	夜8時青山和二彦さんを訪ね、物産へ売り込み方に就き依頼
2月24日	昌和ブローム呑み胃の透視をなす。胃下垂との事

2月27日	日曜日、芝浦工場経営に就き心配、１日中悩む。午後１時間半くらい多摩川河畔で一人散歩、英気を養う
2月31日	今日にて芝浦工場に来て満６年経過、感慨無量、何等進展せず
5月　8日	日曜日、克子・史真子来訪
6月22日	早朝より７時迄国鉄最大スト突入
7月14日	池田隼人氏自民党総裁に選出。岸首相暴漢に刺さる
7月20日	昌和、早朝北海道旅行に出発す
8月　1日	昌和午前10時北海道旅行より帰着す
8月　2日	自分(正居)の喫煙尾山台ホームにて昌和に発見される
8月　3日	昌和の鼻中隔の事に就き静岡へ手術相談をする
8月　7日	静岡達より返事くる。手術は余り賛成ならざる模様
8月　9日	昌和朝７時三浦君と三共寿司宿泊所へ出発
8月12日	浅沼稲次郎、山口乙矢に暗殺さる
8月16日	自分は瘭疽手術、昌和は日赤田中先生の鼻中隔手術、巳冬は痔にて閉口。夜中２時昌和ガーゼが喉へ落ちて呼吸苦しく救急車を呼び医者にてガーゼを少し切り取り楽になる 昌和鼻気持ち悪く、明日から学校を休んで良いかとの事、巳冬と共に心配する。明日八木医者に聞いての上としておく
8月17日	昌和非常に痛み強き模様
8月18日	田中先生受診しガーゼ除去、安心の為か鼾をかいて眠る。 昌和おとなしく学校に行く
11月　4日	青山長谷川和二彦氏日粉社長就任祝いにて招待され、巳冬同道中国飯店に行く。後銀座散歩し地下鉄にて帰着

昭和36年

1月　1日	１時起床、昌和・巳冬と元旦を祝い１日延々と在宅
1月　7日	演さん宅にて長谷川一族新年会
1月14日	巳冬誕生日、夕方昌和と３人にて祝う
1月29日	昌和昨日来少しも勉強せず、閉口して正居・巳冬二子玉川へ映画観に

3月 4日	柴達上京１泊、良武日大入学につき
3月13日	史真子、津田及び上智大に合格
3月31日	26・27日の旅行中事務所に泥棒が侵入
4月 7日	帰宅10時、今日の誕生日の為に１本飲む
4月12日	巳冬、昌和に戸籍抄本（受験を控え高校提出用）を示す、決定的事実を知り衝撃受けたるものの如し、気の毒なり
4月13日	昌和全然食事をせず出校、夜良武弘子１泊
4月22日	昌和抄本を麻布学園に提出す（高校２年）
5月 6日	巳冬発熱にて心配、原先生及び阿久津先生受診
5月 9日	巳冬臥床の為由起子に手伝いを依頼す
5月16日	柴弘子静岡より上京、巳冬を手伝いにきてくれる
5月21日	巳冬日本医大病院（新丸子）入院の為夕送って行く
5月26日	夕方日本医大内科部長岩瀬氏に会い巳冬の病状に就き種々聞く
6月 1日	巳冬気分良好、リウマチ反応なし、敗血症もなし
6月 4日	午後退院
6月14日	巳冬日医大退院後初めて外来受診。血沈20／38、血圧174
6月21日	巳冬と同道昭和医大へ、山本常市奥さんの紹介にて富野婦長へ、第一内科新谷氏に診察依頼す
6月23日	巳冬昭和医大入院、南291号室、工場帰り立ち寄る
6月25日	演さん見舞いに来た由。青山より電話、何事だとの事。巳冬両方へ檄を飛ばしたものらしい
7月 1日	朝田姉と静岡へ
7月 2日	静岡清生院27回忌、譲33回忌
7月 4日	巳冬より電話、便に少し血が混じると。血沈34／80位。昌和自分のビールを心配して文句
7月 6日	巳冬川上教授の診察を受く。松原先生の了承を受け夕方帰宅
7月11日	緒方君から電話、純一（夏目）君と連絡出来た由、夏目純一君と話す
7月13日	内痔核を処置してから直腸鏡をやる事にして一旦退院

7月20日	午後巳冬昭和医大より退院す
8月10日	正形宅を訪ね史真子にまた遊びに来るよう依頼する
10月28日	巳冬虎ノ門病院健診の最後の結論として胃手術の件全く不要と
11月 5日	昌和・巳冬朝横浜から静岡へ。昌和の鼻中隔に就き相談
11月20日	昌和巳冬浅草黒門町高橋病院に診察を受けに行く
12月31日	朝２時迄工場、帰宅入湯入床、アークタビレタ

地獄を見た　伊達方での大事件

父の古い手帳は、途中何年かは抜けているが、戸袋から出てきた。昭和３年から39年にわたり記されている。

父はドイツで５～６年暮らしていたので日記形式の手帳はドイツ語と日本語で書かれ、その上非常に細かい字で書かれているのでどうしても判読できない箇所がたくさんある。それでも何とか私自身と関係ありそうな日本語部分は概ね書き出してみた。母巳冬と私昌和に対する父の優しさが心から感じ取れた。同時に母の献身的な愛も深く私の胸に残った。

清明学園小学校５年から６年に進級する間の春休み、伊達方（本籍地の名称、父の実家、静岡県掛川市）での出来事である。静岡から登叔父の子供、誠泰と毅典、それに良武兄、伊達方の正芳、ほかに雅夫や正具もいたかもしれない。

みなでゴムパチンコでドングリを飛ばしながら近所の砂利道を駆けずり回っていた。自分が先頭に立って道路わきの家の前で井戸端会議中のおばさん連中の脇を潜り抜けようとした時に確かに自分の耳に聞こえた。

「この子が正居さんのとこに貰われていった子だよ」。なぜはっきり聞こえたのか、聞こえてしまったのか、いまなら納得がいく。私自身がそれまでいつも漠然と心の底に硬く蓋をしてしまっていた疑問の答えにほかならなかったからである。いまでもその時の情景を、はっきりと思い出すことができる。そのまま走り抜けて、声を出して泣きながら家の中にかけこんだ。

ほみ子さんに「どうしたの！」と聞かれてもただ泣き続けるしかなかった。恐らくあとから駆け込んできた子供等に尋ねてほみ子さんは事情を理解したのだと思う。

その日はあとどう過ごしたかは一切覚えていない。夜のご飯を食べたのか、いつもなら皆で大騒ぎの五右衛門風呂に入ったのか……。周りに居たはずの子供たちの顔も見えない、声も聞こえない。

その夜はまんじりともせず隣室の正居父の兄理一郎のイビキだけが耳に残った。これは夢だ、夢に違いないと何度も布団に起き上がった。地獄だ、これが地獄なんだと身をよじった。僕の事をもらわれていった子だと言ったあの女はぜったいに許さない、そう心に誓った。いくらかは眠れたのかもしれないが、翌日のこともほとんど記憶がとんでいる。人は自分にとってつらいこと、苦しいことは記憶から消し去る機能を備えているように思う。

まったく覚えていないが、恐らくほみ子さんかご主人の克己さんがついて行ってくれたものと思うが、翌日静岡の実父母の家に居た。琴祖母は一人で炬燵に横になっていると、ときどきそばにやってきては「泣いていたかい？」と聞いてくる。「泣いてなんかいないよ」と言い返すが声が泣いていたに違いない。弘子母も２階から降りてきて、声はかけず顔をそっと覗き込んではまた２階へ上がってゆく。良武兄と口をきいた記憶もないので他の連中はまだ掛川（伊達方）にいるのだろう。昼頃東京から静岡へ巳冬母が迎えにやってきた。どうしたのとも聞かれなかったと思う。

私に悲しい思いをさせたことを心の中で詫びていたに違いない。私の記憶からは消えているが、幼いころから何度も繰り返してきたように……。

そのあとどのようにして東京に帰ってきたか思い出すことはできない。世田谷の家についてから巳冬母は私を膝の上に載せてきつく抱きしめ、泣きながら何度も何度も繰り返した。「昌和は私の子だよ」。このことについては正居父の手帳にも巳冬母の賄い日記にも詳しいいきさつは書かれていない。具体的な記述として残されていないだけに却って父母の切ない胸の内がうかがわれる。無論当時の私には心の余裕はなく、ただ出自について触れることが私だけでなく母も父をも苦しめることになるのを恐れつつ、少しずつ何事もなかったことのようにいつ爆発するかもしれぬマグマをかかえたまま日々を重ねていった。

日記 其の二

父・母の日記

父正居の手帳日記、父の履歴

2-1 静岡中学時代

2-2 第七高等学校時代

父正居は明治25年生まれ。静岡中学のあと第七高等学校（鹿児島）、東京帝国大学（農学部）を卒業後横浜朝田商事部に入社、大正12年渡独し畜産加工を実地研究し、昭和３年帰朝して昭和５年より港区新橋においてベルリンヤ畜産加工所を経営（～昭和20年）、その後戦時下の昭和18年海軍及び航空軍需会社安全電機工業K. K.に勤務。この間東京ハム工業組合理事長、日本食肉加工協会常任理事選任、昭和22年練馬区児童福祉法人錦華学院に於て畜産加工所経営、昭和23年北品川に移転、さらに昭和29年より港区芝浦に移転しベルリンヤ東京ハム株式会社を経営。

途中何年か抜けてはいるが父正居の古い手帳が戸袋から出てきた。大学卒業後、次男坊の気安さもあり一旗揚げるつもりで単身1923（大正２年）日本郵船の榛名丸で横浜港を出港、ドイツベルリンに旅立った。途中上海、シンガポール、コロンボなどに寄港、スエズ運河を通り地中海に出てマルセーユで上陸してリヨン経由でパリに向かい、さらにブラッセル、オランダを通ってベルリンに到着。横浜出航後58日の長旅であった。そのあとしばらくは高等学校や大学の友人や、ベルリン日本人倶楽部で新たに知り合った友人達と交流したり、ベルリンを拠点としてヨーロッパ各地の名所を訪れたりして自由気儘な生活を送って居たようである。そうした数年を経てそもそも自分の渡欧の目的は第一次世界大戦敗戦後のインフレーションで貨幣価値が暴落したドイツの物価が極端に安くなった為、適当な輸入品などを見つけて父親九一郎の失敗を取り戻そうとの目論見があったことに立ち返った。そこで1分計の水銀体温計を大量に買い入れて日本へ送ってみたが輸入検定や販売ルートの問題、さらには三井・三菱などの大手商社が既にベルリンに出張所を置いてあらゆる商品の輸出入を手掛けている状況を知ってその後は商取引に関わる事を断念した。そんな状況のところ渡独に際し横浜港以来知り合いになったY氏より「農学部出身の君がハム・ソーセージの本場のドイツに来たのだからそれを勉強すべき」との勧めを受け考慮の末、食肉加工の道を進むことになった。

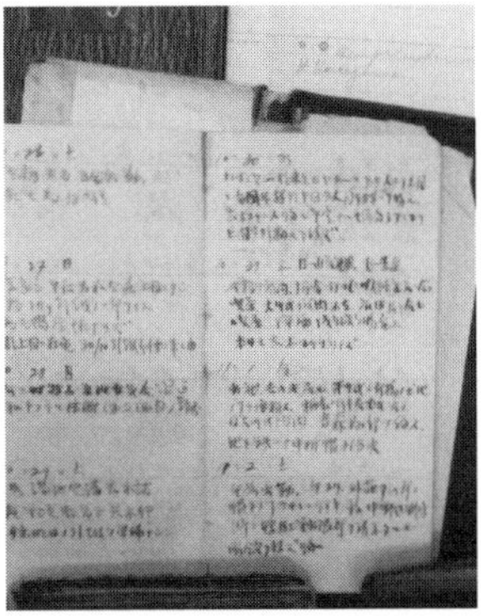

2-3 父・正居の手帳日記

こうして父はドイツに5年余暮していたので日記形式の手帳はドイツ語と日本語で書かれており、其の上字が小さいため判読できない箇所がたくさんある。それでも私自身と関わりのある部分は概ね書き出したつもりである。

母巳冬と私昌和に対する父のやさしさが心から感じ取れた。同時に母の献身的な愛も深く私の胸に残った。

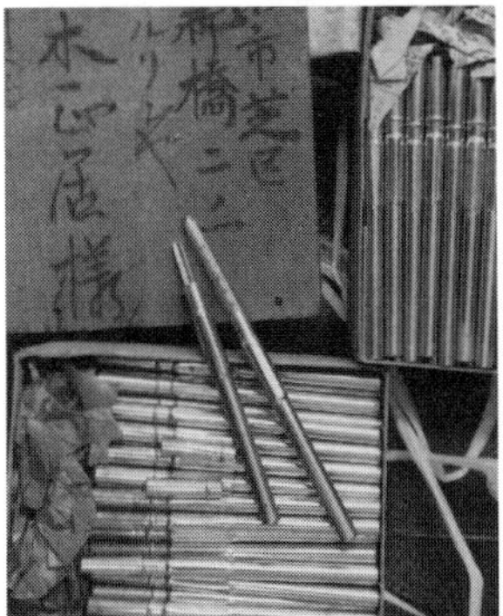

2-4 一山当てようと
目論んだ体温計

ドイツ滞在は予定よりかなり延びたようである。後年姉の琴からきっと目の青い娘を連れ帰ってくると思っていたと聞いたことがある。実際そのLiebeが製作した刺繍入りのクッションが現存する。母巳冬は何

2-5 Liebeが製作した
刺繍入りのクッション

故これだけを残して置いたのであろう。トランクいっぱいの手紙、写真などはすべて処分したのに。

私が父と暮らした期間は昭和21年から昭和41年の20年間、母とは平成３年までの45年間。私は父とじっくり話をしたことがなかった。父親は基本的に外で働くため接触の時間が短く、病気がちであった事、私が思春期であったことも影響していると思う。今となっては父との時間を取り戻すことは出来ないが、手帳日記がその溝を埋めてくれた。日記を解読しているうちにしばしば父が隣にいて直接話し合っているような気持ちになることがあった。私が知らなかったことを知らせてくれ、理解出来なかったいきさつを教えてくれた。そして何よりも父と母の無上の愛を確認出来た事が最大の喜びである。

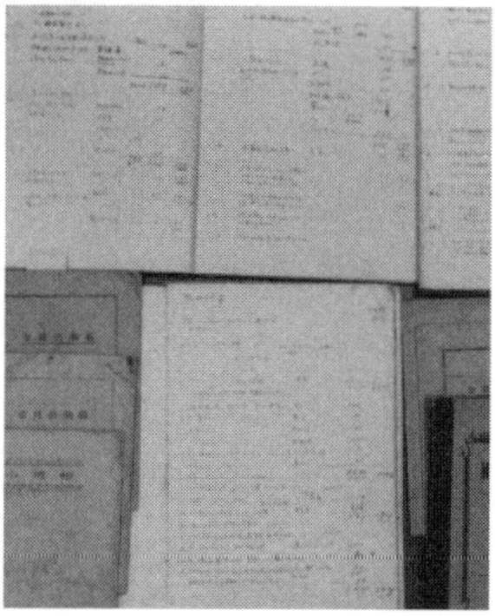

3-1 母の出納日記

母の出納日記　母の履歴

3-2 府立第二高女入学時

母巳冬も買い物出納帳兼日記を残してくれた。父同様裁縫や料理ノートと一緒に最近見付け出した。1935（昭和10年）から1986（昭和61年）まで細かく記録されている。１日の買い物の記録と同時に、欄外にいろいろな日常の出来事が極く簡潔に書かれているが、私自身に関わる事を中心に抜き出してみた。太平洋戦争の戦前戦後の生活の様子をうかがう資料にもなるように心がけて記載したつもりである。

ノートは昭和10年12月から書き始められている。父長谷川歳三、母寅子の５人兄弟・姉妹の末子として生まれ（明治39年）たが、その時には長姉は既に結婚していたと何度も母から聞かされた覚えがある。母の父は銀行家であったようだ。

津久戸小学校（明治37年創立、新宿区）を経て第２高等女学校（現在の都立武早高校）に学んだ。その後父正居と結婚（昭和８年）するまでの約10年間の様子については直接尋ねたこともなく、親類中探しても今となっては話が聞ける人もいない。息子の私が言うのもおかしいと思われそうだが古い写真で見る母はとても可愛らしい。特に第２高女の卒業アルバムの17歳の写真は自慢できる。存命のうちに一言ほめてあげればよかったのにといささか残念である。当時の同級生の中でも人気があったようで、その他同級生と晩年までやりとりした手紙がたくさん残っている。巳冬母ゆかりの物もたくさん手付かずで残っている。私自身の終活のなかで母への思いを残し、形あるものを整理するつもりである。

3-3 卒業時

3-4 卒業前①

3-5 卒業前②

3-6 卒業後

本書は私（昌和）の自分史であるが是を書こうと思った一番の理由は生前明確かつ真摯に伝える事が出来なかった両親への感謝を何とかして届けたいとの思いがあるからである。それは99.9％の不可能と0.1％の妄想であるかもしれない。それでも私は父母に答えて欲しい。「昌和を養子に迎えて幸せだった」と。

父母の結婚

4-1 父母の結婚①

4-2 父母の結婚②

父正居のエッセー（自分史）によると、数え年27歳で大学を卒業後、親類筋の朝田回漕店商事部を起こし数年間活動していたが、第一次世界大戦後は物価下落の波を受けて破綻に向かった。敗戦後のドイツが極端なインフレーションにみまわれ外国人にとってはチャンス到来と考えて32歳時獏とした期待を胸に日本郵船の榛名丸でドイツに向かった。

現地では期待したほどの甘いビジネスもなく、大学での自分の専攻に関係のある食肉加工の技術を習得し、技術者としてドイツ人ピアセキを帯同して帰国、ドイツ滞在５年余りが経っていた。昭和５年（38歳）に食肉加工及び販売店としてベルリンヤを開店した。兄弟５人中正居だけであった。

正居がドイツで知り合った岡田氏の義兄、武内氏が日本製粉会社に勤め同社の同僚長谷川和二彦殿の末妹との話が出て急遽見合い結婚に発展した。正居の日記には昭和８年２月１日結婚式当日は朝３時15分まで仕事、12時半に東京ステーションホテルで挙式と書かれている。新婚旅行はお決まりの熱海へ延べ３日の旅であった。

また手帳には実質的仲人の竹内氏に結婚の謝礼として50円（松坂屋小切手）出すとの記載もある。さらに気になったのは婚姻届けの捺印を結婚式から２か月も経って武内氏から受け取っていることであるが、いまとなっては誰にたずねる術もない。

昭和17年　母の病気①　正居の手帳日記より

11月6日

巳冬昼頃より右腹痛、７日より出血連続す。８日、９日と過ぎたるも経過同様、11日泉橋病院にて診察の結果外妊娠との事。そのあと数日経過をみたがやはり外妊娠との診断で井出医院に入院し、16日午後３時から手術をなすことに決定。

大家の手術故心配無用と思わるるも手術を受ける方は経験無き事故心騒がしきものなり。自分すら斯く心にかかる事ゆえ、受ける本人は猶更の事。気の毒の次第なり（11月15日夜10時半記す）。

11月16日

朝下剤を用い手術時に空腹にせしめたり。井出ひろ子先生今朝今一度診察を為す。「子宮大分大きく、私ならば子宮搔把を一度行いて様子を見た後に、必要あらば開腹する意見なり」との事。直後岩田先生来る。2階にて岩田先生の診察を待つ程に、巳冬笑って入り来たり、やっぱり断然手術すると云われしという事にて愈々《いよいよ》決心をなす。然し心寂しきものなり。本人は如何ばかりぞ。手術の用意は出来たり。白石氏見舞い方々来訪す。自分は手術に立ち会いて差支えなきや、白石氏の意見を質す。曰く身内の者の立ち会う場合は手際よく見せんとして却って過失の恐れありとの事。

やがて20分前位に注射せし効果顕われ巳冬はうつらうつらとなる。心身麻痺して手術に対する感じや如何に。又其の決心や如何に。間もなく用意整いたりとの事に巳冬床を離れんとするも力なく朦朧とせる様言わん方なし。看護婦に助けられて部屋を出で行く様、頭は力なくふらふらとして屠所の羊も斯くやあらんと思わる。廊下に出で３、４間先の手術室に入る姿を微かに見るも、斯く決して今となりては姿を追うも詮方なく、戻りて部屋に入り一人座し居りたり。時に正４時なり。

徒に火鉢を眺め灰かきならせども心は手術室に走りて今は斯くあらん！　既に斯くあらん！　等と徒に心を馳せて落ち着かざる事限りなし。４時５分に看護婦は時計を取りに来る。未だ手術は始まらぬやと思い、若し今直ちに手術中止を申し出でならば如何に？　巳冬の身体は傷なくして永らえ得んか等思い廻らせど、斯かる突飛な申し出づる決心をつき兼ねて刻一刻と時は過ぎたり。５分10分と経ち、20分と経過すれども聞くべき声も音もなし。あまりの心寂しさに辺りの小説を取り上げて読み下せんにも？　其の筋書きは頭に残らず、又思い返し二度三度とよみ返して頁をめくる左腕の時計、数限りなく眺めたるも時の経ざる事甚だし。既に４時40分、50分と進む。今か今かと待つ事久しく遂に５時となる。手術長ければ疲労甚だしと聞けり。看護婦の言によれば、３、40分ならんとの覚えなるを斯く１時間を経過するは手術の手違いにや、手術の過失なきやなど思い廻らす事しきりなり。一面兎に角岩田氏の手術ならばとも思われ心を落ち着けんとするも徒に心は手術室に走りて意気地なき事甚だし。遂に４時20分になりて完了し、一看護婦巳冬を抱きて床に臥せしむ。

全力を失いて横たわる。爪の色はと見るに案外素人見には悪しからず。此の色も数時間位の後には赤みを帯びたり。意識を失いたるには非ざる模様なるも只朦朧として横たわる様、不憫の限りなり。巳冬苦痛を訴える事無数且つ連続す。嘔気しきりにて傷口の痛みを常に伴う。是が仁術なるかと疑わる。８時半頃長谷川和二彦兄来訪。相当の手術なるに驚きたるものの如くなるも是迄のいきさつを語り、白石氏も立ち会いたる由告げたるに相当安堵したる模様也。桜が丘（長兄宅）へは手術前予め電話報告を為し置きたる次第にて当16日には一度中止せんかと思いたる程なりしを以って親戚方面への報告稍々欠けたる点なきに非ざるも斯かる事情の元に如何とも致し方無かりし次第なり。夜本人の心寂しさを想像して畳の上にても差し支えなき故泊らんと主張せるも院則として生命の危険なき場合のほか困るとの事にて遂に９時10分和二彦兄と共に辞去せり、のみ和二彦兄と辞去せり（８時40分嘔気と痛みの為注射す。新橋に帰り、何かと時間も遅れ12時入床す）。

11月17日

朝目覚めたるも３時半なる故又眠る。５時半に目覚めて食事をなし、６時半頃出発し７時に井出医院に来たるも門閉じて開かず。

稍待ちて入る。巳冬前夜少しも眠れざるものの如く心身共に疲労の色見えて気の毒也。顔色も衰え且つ痩せて衝撃の大なるを想わしむ。水を求むる事仕切りなるも医者より固く禁じられ居る為如何とも為す能わず。僅かに水を以て口をうがいなして喝を医するのみ。然《しか》も是に多大の希望を持ちてさらに繰り返せり。淡き望みなり。一日中苦痛を訴うるも為す術をしらず。ぼんやりと心を痛めつつ座する外なかりき。午後岩田先生来診あり。別に差し支えなく恢復を待つようとの事、５時に辞して帰る。

11月18日

正形と夕食を共にし直後直ちに井出医院に行く。８時頃着。昨夜ガス出でずして注射をなし、又ゴム管を用いガスを排出せしめたる由。嘔気は昨17日の１時頃より中絶せるも夕方よりガスに改められておる由にて今日も引き続き苦痛を訴える次第。昨日より重湯を少々開始。日一日と正しき経過をたどり居るものの如し。９時20分辞去し帰宅。

12月１日退院。その後昭和17年12月28～30日熱海へ旅行。

昭和18年　母の病気②　正居の手帳日記より

6月9日

５月８日より多少出血あり。６月６日井出医院に入院。

午後２時20分森田先生に面会、Operationの模様に就き説明を聞く。

白石先生は４時まで講義あるも３時頃迄には駆け付けて来る意向なる由。巳冬に其の様子を伝え居るとき、２時40分にOperationをしますからと呼びに来られ、出で行きたり。既に決心したる事乍ら如何にも残念､気の毒の至りである｡やがて30分経過したが白石先生は来ない｡やっぱり講義がぬけられなかった事と思う。

出来るなら同氏の立会を希望するのであるが……然し一面考ふるに白石氏が今度も立会うことは岩田氏の手術主義を白石氏をして看守せしめると云う事を白石氏自身迄感じて、講義に事寄せて態《わざ》と遅れるか又は態と来ないようにしたのではないかと推定せられる。もう既に此の部屋を巳冬が出てから33分になる。心寂しいものである。今頃は既に開腹して問題の物を処分するのではなかろうか。

３時20分、当番の看護婦が腰布を取りに来た。未だ白石先生は来ないそうだが、今腹皮を切開している処だとの事であった。せめて子供の出来る可能性のあるようにOperationは出来ないものか？

既に1時間と7分経過したが本を読むのも物憂く、窓より外を眺めていても何となく寝付かぬものなり。昨晩の寝不足に多少眠気を催すも寝付くには至らず、廊下を歩き廻る子供の足音が何かと耳に付いて一層目がさえて来る。最早1時間12分、先年の1時間20分に間もないのにどうした事か。遂に1時間25分、即ち4時5分、廊下に白石氏の声がするので出てみたら既に来て居った。

ほとんど間に合わぬながら立会いに来てくれた様子であった。親切である。結局4時10分、即1時間30分で再び部屋に帰って来たのであった。

廊下で岩田先生と白石先生と自分と3人で立会った時岩田先生は責任を以てOvariumは残して置きます。

手術は大変楽なものであったと云う事であった。それが何を意味するものかは不明であるけれども、聞けば井出俊一先生も岩田先生も立会って居られたとの事（当番看護婦の話）故後に詳しく聞けばよいと其の儘にして置いた。岩田氏は4時20分頃帰り、白石氏は4時30分頃會があるからとの事で帰って行った。その後多少の吐き気もあり相当痛むからエナルモンとパビナールアトロピンを併せて注射したらとの本人の意見あり先生に聞いた処今は不可との事に本人も此の儘我慢する事とせり。5時看護婦は夕食を採る？　8時半空腹あり帰る。岩谷看護婦は良くやる。自分は新橋で食事して青山に帰る。6月22日退院。その後しばらく少量の不正出血が続いた。

昭和20年　終戦

＊巳冬は年が明けても微熱や腹痛が続いて寝込むことが多かったが、次第に気力・体力とも回復していった。昭和20年に入って戦況は益々不利となり、首都東京も連夜空襲に見舞われ、もはや戦闘続行不可能な状況であった。

８月14日ポツダム宣言受諾、８月15日の玉音放送を巳冬は心痛な思いで聞いて当日の日記に「生涯忘れる事の出来ない日、大変悲し」と書いているが､早くから勝ち目のない馬鹿げた戦いと断じていた父正居は、「12時陛下詔書放送せらる」とだけさらりと記している。

30日連合軍最高司令官マッカーサー来日、９月２日戦艦ミズリー号上で降伏文書の調印が行われた。放送から１週間も経たないうちに父は正形さん（弟）とザリガニ釣りに行ったり、庭木の手入れをしたり、母は着物を繕ったり映画を観に行ったり、疎開先の庭のサトウキビを収穫したりと一見敗戦直後かと思われるほどにのどかにさえみえる日常に戻っていた。父はそんな時期に静岡・伊達方を訪ねかねてより胸の奥にしまっていた（恐らくは巳冬と相談していたであろう）養子の件を達（実父）に切り出した。

日記には「達に子供の件話したるも首肯ならざる模様なり」と書いている。柴家側と予め根回しがあったのかどうか、弘子（実母）本人には相談があったのかどうか？　その後の成り行きからは弘子は何も口をはさめない立場に居たと思われる。正居が静岡へ出発したその晩に巳冬最愛の母多福院が亡くなった。疎開先の飛騨高山から東京に呼び戻して以来体力の回復得られないまま長逝されたことは大変残念なことであった。

＊戦争末期東京も連夜にわたる空襲で、類焼を避ける為に家屋の強制的な立ち退きや、取り壊しが実施された。昭和18年春幸運に恵まれて取得した青山南町の総檜造りの家もこの年３月に残念ながら取り壊される事となった。

＊東京郊外の成城への疎開は、西川家当主の恭次郎さんが出征し、昌子夫人が一人で住んでおられたが、丁度青山の家が取り壊しになるため、半分用心のため留守番を兼ねて疎開先として住まわせて頂くという双方にとって好都合な条件となった。成城には昭和21年11月６日迄生活し

た。私の成城での記憶は、タミ子ちゃんというとてもよくしゃべる元気な同い年の女の子とよく遊んだことと洋館風の外壁に絡みついた「むかご」を一緒に炊いたご飯のこと。

＊昭和17年後半頃から戦況は不利となり、働き盛りの青年は総て出征・徴用に駆り出され、ベルリン屋も同じように一人減り二人減りして終には誰もいなくなった。農林省のすすめる加工販売の得意先から資金提供を受けて農家に原料豚の飼育を預託する制度で多少生き延びたが、人手不足は如何ともしがたく、請われて昭和18年春から軍需会社安全電機株式会社に総務部長として入社した。一方ベルリン屋は休業状態であったが、昭和20年４月に工場廃止届、次いで廃業届を提出して捲土重来を期す事となった。

5-1 昭和20年、成城に疎開

5-2 安全電機株式会社に勤務

昭和21年　静岡から東京へ　養子縁組

父正居の日記によると、母巳冬は昭和17年11月と昭和18年５月の２度の子宮外妊娠により子供を産むみちを閉ざされることとなった。２度目の外妊の手術中の正居の日記には「問題の物を処分するのは致し方ないとして、せめて子供のできる可能性のあるようにOperationができないものか」と書いている。

その後、手術に立ち会った岩田医師から「責任をもってOvariumは残しておきます。手術は大変楽なものであった」と言われたとも記されているが、最終的には将来の妊娠可能性は断たれることになった。この間のいきさつについては記録がない。

ただ､正居の別のノートに「巳冬に対して大変申し訳ないことをした」と書かれていたのを読んだ記憶がある。世田谷の家の３畳間の箪笥の抽斗にそのノートは入っていたのだが、小平へ転居するときに母が自分で処分したのだと思う。

5-3 昭和21年、浜松に疎開①

5-4 昭和21年、浜松に疎開②

昭和18年９月10日、私（昌和）は柴達および柴弘子の第４子（３男）として出生。これより先昭和16年、日本は真珠湾奇襲により太平洋戦争に突入、始めのうちこそ勢いづいていたが、18年頃からは戦局は厳しさの一途をたどり､19年６月サイパン陥落、11月には東京に初めてＢ 29が来襲した。

昭和20年に入って戦況は益々厳しく、20年３月硫黄島玉砕、正居・巳冬は成城に疎開、静岡の柴家も浜松や気賀に疎開していた。８月広島と長崎に原爆が投下され、８月15日正午天皇陛下の終戦詔勅放送により大東亜戦争は終結に至った。

11月27日正居は弟正形と共に伊達方（実家）へ行き、翌28日気賀の柴家を訪ねた。終戦後の状況、今後の生活についての相談は表向きの事として、正居から柴達（昌和の実父）に養子の件を話してみたが、宜しいという感触はなかったと日記には綴られている。正居の日記にしかこの間のいきさつについての手掛りはないのだが、正居が気賀へ行くまでに巳冬とはいろいろ話し合ったことであろう。巳冬の外妊、昭和18年6月から昌和誕生まで僅か3か月、柴家には長男正記、私を含め既に4人の子供がいたが、養子として迎えるには私が最も適していたのだと思う。親類や極く親しい人たちに対しては養子として、その他に対しては巳冬が産んだ実子として私を迎えたのではないだろうか。

巳冬日記（昭和21年元日）

「敗戦の年、母様の亡くなられた年、最悪の年も流るる如く去り行く。本年は平和と心豊かな年を迎えたきもの。正居・巳冬共に健康ならんことを祈る。尊敬される家庭をつくり、良き後継者に恵まれんことを」と記している。

私を養子に迎えることについて、前年の11月以降ある程度具体的な話が進められていたもようであり、2月27日の柴家疎開先の気賀行きで巳冬から直接実母柴弘子へ依頼がなされた。以下昭和21年については自分史の中心になる部分のため、父母それぞれの日記を織り交ぜながら記述してみる。（※は私の解釈）

※他方東京（成城）へ向かう前後の様子を巳冬の日記から探ってみる。生活のための物資が不足するなかで色々やりくりをして日々を暮す庶民の姿に戦後の希望を感じさせてくれる。

※2月下旬の気賀行きの際、春に再度来気の上具体的に話を進めようとの予定に従い5月6日東京へ向かうことになったが、昌和を迎え入れる為の準備は楽し気である。

正居日記　5月26日

雨天なりしも午後晴れたるにより巳冬と共に昌和を連れ上野動物園行きを決す。子供の居る猿、ハクチョウ、クジャク、山羊さん、キリンさん等喜び多し。帰りの車中で隣の男曰く「この子は肥っていますね。配給だけではないですね」には苦笑。この２～３日来お父ちゃん、お母ちゃんと呼ぶことあり。

※上野動物園には何回か連れて行ってもらったはずだが、この時のことは覚えていない。動物園の帰りの電車内でのやりとりにも今の自分なら父正居の深い慈愛を感じ取ることができる。お父ちゃん、お母ちゃんと呼んだのは、オウム返しに発したものとも思われるが、初めて聞いた時はさぞかし嬉しかったことであろう。

この間静岡の両親とは頻繁に手紙のやりとりがあったと書かれているのだが、それらも母巳冬が疾うに処分したとみえて見つけることはできなかった。

※かように気賀と東京、実母と養母とのやりとりの様子は、今現実に私の目の前で展開されているかのように私の胸に突き刺さってくる。弘子も決して進んで養子に出そうとしていたわけでないことがうかがえる。実母ながら十分な説明もなく一方的に話が進んでいくことに苛立ちや焦りを感じていたに違いない。

実父達は既に３人の子供があり、翌７月には第５子の出産を控えていると言う状況では養子の件を無下には断れないと内心心得ていたのではないか。５月６日いつ静岡に戻るとの予定もないまま東京へ行ったきりでは、通常の電話もままならない戦後の時期にあって、手紙のやりとりだけでは納得できなかったであろう。巳冬母は昌和を出来る限り東京に永く置いて静岡への思いを薄めたい、一方実母弘子はいかに東京の生活に慣らす為とは言え無期限に東京に行かせたわけではない。

十数度に及ぶ手紙のやりとりの後、シビレを切らした弘子から「近々昌和を連れ来訪せよ」との申し越しがあって巳冬は弘子へ返事を出した「近々行く」と。

7月15日

多磨墓地に多福院（巳冬母）墓参後11時安全電機出社。社長より今後自由に仕事をしてよい。会社としては要件のある時に通知するとのこと。そうして貰えば有難いと伝えおく。

※巳冬は成り行きについてかなり不安を抱きながら６月27日気賀に向かったと思われるが、話し合いの内容は今回の昌和の気賀滞留期間を２週間とし、さらに入籍の件にも及び、話が急速に進展したことを内心では寧ろ驚いていたのではなかろうか。弘子の第５子出産が１か月後に迫っていたことも弘子の感情の高ぶりを鎮める効果となっていたかもしれない。

7月1日

昌和を気賀に残して成城に帰ってからの３週間余り、気を紛らせるように巳冬は毎日、家の片付けや洗濯、洋服や帽子を作ったり、姉や従妹の家を訪ねたり、映画館にも行くなど普段より一層活動的に過ごしている。

気賀での予定滞留期間を過ぎいよいよ７月29日父正居、母巳冬と初めて東京へ向かう事になるのだが、お互い新たに親になること、新しく子になることの苦しみや悩みがただちに待ち構えていた。

7月30日

昌和東京のお家に帰ると言う。ここなりと答ふ。違う、由起ちゃんと良武の居る処だと言う。東京と気賀との区別判然としない点はあるも、其の気持ちは察するに余りあり、吾々両人には慣れ居るも以前よりは経験を増したる様子にて、巳冬は昌和の気持ちを察し上目黒の史真子の処へ連れて行った。

巳冬日記

※父正居、母巳冬の日記によると昭和21年7月29日に東京（成城）に移ってから1週間程ホームシックが続いたが、次第に落ち着きを取り戻していったようである。父母の日記を伺うに、其の際「源チャン」の果たした役割が大きかったことは言うまでもない。然しながら自分は今「源チャン」と言う名前を覚えていないし、その顔つきさえ思い浮かべる事ができない。申し訳なさもあるが、何かそれ以上に寂しさがこみ上げてくる。

疎開先の成城西川家の当主恭次郎さんが復員して来たこともあって長く滞留した成城から上目黒の家へ転居することになった。上目黒は請われて永い間知人に貸してあったが多額の移転料を支払って最近取り戻し、我々より一足先に正形家族（克子、史真子）が住んでいた。当時は運送会社も頼みにくかったようで、父と正形叔父はもっぱらリヤカーを手で引き、リュックを背負い、さらに徒歩で荷物を運び、最後に荷馬車を借りたと記している。

昌和東京へ来て約1か月、急速に新たな環境、新しい生活に馴染んで行く様子が伺える。

9月5日

柴家より鈴木家へ入籍となった。7月29日上京以来約2か月が過する間にすっかり東京の生活に馴染んでいった。近所の子供達と遊んだり、親類を頻繁に訪ねたり、とりわけザリガニ捕りは今でも鮮明に思い出すことができる（別に記述）。そんな頃実母弘子から昌和を気賀につれてくるようにとの手紙が来た。昌和を東京へよこすについては恐らく適当な時機に気賀へ連れて来る事と言う条件がついていたものと考えられる。巳冬としては折角自分達や東京に慣れて元気に過ごしているものを、気賀に行くことで以前の状況に逆戻りさせたくないとの思いで、弘子からの連絡がないのを幸い一日延ばしに日を重ねていたことだろう。

他方弘子の立場に立ってみると、そもそもこの養子縁組の話自体が降って湧いたような事件で、ずっと弘子の真意を探ることもなく鈴木家と達のペースで進められて来たとの思いが強かったと考えられる。いよいよ耐え切れなくなって手紙を寄こしたものであろう。

6　3人の写真（昌和2歳ごろ？）

10月15日

夜気賀での実父母達夫婦と養父母正居夫婦の協議について、巳冬は「かなり円満に話が進行……」と記している。他方正居は弘子の言として、「あげたことに間違いはないが……」、達の助言もあり結局「昌和が行けば」との事にて最終的に10月22日上京の事に決す、と書いている。

正居の日記からは、弘子は当日の協議に及んでも尚昌和の養子縁組を望んではいなかった事がうかがわれる。話し合いの進展上手放すと一度は言ったけれど心中は全く納得していなかったと云うのが事実ではなかったか。さらに追い討ちをかけるように、「いいんだね」と念押しされ、「昌和が行くと言うなら……」と声を絞り出した様子が今私には手に取るように分かる。

東京に行くと明確に答えたとは思えないが、兎にも角にも此の一言でわたしの将来は決定した。同時に正居・巳冬の今後の生活も。私が両親を選んだわけではないし、どちらの両親も私を選ばなかったわけでもない。ただ協議の日までの2か月間を東京で共に暮らした事実は何物にも勝る親子の愛情と信頼を私に植え付けたことであろう。こうして私は「東京の子」になった。

昭和22年　日本の戦後の状況

＊昭和12年（1937年）

日中戦争から太平洋戦争へと続く戦時体制下で生活必需品（砂糖、マッチ、食糧、衣類等）の切符や通帳による配給制が実施されたが、戦後の物資不足は一層厳しく、農村部への買い出しや闇市での法外な価格での購入が広く行われた。衣類は物々交換で食糧等と交換され、又破損しても縫い直して着用することが一般に行われていた。巳冬の日記にも配給制や市民市場等での物々交換、不用品の売却などが随所に書かれており、衣類の染直し・縫い直しや簡単な普段着などは自分で作っていたことが分かる。

戦後の急激な復興に伴い電力需要が急増したため、日本は深刻な電力不足に見舞われ、東京では１日置きに停電が行われたとされるが、実際アルコールランプやローソクを灯していた記憶が残っている。サマータイムは夏に時計の針を進める事でまだ明るい夕刻を余暇などにあてる夏時間の制度であり、日本では戦後GHQの指示により導入されたが、寧ろ残業時間の増加につながった事等により４年程で廃止となった。

7 木製踏み台
（大工さんが作った）

父正居が木製の踏み台に乗って４畳半の柱時計の針を進めている後ろ姿も又思い浮かべる事ができる。そして木製の踏み台もまだ我が家に残っている。

急激な復興・発展途上の日本であったが、やはり戦争による社会全体の疲弊回復にはまだ時間を要した。刑務所上り・ゴム紐で象徴される押し売りもしばしばやってきた。昭和40年（1965年）頃迄はあったそうだが、わたしも母がゴム紐を買わされた場面に立ち会ったことがある。刑務所から出てきたばかりと言う台詞はなかったと思うが母の顔は緊張していた。

大体昼前後に来るのだが、共働きが定着した事も押し売りが無くなった一因であろうか。疎開先であった成城の隣家に夜ピストル強盗が押し入ったとの事件もあり、夜工場でハムを盗まれたり、電車内でお金を掏られたり、玄関の靴を盗まれたり、この１年だけで３度も盗難に遭うのはやはり正常な社会情勢ではなかったと言う事か。もっとも昭和30年代なかごろまでは日中縁側や玄関のガラス戸は開けてあったし、夏の夜間は雨戸やガラス窓を閉める習慣はなかったが、せいぜい野良、ときには近所の飼い猫に焼いた魚を咥えていかれる程度の痛手であった。夏の夜雀が入ってきたり、カンタンの鳴き音を聴きながら寝ることも今となっては貴重な自然との触れ合いであった。

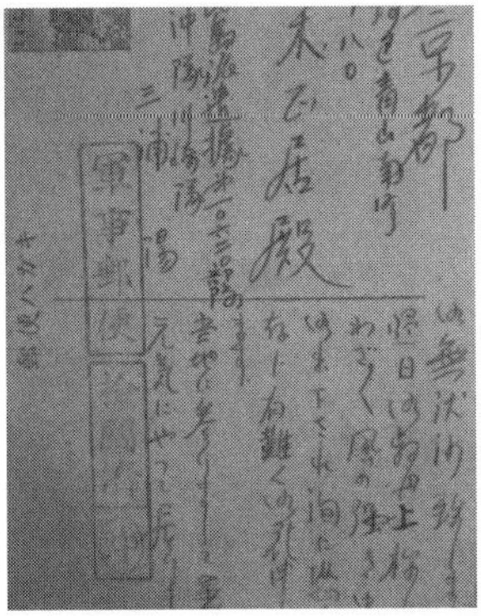

8 軍事郵便

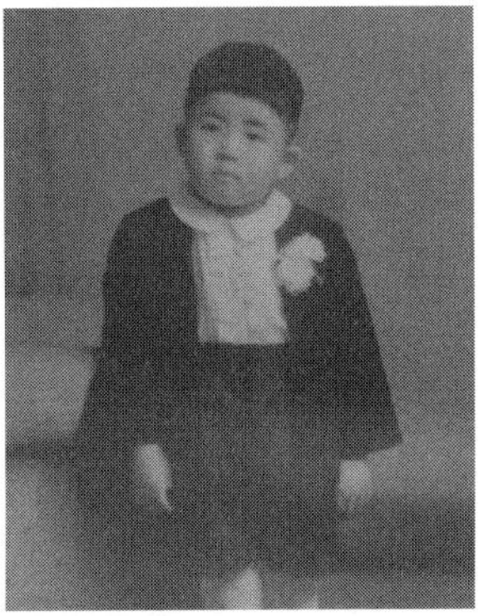
9 七五三祝い

日記によると母巳冬の長姉の長男＊＊陽氏の戦死報告が終戦２年以上経過して届いた。海軍所属で戦艦と共に海中に没したため文字通り紙切れ１枚の帰還であった。南方諸島には今なお数多くの英霊が土中に埋もれた儘放置されている。

以上のような終戦直後の社会が落ち着かない時期に、多忙にも拘らず私のために両親は充分に時間を割いてくれたと思う。一生懸命に育ててくれたと思う。親戚廻り、子供の日祝い、七五三祝い、記念写真、ザリガニ釣り、多摩川園等々に連れて行ってくれた。

巳冬にとってストレスだったのはやはり静岡（気賀）の事であろう。

６月20日から１週間巳冬母と二人で出向いたと日記に記録されているが、其の旅の内容についての記述、感想はみあたらない。気賀行きについては従来同様かなり前から昌和を連れて来るよう重ねて実母弘子の催促があったものと思われる。そして気賀から帰宅僅か４日後に突然「昌和を連れに行く」との手紙が弘子から送られてきた。

弘子からの手紙については今回巳冬の日記を読んで初めて知ったことであるが、何時の事だったか記憶は薄らいでいるが、「弘子さんが昌和を取り返しに来る」と泣きながら巳冬母に強く抱き締められたことをおぼろげながら覚えて居る。

巳冬母はこの時の気持ちを「大いに不快、悲しく淋しい、憤りも」と日記に記している。結局弘子は次兄良武を連れて７月17日に上京、多摩川園にいったり映画を観たりして21日に帰って行った。巳冬の日記にはやはり何のコメントも見当たらない。

日記帳とは別に書かれた育児帳にも「気賀から弘子おばちゃま、良武ちゃん遊びに来て四つお泊りして帰りました」と記しているだけである。弘子上京の目的は何だったのか。あるいは上京の折り子供達が寝たあとお互いの気持ちをさらけ出し、本音で語り合ってお互いに一定の納得が得られたのかも知れない。私は自分では気が付いていなかったが、春休みや夏休みなど長期休暇は静岡（気賀）で過ごすものと当たり前のように思っていた。

しかしそれは以前養子の話を進める時に、弘子が出した条件であったと同時に、血の繋がりに由来する私自身の本能的欲求とも一致していたのだと思う。だから父母の心情を思いやることもなく、私は心の趣くまま当然のこととして長い休暇を静岡や伊達方で過ごしていたのだ。兄たちから「昌和は何処で生まれたんだっけ？」などとからかい半分に幾度も聞かれたが、いつも大真面目に「東京の青山だよ」と巳冬母に教えられていた通りに復誦した。

兄達はお互い顔を見合わせて笑っていたようだが私は何の疑問も持た

10 伊達方 窓辺に並んで大笑い

なかった。静岡や伊達方などに行って大勢で賑やかに過ごして東京に戻って来た後や、上京してきた彼等が帰った後はその後数日の間必ずうつ状態、不穏状態になる。私自身はずっとその意味を理解していなかったが、巳冬母は初めから気付いていた。だから成るべく静岡へ行かせたくない。然し静岡に行かせると云う弘子との約束がある。何時弘子母が私を取り戻しに来るかも知れないと不安を抱きつつ、精神的に落ち込む私を見ながら巳冬母も心を痛めていたに違いない。

巳冬日記によると、昌和の生活も落ち着きを見せて来たのでそろそろ幼稚園へ通わせようと思ったようだ。それが翌年入園した育英幼稚園であったかどうか記録はないが、近所で夏の期間だけ開く幼稚園に誘われて初めて登園したところ、お姉さんたちや先生から可愛がられた様子を聞いて巳冬はとても嬉しかったと書いている。しかしながら翌日からはどうしても行きたがらずその後の登園は諦める事になった。自分は意識していなかったが弘子母と良武兄が静岡に帰って淋しくなった事が原因であったと思う。

ワクチン接種のおかげで今はほとんど見なくなったが、３歳半の時ハシカにかかった。当時は肺炎などを併発して重症化しかねない感染症であった。巳冬母の自愛に満ちた看護の様子がうかがわれる。

11-1 史真子ちゃんと
二人だけの入園

11-2 入園第１の朝

11-3 入園後のある日

昭和 23年　上目黒時代　育英幼稚園①

＊巳冬はこの年日記に書いてあるだけでも映画を９回観ている。仲の良い山岡姉と一緒の事もあったが、私を早く寝かし付けてほとんど一人で出掛けたようである。最近になってこの日記を読んで初めて知った。父正居はそれを知っていただろうか。私が小学校に上がり中学生になってからも一人で観に行っていたのだろうか。日記で知った巳冬母の新しい発見の一つである。

昭和 24年　上目黒時代　育英幼稚園②

＊昌和新年に父と伊達方と静岡へ。掛川駅から伊達方まで１時間半くらいの道のり、良く歩いたと後々まで褒められた。旧東海道に処々松並木が残っていた。伊達方には一足先に達・正記・良武が到着しており、正居の日記にあるように良武は昌和を見るなり飛び出して来て大騒ぎになったそうだ。

この時の様子を正居が別のノートに記録していた。「到着を聞きつけて奥から飛び込んで抱き着く様は、やはり血の繋がった兄弟であればこそと感じ入った」。そのノートは小平へ転居のさい巳冬が処分した模様である。静岡では２泊した丈であったが、東京へ帰ってからも例のうつ状態にはならなかったようだ。

巳冬の日記にも帰宅時元気そうで安心したと記している。訪静が短期間であったことも気分の落ち込みが少なかった一因であろうが、幼稚園に通い出し生活のリズムが出来てきたことも影響しているように思われた。

＊Ｔ君の家は五本木商店通りのはずれのほうで古い雑貨や質流れ品などを扱う店であったように思う。彼のお店に置いてあった戦前の時代劇（日本映画）のフィルム１巻を貰ったが、自分が交換に彼に渡したものが何であったかはすっかり忘れている。そのフィルムも誰かと何かとの交換で私の手を離れた。彼のお金の使い方が母には気になっていたようだがそれは母の誤解だと思う。たまに小銭を母からもらって紙芝居を見たり、景品が当たるとまずいキャラメルを買ったりはしたが常識？　の範囲内であったと思う。Ｔ君と一緒に紙芝居を見た記憶もない。

Ｔ君は私よりだいぶ背が高く、力もあり、育英幼稚園の運動会では彼にうわっぱりの襟を引っ張られて２着にあまんじることになったその奴である。小銭と言えば、当時やや小さめのみかんが６個で10円だった。子供心に安いと思った。同じ10円でとろろ昆布を買って一晩で全部食べた時はお腹をこわしてしまったが、しばらくの間巳冬母は人に会うたびにそれを言いふらしていた。戦前～戦後の一時期未熟児で母乳の足りない乳児や栄養の足りない病人等を対象にした牛乳証明医制度と言うものがあった。かかりつけ医に牛乳栄養を必要とする旨の証明書を書いてもらい、区役所で登録し、牛乳店で引き換えて貰う制度であった。

＊昌和

上野動物園のおさる電車は２回位乗ったが、かなり前に動物愛護の点から中止になったと聞く。動物愛護をいうなら自然界に生きている動物をケージに囲い込むことからして愛護の精神にもとることになろう。一度人間社会に入れられた動物は２度と野生には戻れないと言う。

扁桃腺炎で高熱が続いたため幼稚園行事の稚児行列に参加できなかった時の様子。自分は稚児の意味すら分かっていないので参加できなくても気にならない。日記を読むと巳冬母がどんなにか私の稚児姿を見たかったかが伺われるがチョット人には言えないほどの親ばかさ加減が恥ずかしくもあり嬉しくもある。家で寝ている時に由起子姉の名前を出しているが、彼女は４歳年上で私の記憶には薄いが、小さい時は抱いたりあやしたり色々面倒をみてもらっていたためよくなじんでいたに違いない。記憶力発達以前の出来事は記憶はされないが一種の情動として脳に刻まれているように思う。

＊昌和

日曜日は積極的に外出している事が多い。とくに目立つのは綱島へのザリガニ釣りである。前後合わせて６〜７回は行ったであろう。我が家では真っ赤になるまで蒸してから殻をはずし、天婦羅にして食べていた。

いつもそうだったかというと心もとないが、あの当時でもザリガニを食すのは一般的ではなかったようだ。と言うのも帰りの東横線でザリガニが一杯の錫のバケツをドアーの脇に置くと、いつも数人代わるがわる覗きに来て必ず「これをどうするんですか」と聞かれる。蒸して天婦羅にして食べる、と答えるとフームとうなって感心してもどってゆく。

アメリカザリガニは外来種で現在は駆除対象になっている。あらたに飼うことも禁止された。ただTVの番組では、アメリカでは人気商品として多くの人に食べられているし、日本でも霞ケ浦方面で名物料理になっていると報道されていた気がする。

折角買ってくれた鯉のぼり（真鯉と緋鯉）だったが五月の風をいっぱい吸って大空を泳ぐというわけにはいかなかった。

風の吹き方か紙の材質のせいかずっと長い尾びれを地面の方にたらしたままであった。そのあとも鯉は一度も青空を見ていない、上目黒の家

12 三浦常吉氏送別会
（名古屋へ）

から２回引っ越しをしているのでどこかに紛れ込んでいるものと思う。きっと屋根裏の物置辺りで５月５日を迎えるたびに「今年こそは」「来年こそは」と待ちわびているに違いない。昭和25年５月１日購入となっている。

もう74年経っており汚れ・破れ・虫食い等で用をなさないかもしれない。自分の子供達(男女一人ずつ)にも、孫達(男４女１)にも見せたことはない。どんな状態であっても来年(2023年)の５月５日にはこの鯉のぼりを飾ってやろう。両親への感謝を込めて。そのために家中家探しをしなくてはならないが。

夕方入浴後散歩がてら渋谷まで、なんて優雅だなと思う。若さといえばそれまでだが今の私（達）には精神的にも身体的にもそんな余裕はない。遂４日前から近所の散歩を始めたところだが、これは足腰の健康保持の為で優雅などとはほど遠い。とりあえず３日を越した。

＊昌和

育英幼稚園の臨海保育として馬堀海岸へ。

１枚だけ写ったペリー像の下での集合写真には卒園生も写っているようだ。ぼんやりとほの暗い本堂や寝泊まりした奥座敷の雰囲気だけは瞼に浮かぶような気がするが、あとは全くおぼえていない。幼稚園児の夏季臨海保育として10日間は思いきった長さであるが具体的な思い出はどこに消えてしまったのだろうか。

行きや帰りのシーンも浮かんでこない、海に入った記憶もない、貝を拾った覚えもない、カニをつかまえたことも、奥座敷で並んでごはんを食べた事も……。年月を重ねた結果の物忘れとして片付けるには一寸寂しい。後日保育教室の模様がNHKラジオで放送されたがよく聞こえなかっ

13-1 馬堀海岸①

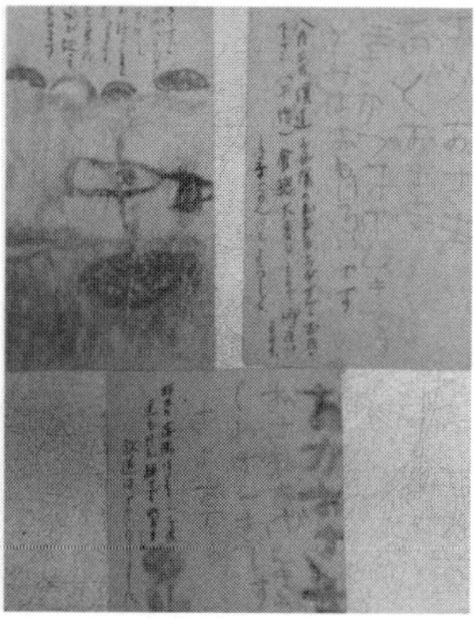

13-2 馬堀海岸②

13-3 親戚の皆と

たそうだ。

巳冬の日記を読んで初めて知ったが、まわりのおせっかい共が色々噂話をしていたようだ。人から聞いたらそこで止めておけばよいのにつぎつぎに広めていく。ご丁寧にも当人にそれを教えてくれる人がいる。巳冬自身も悩んだはずだが、なによりも私の耳に入ることを恐れていたのであろう。真剣に転居を決心する事になった。

脱腸の手術は静岡の柴耳鼻咽喉科の薄暗い診察室で夜７時から外科の平野先生の執刀により行われた。

黒いゴムの蓋のようなものをくちに押し当てられて（エーテル麻酔）、苦しい苦しいと泣き叫んで暴れた記憶がある。実父達が麻酔担当であった。そのあと数日間発熱したが経過良好で９月４日巳冬とともに、東京に帰ってきた。

＊昌和

静岡から帰ってからも今までのような感情の乱れは、少なくとも表だってみられることはなく、毎日の生活を過ごし、幼稚園の行事をこなしていった。なかでも日米水泳大会で優勝を果たして帰国した古橋・橋爪選手等を幼稚園近くの日大プールに訪問し折り紙で作ったリボンを手渡して握手して貰った事を覚えて居る。母と日劇で観た小夜福子主演の『杜子春』は自分が観た映画・演劇の中でも最もインパクトを受けた作品である。

閻魔大王の前で最後に人の心を取り戻すシーンは子供心にも共感できた。10月初めには３日に正居が財布を落とし、５日に巳冬が傘を盗られ、７日に靴を盗まれると言う災難が何故か続いた。

14 日米水泳大会優勝祝いで
古橋・橋爪氏にリボンを寄贈

12月の幼稚園発表会では独唱して前年の無為を挽回したようである。何を歌ったのか思い出せない。閉じたカーテンの後ろで直立で幕開きを待つ姿だけまぶたに浮かべることができる。幼稚園でお歳暮のやりとりは慣習になっていたのだろうか。寄付集めやバザー開催など役員の負担は馬鹿にならない。今でも残っているのだろうか。

昭和25年　上目黒時代　清明学園初等部１年

＊正月、思い立って3人で上総一ノ宮へ

父の友人湯地氏宅に依って一宮館に着く。マーコ元気、嬉しがる。翌日も上天気、日光浴・海岸散歩。夜上目黒に帰る。一宮館のすぐ目前に九十九里の海浜がせまっており、水平線に上った太陽をみながら母が鏡台を覗き込んでいる情景を幾度となく思い起こして来た。その日から７～８年経った頃半分家庭教師の原さんと夏休みに一宮館で数日を過ごした。そのときは海岸は旅館の２階窓から遥か遠くに引き退いて昔の面影はなかった。

宿の人に尋ねてみたら、昔は目の前が海だったそうですね、私土地のものではないので詳しい事は知らないとのことだったが。埋めたてたな

15-1 会社旅行、伊豆箱根

15-2 湯河原①

15-3 湯河原②

らともかく7～8年程でそんなにも海岸が遠のいてしまうものか、いまだに心残りである。

1月中旬頃からいよいよ小学校就学問題に悩む時期に突入。父母の日記を読むとまずは慶応幼稚舎に入れたかったようである。と同時に第一師範（現在の学芸大学）付属小学校にも願書を提出。慶応幼稚舎の方が先に発表有り不合格、ついで第一師範の方は1次試験のあと籤引きで又不合格となった。

第一師範の入試では講堂の後部座席に座り、前方教壇での開票を眺めているうち、急にどよめきが起こって自分は籤引きに外れた事を知らされた。わたしが2度の受験で今でも覚えて居るのは此の籤引きのシーンの1コマだけである。恐らく母は私に過度の期待を持って居たのだろうが、その為1月下旬頃から抑鬱・いらいらが目立ち1日中横になっている日が多くなり、2月中旬からは微熱も加わり臥床の日はさらに続いて2か月の長きに及んだ。

いろいろ人に相談したり、思い悩んだ挙句、2月21日結局区立五本木小学校入学として区役所へ届けた。翌22日隣の稲葉さんは育英幼稚園より清明学園（大田区）を勧められたとて相談有り昌和も願書を出してもらうようお願いしたが、23日きん子さんに清明参観してもらったところやはり距離の遠さがネックで清明受験を断念する事に決め、24日区立五本木小学校体格検査を受けた。

ところが25日朝稲葉さんが清明受験の為出掛けたと昌和に伝えた所、急に自分も行くと言い出し大急ぎ仕度し克子叔母に連れて行ってもらった。この時期になっても巳冬の体調戻らず微熱続き終日臥床の状態であった。

３月４日初めて清明父兄会出席するも体調不良。昌和ブリキの笛誤飲。サツマイモを２個食べて翌日排出す。８日巳冬かかりつけ医から神経衰弱気味と言われ処方変更し、以後回復に向かう。22日幼稚園発表会、独唱・金太郎影歌、英語劇に活躍。23日卒業式と謝恩会、万事良く行く。26日工場の１泊旅行湯河原へ。以上で幼稚園時代が終わり、小学生時代が始まる。

16-1 入学式の朝

＊４月５日に清明入学式のあと数日間は母が学校まで付いてきてくれたようであるが記憶はとんでいる。育英幼稚園から清明に入学した吾々（清水、和田、稲葉、鈴木）の４人は、親に教えられた通り、行きは第一師範から多摩川園前まで東横線を利用、そのあと中原街道を雪谷大塚を経由して学校まで徒歩と言うルートで登校していた。

16-2 桜の下で

帰りはその逆と言う事になるが、慣れて来るとややルートをはずれてみたり、当時中原街道沿いにあった高い崖に登ったり、多摩川園駅近くの生活用水のたま

17 昌和7歳誕生日

り場に降りてオタマジャクシを罎《びん》に入れて持ち帰ったりしていた。

歯科医の息子の清水武士君は帰りの東横線の車内でずぼんのポケットに入れていたトカゲが通路に逃げ出してちょっとしたパニックを起こしたことがある。又彼から「山は白銀……」で始まる歌を教わってふと家で私が口ずさむと、母はそんな流行歌を歌ってはいけないと言っていた。何故いけないのか当時も分からなかったが、明治生まれの母は子供は童謡と決め込んでいたようだ。小学校入学に関して２か月間にも及び体調をくずしていた母も日を追うにつれ現実を受け容れられるようになり元気を取り戻していった。

斯様にストレスから解放されつつあった４月のある日、清水武士君の母親から音楽の時間に昌和が大騒ぎして先生を困らせたと聞かされ、母の気持ちは一気に沈んで行った。その後も何度か騒ぎを起こし、第一師範の駅で偶々《たまたま》出会った育英幼稚園の副園長先生から「昌和ちゃん、大分ひどいようですね。一度幼稚園へよこして下さい。よく話しますから」と言われ、もうそこまで伝わっているのかと憂鬱な気分になったことが察せられる。

自分としては確かにおとなしく授業を聞いているよりおしゃべりをしていたと言われるほうが当たっているとその点は認めるが、授業の妨げになるほどの騒ぎを起こしていたとは記憶していない。然し乍ら母の日記に書かれていることは正しいに違いない。母に繰り返しそんな思いをさせていたことを70年も過ぎて今更ながらであるが申し訳ない気持ちでいっぱいである。当然先生や友達にも迷惑をおかけしました。

＊定期券紛失

東横線のパスを失くして多摩川園前から都立高校まで線路に沿って歩き、都立高校で線路が高架となった為見失い、駅前の交番に入って婦警さんに家まで送ってもらったこともあった。「ただいま！」と言って後ろ手に玄関のガラス戸を閉めてしまったため、婦警さんにきちんとお礼が言えていないままになっているようだ。70年越しに感謝します。

＊学級委員バッジ

１学期終了の日。担任の石崎先生が昌和を大変褒めてくれて嬉しかったと母は記している。当時１年生にも学級委員の制度があった。同じ育英幼稚園出身の和田淳子さんは学級委員のバッジを胸につけている。彼女から言われたことがある。「昌和ちゃんはやんちゃで暴れん坊だからバッジは貰えないんだって」「そんなのチットモ欲しくないよ」

このやりとりはかなり鮮明に覚えている。覚えて居ると言うことはそれだけ強くこだわっていたと言うことだろう。

＊清明小学校で最初の夏休み。２年前、馬堀海岸での海の保育体験ですっかり気に入って昨年に続いて今年も何度か訪れた。特に８月２日から12日まで今や定宿となった浄林寺に長期滞在中に、久里浜海岸のハリス記念碑前で灯篭流しと花火大会があると聞き、昌和は海水パンツ姿であったが急遽出掛ける事となった。薄暗い闇のなかで河口から海に向かって頼りなげに上下に揺れながら進んで行く灯篭は、幼心にも神妙な気分と何んとない淋しさを感じさせた。

８月22日はきん子さん一家、演兄一家、和二彦兄一家が集まり泳いだり、貝やほおずきを探したり、写真を撮ったり賑やかに過ごした。

＊夏休み中はその外に綱島へのザリガニ釣り３回、天婦羅にしたザリガニを全部野良猫に取られた事もあった。又映画を３回（白雲先生と子

供達、山の彼方に、若草物語)、その他馬堀滞在中に舟で猿島へ渡ってみたり、親戚同士行ったり来たり、公立学校に比べ長かった夏休みもアッと言う間に終わってしまった。こうして巳冬日記をふりかえってみると、夏に静岡へ行かなかったのは初めてではなかったか。弘子母からも誘いの手紙などなかったようである。９月10日昌和誕生日、育英時代の友人　川口、清水、和田、稲葉の４人に、演伯父宅の叔子さん、恭子さん、雄一さん、それに史真子ちゃん、母と私の計10人が集まって賑やかなひと時を過ごした。

18-1 夏休みの絵日記①

18-2 夏休みの絵日記②

＊昌和 小学１年の夏休み絵日記（昭和25年）

7月6日

あさごはんを食べてからまさよしくんがあそびにきました。一緒にきんじょにちょうちょをとりにいきました。ばんごはんのときぼくが だいぶつのはなからでたるつばめかなといったら おかあさまがよくおぼえていましたねといってほめてくださいましたこれはいっささんのごほんにかいてあったのをいったのです。

8月4日

ぼくのおへやわおてらのおくのおざしきです。きょうはおそうしきがあるとゆうのでほんどうへいってみたらおしょうさんがもくぎょをたたいておきょうをよんでいました。八十三のおばあさんがしんだそうです。みんなくろいきものをきていました。おとなはかなしそうなかおをしていました。こどもはうれしそうなかおをしていました。

18-3 夏休みの絵日記③

＊10月７日向ヶ丘遊園地に遠足。１本の丸太に５～６人が乗って縦に漕ぐ遊動円木と言う遊具があったが、何日か前に、丸太と地面との間に幼児が挟まって亡くなるという事故があったため、丸太ははずされていたように思う。遊園地での記憶はそれのみである。

10月９日「学校で立たされた由、悲観」と書かれているが、やはり覚えて居ない。それで記憶について少し考えてみた。立たされた話とは別になるが、高学年になると男子生徒にも家庭科時間があった。初歩の刺繍を習っていたのだが、突然先生（女性）が教壇から大声で「みなさーん、鈴木君はさっきから針で爪の垢を取っていまーす」と叫んだ。

18-4 夏休みの絵日記④

教室は一瞬どよめいたがあれは真実ではない。本当は中指にできたイボを反対の指でこすっていたのだ。あの場面で即座に訂正を求めるべきであったかどうか今でもわからないが、とにかくはっきり覚えて居る。忘れてしまうことといつまでも覚えていること、こう考えてくると自分史も怪しくなって来るが、教室で立たされたことは巳冬母の日記に書かれている事なので事実と認めざるを得ない。

10月中旬伊達方・静岡へ旅行しているが、以前のように来訪要請があった様子はない。日程も２泊３日と短期間であることを考慮すると自発的な旅であったのだろう。自分が数年をかけて東京での兄弟の居ない生活に慣れて来たと同じように、弘子母にとっても昌和が柴家から鈴木家に移ったことを確認する為に必要な時間であったはずだ。また久し振りに訪れた疎開先の成城は当時と比べて荒れ果てた感じがしたと記している。清明では12月初旬風邪による欠席者多く休校措置がとられた。恐らくインフルエンザであっただろう。

学級担任の先生の家庭訪問は今日も続いているだろうか。当時は食事の時間に当たると昼食や夕食を出すことが普通におこなわれていたようであるが、それは私立学校に限られていたのかもしれない。

学期末の父兄会の折、担任先生より「昌和、クラスの間ではなかなかの人気の様子。親分肌、と言われ、勉強の方もトップの様。ただいたずらの激しい事が悩みの種。オルガン壊したり……本当に喜んだり悲しかったり」と。現在なら恐らくADHD（注意欠如・多動症）と診断されているだろう。

12月2日　「学芸会でピアノ独奏、落ち着いてよく弾く。涙が出る程。帰宅後夕食の支度をしている間に両親の新しい靴ばかり４足盗まれた。12月25日　昌和和田さんにお昼招かる、夕食を稲葉さんに。和田さんからご本、稲葉さんからもご本。大晦日、朝から掃除、午後は買い物で大忙し。夜８時頃帰宅した父と３人で年越しを祝い、入浴して除夜の鐘を聴きながら寝る。会社12月も６万余の赤字、開業以来計30余万の赤字。販売職員Ｆの未収60万余が大きい。」巳冬、皆ガンバレと鼓舞。

昭和26年　上目黒時代　清明学園初等部２年

＊１年生の３学期、父兄会に出席して成績は問題ないが「悩み多し、人の噂に悩む」と記している。学校から連絡簿を受け取りすっかり気分憂鬱なりとも。また担任のＩ先生が「例の事」で自宅に来訪したとも書

かれてある。あながち私のヤンチャぶりだけが母の悩みの種ではなさそうである。担任教師が自宅にまで訪れると言う「例の事」とは何だろう。私が養子であると言う事が噂の種になっていたとしても今一つ腑に落ちない。いずれにせよ母の悩みなど一切気付かずに私は学校生活を元気に自由に過ごしていた。

＊母と近所のお風呂屋さんに行って入浴後脱衣所に戻った途端に目の前が真っ暗になって倒れてしまった。周りに人が集まって来たところまでは覚えていたが、気が付くと中庭に続く半開きのガラス戸の前に寝かされていた。

自分は、死ぬのかなと思う位怖かったのに、母は割合落ち着いていたように思う。軽い湯あたりだと教えられたが、しばらくは銭湯に行くのが怖かった。

＊伊関洋子さんはよく遊びに来た。私と弟の捷一君と同学年なのだが、小学校低学年くらいまでは二人一緒に来ても洋子さん一人で上目黒の家に泊っていくことも度々あった。幼心にもかわいい女の子と思った。

この年の末読売ホールで行われた洋子さんのバレエの発表会で花束を渡したことを覚えている。我が家に泊まった翌日、出勤する正居父と一緒に出て五反田駅でお菓子を買って貰うのがとても楽しみだったと後年話してくれた。

洋子さんにはいろいろお世話になっている。慶応大学入試発表の日入試の手伝いをしていた洋子さんが朝早く合格との電話を自宅にくれた。うれしかったには違いないないのだが実は高校同級のＴ君と一緒に発表を見に行く約束をしていたので困った。結果を知らないふりを通すしかなかったが、がっかりしているＴ君と目を合わすことがつらかった。

やはり発表は一人で見に行くべきとつくづく思った。入学後に是非やってみたいと思っていたテニス部も洋子さん所属のクラブ（同好会）

を紹介してもらいとても楽しい学生生活を送ることができた。

80歳の今も続けており、一生楽しめるスポーツを始めるきっかけを作っていただいて感謝しています。洋子さんと捷一君は私が世田谷に引っ越してからも行き来があったが、中学生頃までは夏になると多摩川でよく遊んだ。そのうち川でよく出会う３～４歳上のお兄さんと言葉を交わすようになり、自宅にも一度やってきた。多摩川では海水パンツだったが、そのときはＹシャツもズボンも頭もピシッと身ぎれいにして別人のようだった。ある時川の水につかりながら思い切ったようにお兄さんはしゃべりだした。

この時は洋子さんはいなかったと思う。「お姉さんにほれちゃったよ」、びっくりして捷一君と顔を見合わせるだけで言葉はでなかった。洋子さんはそれ以後余り遊びにこなくなったような気がする。

洋子さんは卒業後放送局に就職し早くから番組に出演されていた。私とは１歳違いなので就職の年か翌年の夏、局内で自社の葉山の海の家に行くことになり誘ってくれた。

夜わたしは捷一君と洋子さんの間に寝ることになった。なかなか寝付けずにいたが夜中全く意図せずに私の手が洋子さんの手に触れた。一瞬電流が走ったような感じでドキドキ自分の鼓動が聞こえた。もう一度洋子さんの指に触れてみたい衝動に駆られて、何度か手の位置をかえてみたがもう２度と触れることはなかった。

＊春にはよく自転車を借りて二子玉川土手で野蒜《のびる》や土筆《つくし》を採った。野蒜はぬたにしたり味噌をつけて、土筆は甘辛く煮て食べたが、やはり大人の味だった。土筆は今でもつくだ煮にして食べている。

＊５月馬堀海岸へ潮干狩りに。そこからバスで観音崎燈台へ。

この年８月の夏休み中にも馬堀を訪れカニを取って遊んだ。日帰り。これが最後の馬堀行となった。

＊「５月11日　昌和、学校より調書持ってくる。不快」と。まさか自分に丈調書の提出を要求されたわけではないと思う。戸籍謄本ではないので養子係云々まで記載する事もないはず。両親の年齢を書く事にこだわりがあったのではないか。

＊自由が丘のモンブランのケーキは良く食べた。特に大きなシュークリームは忘れられない。開店の頃は40円位だったと記憶する。

＊母の悩み

母は小学校関係での噂話に悩み、疲れて一時「お光様（手かざしによる浄霊で病気を治すとする新興宗教の一派）」にすがろうとした時期があった。

クラス担任のＩ先生から「例のＫさんとの件」につき話し合いたいとの連絡あり、７月15日「蛍の作文が問題になっていることについて話しにＩ先生を訪問、Ｋ家・隣家の子供達を共々呼ぶ。面倒なこと」と記している。

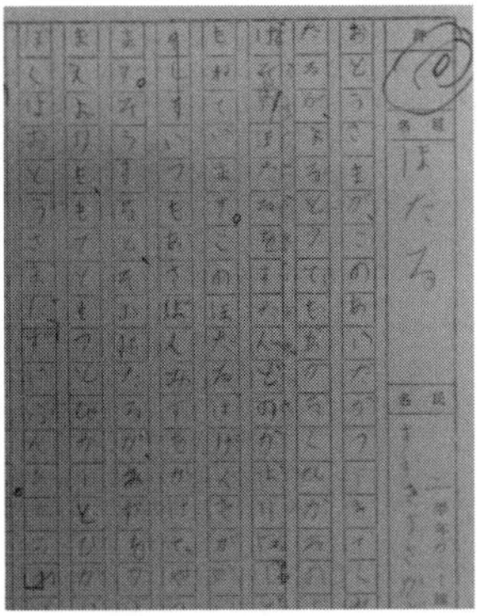

19-1「蛍」の作文
クラスで話題になる

確かに蛍の作文は手元に残っていた。赤い三十丸が付いている。特に差し障りがあるような内容でもない。そこでハッと閃いて当時の清明学園新聞を探し出し、その６月号に「蛍」が掲載されていることを確認した。私の作文はそれまでにも１回掲載されており、その外にもＩ先生がT. S. M.と題して新聞に紹介してくれていた。Ｋの作品は未だ載ったことがなかった。

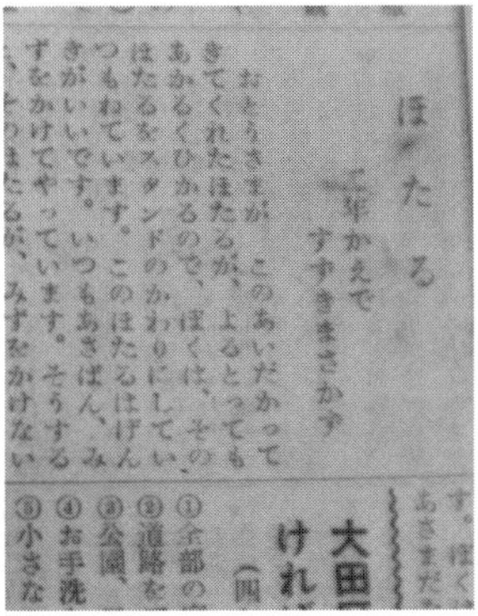
ほたる
二年かえで　すずきまさかず
おとうさまが、このあいだかって
きてくれたほたるが、よるとっても
あかるくひかるので、ぼくは、その
ほたるをスタンドのかわりにしてい
つもねています。このほたるはげん
きがいいです。いつもあさばん、み
ずをかけてやっています。そうする

19-2 清明学園新聞に載った

彼の所も一人っ子でうちの母程ではないが稍々高年齢であり、家庭状況が似ていたので一層私がひいきされていると日頃から感じていたのではなかろうか。それにしても「Ｋ家・隣家の子供達を共々よぶ」については解釈困難の儘である。

そんな状態が裏で起こっていることなど露知らず吾々子供同士はなんのわだかまりもない。私の母も彼の母親もそんないきさつを子供たちに話すことなど一切なかったから普通に付き合っていた。

Ｋの家は長原で徒歩通学であったから下校後よく立ち寄ったものである。途中造園業者の広い土地があり、処々に積み重ねた敷き藁をめくるとコオロギが飛び出してくる。３角形の平たい形の顔をしたミツカドコオロギを教えてくれたのは彼だ。多分４年生のある時両親の留守に彼の家に上がって遊んでいる時に、大きなマッチ箱が目についた。それは私にとっては珍しい物であった。

大きな紫の側面で彼がマッチを擦った途端マッチ箱全体に火がついた。手許に雑巾があったのでそれで覆って事なきを得たのだが、畳を少し焦がしてしまった。翌日様子を尋ねたら、大丈夫、とだけ言っていた。彼との関係はそのあとも変わることはなかったが、彼の母親の抱いた感情は一層悪化したことだろう。

20 秋季マラソン大会で一位となる

彼とは学部は違ったが慶応大学の構内で何度か顔を会わすことがあったがゆっくり話すことはなかった。さらに時は流れて私が診療所を開いて何年かした頃に突然電話があり、清明学園のＩ先生が重い病気にかかっているのでお見舞いに行かないかと言う誘いであった。Ｉ先生には小学１、２年を受け持ってもらったが、新任の若い先生にとっては、やんちゃな私を扱いかねておられたであろう。

私はいつも距離が離れて居るような印象を持って居た。学級委員バッジをつけさせてくれないことをずっとひきずっていたのかもしれない。当時のことは思い出せるのはほんの断片で、両親の日記などから推し量ると多大の迷惑をかけていたことは事実だ。煮え切らない返事をしているうちに亡くなられたとの連絡がはいった。もっと早くに私が母の日記を読んでいたらきっとお尋ねしたはずだ。そしてＫ君も大学を卒業後改めて勉強をし直し公認会計士となられたが、その後長逝したときく。今となっては「蛍の作文」のストレスに関わる母の悩みを明らかにする術はない。

＊母巳冬が横須賀松坂屋へ滞納している売掛金を取りに行った処月曜日に品川工場に来るとの話であったが、来なかった。再度巳冬行くも要領を得ず。

つぎに父が出向いて結局４万5000円の処２万4000円で手を打たざるを得なかった。吾々には到底考えられぬ人々なりと記している。私の学校内での悩みに加えて、父の会社の手伝いもして二重のストレスに耐えていた母に改めて感謝を伝えたい。

昭和27年　上目黒時代　清明学園初等部３年

＊長く巳冬を悩ませた「Ｋ問題」は２年の３学期に入ってから次第に落ち着いてきた。私自身が精神的に落ち着いてきたことが母の心を安らかにしたと言うべきであろう。母の日記によると「２月３日学校でＩ先生と話す」と書いたあとは特別の話し合いなどはなかったようである。４月４日楓組全体で親子共々Ｉ先生の歓送会を兼ねて井の頭公園に集まったのが先生とのお別れであった。

＊３月に行われた学芸会では「北風と太陽」をやった。内心は太陽か北風の役をやりたかったが其の役はまわって来なかった。黒いマントを着てＩ先生から数時間特訓を受けてやっと覚えた『旅人のうた』を歌いながら舞台の左手から右手に向かってゆっくり歩き抜ける旅人Ａの役で、いわばそのあとに登場する主役達の前座であった。発表の前夜きん子おばさんに急遽フード付きの黒マントを縫ってもらい、杖は青山の伯父から拝借してきた。いま振り返ってもそれほど急に役が決まったとも思えないので、なぜ衣装の準備が遅れたのか一寸腑に落ちない点もあるが。いまとなっては楽しい思い出となった。

＊３年生になりＩ先生からＭ先生に担任が替わった。清明学園に着任して間もない清明学園唯一女性の先生であった。私は相変わらず自己中心で自由奔放に毎日を過ごしていた。私が上目黒にやってきて初めての友達になった隣に住む稲葉みほこちゃんは、清明学園入学のきっかけになった子でもあったが、小学３年生の春の遠足写真には写っていないので、２年生の３学期の間に清明を退学したようだ。存否すら知れず２度と会うことはあるまいが会ってみたい一人である。学校からは遠かったが友達とはよく遊んだ。和田淳子ちゃん清水武士君、大山輝夫君、錦織幾多郎君など。また当時は親類との行き来も盛んで伊関洋子さん・捷一君とは特に頻繁に行き来した。父母は外出の際は良く連れて行ってくれたし、アイススケートやザリガニ釣り、映画等にも屡々行った。それほど気を遣ってくれていたのだと思う。

自由が丘の南風座やロマンス座は何度も行ったし、モンブランのシュークリームは涙がでるほど懐かしい。年末のみぞれ交じりの寒い日にわざわざ第一師範から自由が丘まで一人でやってきて商店街の籤引きを引いたことを覚えている。結果は４等でお餅などを焼く金網であった。それでも嬉しくってかじかむ手に傘と金網をもって帰った情景が目に浮かぶ。傷痍軍人と言う言葉を母から教わったのもこの頃のことだ。渋谷駅の改札口付近や山手線の中で黒メガネをかけ、手足や顔に包袋をまいて、ときにはアコーディオンを引いて歌いながら募金箱を差し出して深々と頭を下げる。気の毒と言うよりも怖さをより強く感じていた。贋の人もいるのよと教えてくれたのも母であった。

＊海の学校

清明学園では３年生から夏季学校が始まる。臨海学校と林間学校とであり、４年生以上はどちらを希望してもよいが、３年生は臨海学校と決められている。場所は千葉県安房郡天津町海岸。７月17日から23日。希望者約100名が参加。父母と離れるのは初めてではない。育英幼稚園の時にやはり夏の臨海保育（千葉県馬堀海岸）で経験済みである。然も幼稚園の時は11日間と長かった。安房天津の駅からバスで旅館に向かう途中、無舗装の道に見た事のないほど大きなカニが行ったり来たりしているのに感動した。夜空を見上げて満点の星、教わって天の川をはっきりと目と心に刻んだのも初めてであった。爾来あれほどきれいな夜空を見た事はない。臨海学校に初めて参加した３年生の多くは４日目頃からホームシックにかかりだした。M君は訪ねて来た家族に物凄い勢いで抱きついていた。羨ましいと思った。家に出した葉書きには「海の学校へ来てから２、３日までは皆と一緒にはしゃぎまわっていたけど、もう４日目になったらお母様・お父様に会いたくってたまらないです。」と書き送っている。

21-1 夏季臨海学校
千葉県安房郡天津町

上級生が振った体温計が座っていた自分の頭に当たり水銀が飛び散った。水銀は毒だと先生が騒ぐので一寸怖かったが、キズも出血もたいしたことなくおさまった。最終日に記録会があった。結果は３メートル。

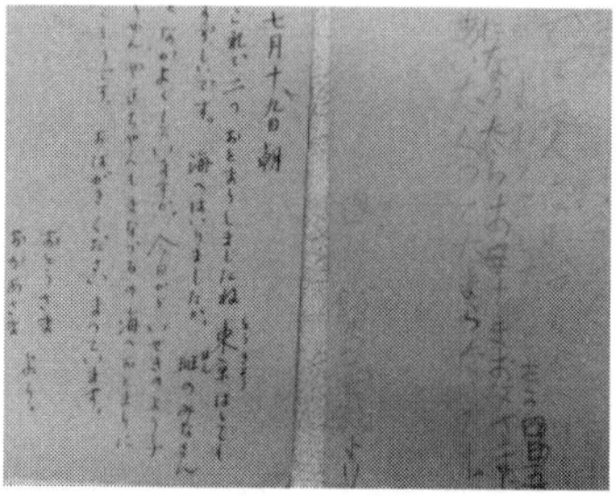

21-2 家との葉書やり取り

息の続く限り只管手足をバタバタさせた結果だ。泳いだなどと言うつもりはない。母は両国迄迎えにきてくれた。

＊静岡へ

８月27日静岡伊達方へ出発。静岡では現在は清水港整備に伴い閉鎖された袖師海水浴場に行った。乙姫丸だったか、浦島丸だったか船底がガラス張りになって時々魚が見える。向いの三保海岸とを往復している。９月１日上京。

夏休み終了間際になってからの静岡行きは何故だったのだろう。夏休み前半に臨海学校があったにしても８月はかなり余裕があったはずである。この点巳冬の日記にはなにも触れてないし、父の手帳も抜けている。ただ、巳冬の日記には「いよいよ伊達方と静岡へ出発」と表現しており、巳冬にとってはやはり従来どおり覚悟の要る旅であったのだろうか。

＊引越し

１年以上かけて何十か所も見てまわってやっと世田谷区等々力町に転居先が決まった。転居の動機は上目黒近隣の風紀問題を父母が気にしたためのようだ。庭には然程大きくはないが池があり、防空壕も埋め立てずに残されていた。向かって右隣りの森さんには歌子ちゃんと言う名の同い年の活発な女の子がいた。引っ越した日に挨拶に行ったら真っ先に玄関に飛び出して来た。

数日後歌子ちゃんのお母さんが、隣との境界にまばらに植えてある杉の木の間をくぐり抜けて満洲で覚えたという大きな餃子を持って来てくれた。杉の垣根を通じたやりとりは歌子ちゃん一家が引越して行くまで続いた。「昌和ちゃんはまだお母さんとお風呂一緒に入っているんだってね」と突然言われて何も言い返せなかったことを覚えている。教えたのは同居している史真子ちゃん以外に居ない。当時は留守にする時以外は日中も夜もほとんど戸締りをしていなかった。日中に２回コソ泥に入られたことがあった。野良猫に魚を持って行かれるなんてことは珍しくもない。うちの飼い猫も近所から戦利品を取って来る。自動車は言うまでもなくテレビや洗濯機、掃除機、恐らく冷蔵庫もなかったけれど、近所付き合いが深く、古き良き昭和の時代であった。文化的生活は人同士の関係を希薄にする。便利とは人が人らしさを失くしていくことだと思う。当時は平屋だったが屋根に上れば富士山も花火も見えた。

＊三〇先生のこと

３年生になって担任が替わった。背がスラッと高くハキハキした女の先生で私を大変可愛がってくれた。家（当時は世田谷に転居する前の上目黒の家）にも２、３度来たことがある。と思っていたが、母親の日記によると母はそれ以外に何度か先生に会いに行っている。母親の会の委員をしていたからだろうと気にも留めなかったが、年末頃から先生は屡々学校を休むようになった。３学期からはまったく登校せず、主事（副校長相当）のＳ先生が残りの期間の仮担任となられた。生徒には何の説明も報告もなされないままお別れの会となった。その時の事か、別の会の時だったか思い出せないが、三〇先生が講堂で椅子に座って歌を歌ったことがある。啄木の一握の砂の一節「東海の小島の磯の白砂に……」を美しき天然の節にのせて繰り返し２回歌われた。令和４年７月25日母の遺品を整理していて母と先生との連絡簿をみつけた。先生は＊＊を目指して夜間の大学に通っていた。その事が学校に知れたために居られなくなったのではないだろうか。連絡簿にはその辺のいきさつには触れていない。生徒たちは毎日学校生活を明るく元気に過ごしているが、その裏側ではもっと生臭いやりとりが演じられていたのではなかろうか。Ｉ先生然り、M浦先生もまた……。

22 春秋マラソン大会一位

＊マラソン大会

清明に入学してその秋からマラソン大会が行われるようになった。１・２年、２・３年、３・４年がそれぞれハンディをつけて対戦。練習などせずにぶっつけ本番の競争。大して疲れもせずに正門の階段を一気に駆け上がり、あとはグラウンドを１周するのみであったが、右へ回るべき所を左に行ってしまい、後から来た２年生に抜かれ２位となってしまった。そのあとは春秋連続５回１位、４年生の秋からは同学年ながら２、３歳年上の同僚に追いつくことはできなかったが、マラソンを通じて息苦しくても皆よりちょっとだけ多く頑張れば勝てるという自信を持つことができた。

のち大学１年の冬小田原の関東断食道場で１週間の断食を行った。まず準備段階の１週間の後完全に井戸水だけで１週間、そのあと１週間をかけてゆっくり食事（麦）に戻してゆくもの。いろいろな理由から断食道場にやって来る。私は高校時代慢性的に悪かった胃の調子を回復させたい思いがあったが、断食終了の後は他人ができない断食に耐えられたという自信が得られたことを最大の効果と思っている。あの苦しいマラソンを走り抜いたこと、空腹と闘い断食をやりぬいたことは自分の生きる上で大きな意味を与えてくれた。

＊昨年内で片付いたと思われた三〇先生問題はまだくすぶり続けていた。先生から電話があったり、父兄会で話し合ったり２、３の生徒の家に集まったり、と相変わらず生徒の知らない所で話し合いが行われていた。どういう話し合いが行なわれていたのか、何故先生は学校に来ないのか、誰一人真実を知っているものはなかったはずだ。無論三〇先生にとって何かよくないことが持ち上がっていることは分かっているけれ

ど、何も知らされないままこの件については生徒は誰も貝のように口をつぐんでいた。たぶんみな親から口止めされているに違いない。そうこうするうちにも日は過ぎて3月11日に送別会が行なわれた。先生の退職は既定の事実として生徒や父兄の思惑とは関係なく進められていたのである。母の出納簿の脇に小さく「三〇先生問題で方々から電話」と書き添えてある。父兄会の委員をしていた母がどういう立場でどのように動いていたのか、今となっては知る由もないが、ずっと可愛がってくれた先生の下宿へ挨拶に行った時、自分からどう話を切り出したらいいのか分からず退職の理由は聞けなかった。先生の方からも説明などなく「お元気で、さようなら」と告げるのがやっとだった。

あの時先生は涙をこらえていたんだと思う。ここで終われば格好よかったのだが、母の日記によると三〇先生からその後2度ほど連絡があり、6月中旬頃記には「清明学園から三〇事件にて呼ばれる」との記載がある。そして6月末に先生から保険加入の依頼があったが、母が翌日断わりの電報を打ったところ以後連絡は途絶えたということである。収入の道が途絶えて先生は藁にもすがる思いで電話してきたのだ。母が素早く断りの電報を打ったのも正しい対処だった。今の私だったらどういう方法を選択するだろうかと一寸考えてみたが、何よりも事の始まりや成り行きを知らされずに適切な意見が出せるはずがないと気付いた。三〇先生にはその後幸せな生活を送られたことを願ってやまない。母の方はそのあとは気分も回復し以前のように高女のクラス会に出たり友達と会ったり親類付き合いを密に、小唄の稽古にも週2、3回通うなど以前のように積極的な生活を送るようになった。

＊キャラメルカード事件

当時キャラメルを買うと箱の中にいろいろなカードが入っていてそれを集めて景品に取り換えるというのがはやっていた。カ〇ヤも同様でカードの組み合わせによって高得点がもらえ、良い景品と取り換えてもらえるシステムである。当時を思い出して見ると自分はむしろ紅梅キャラメルのカードの方を集めていたのだが、学校からの帰り道M君が見せたカ〇ヤの高得点のカードがどうにも欲しくなり、頂戴を執拗にせまったことがあった。結局M君のガードが固く目的を果たすことは出来なかったのだが、この時の他人の物をしつこくねだる態度が一緒にいた友達の心証を害したのだろう。それから数日後の放課後クラスの男子の3分の2程の友達が、先程のカ〇ヤの件を例に揚げて自分に謝るようにせまってきた。自分は小さいながらクラス内で相撲をとるとほとんど負けなかったが、この時自分の側についてくれた友達は確か4人のみ。もっともその場に居合わせなかった者もいたが多勢に無勢、しかも自分の非は明らかなのですぐにあやまってその場はおさまった。これより2週間ほど前のことになるが、H君と言って去年韓国から日本に帰国して清明に入学してきた友達がいたが､彼は3歳年上で体格も年齢以上に大きい。遥か昔のことで記憶もぼんやりしているが、授業中にクラス担任が一人一人は非力でも大勢集まれば叶わぬことはないと言う意味のことを例を挙げて話したことがある。それを試してみようと言うことでH君が先ず洗礼を受けることになった。

結果は先生の話した通りであった。カ〇ヤカードのこともあるのでH君の場合と多少異なるが自分が第2例目になるとは思ってもいなかった。悔し紛れで言うのではないが自分にとって素晴らしい経験をしたと心底思う。出自のこともあり我儘一杯に育てられ、なんでも望めば手に入らない物はない位の傲慢さで通して来た。この事件を機会に自分と他人、自分の物と他人の物、手に入る物と入らぬ物があるということを理解できるようになった。

＊和田さん

次女の淳子ちゃんとは育英幼稚園以来の付き合いである。あちらが何か月かお姉さんでクラス会や電話で話していてもふっとお姉さん的な雰囲気を感じることがある。ことしも２回お相撲に誘ってもらったり、劇シンデレラ姫の舞台を観に行って夜遅くなり泊めてもらったこともあった。当然親同志の付き合いも深く小唄の稽古も一緒で、母の日記には週２、３度名前が載る状況が続いた時期もあった。

＊愛犬マキの捕獲

当時は犬を自宅で飼う場合放し飼いは一応禁止されていたが、それほど厳格なものではなかった。それで飼い主のもとを離れた野犬が多くなり、狂犬病も制圧されていなかったため、保健所の管轄で定期的に野犬狩りが行なわれていた。数人の職員がトラックでやってきて、網や首紐で野放しの犬を捕まえて収容施設へ連れて行く。白昼街なかで行われるこの捕獲作業は、道路を逃げ回る犬の姿や、トラックの荷台に積まれた籠の中から狂ったように吠え続ける犬の様子、諦めてじっとうなだれて哀しげな目をこちらに向ける犬もいて、可哀そうでとても正視していられない。捕獲職員の方たちには申し訳ないが、巷では「犬殺し」と陰では呼んでいた。上目黒から世田谷への引っ越しの機会に合わせて、われわれの転居後に住まわれる人の紹介で犬を飼う事になった。触れこみは秋田犬ということであった。世田谷の家にやって来た時は未だ生後１か月に満たず、薄茶色の毛で耳は先がやや垂れ気味ではあったが、しっぽはしっかり上を向いて巻いておりコロコロとしてとても可愛らしかった。散歩のときも秋田犬ですかと何度か声を掛けられて一寸得意であった。ところが日が経つにつれて体型が細身になり、毛色が赤茶けて、耳先は前に垂れたままで、秋田犬らしさが失われていった。それでも可愛い事に変わりはない。翌年の春、昼間の吠え方がひどかったので鎖を解

23 捕獲された愛犬マキ

いてやったところ、暗くなっても戻って来ない。やはり「犬ころし」に連れて行かれたかも知れない、と言う事で翌日父母が三河島の野犬繋留所に出掛けた。4、50匹も入れられた檻の前で一声「マキ!!」と呼んだら嬉しそうに体を震わせながら奥から飛び出してきたそうだ。明日は殺処分の予定だったとか。払い下げの料金は450円とのこと。

「犬殺し」についてはもう1件話がある。三河島事件から数年後のことであるが、私が家の中にいる時、近くで何匹もの犬の鳴き声がする。マキは放れていた(最近は鳴き声がうるさいときは20～30分位放してやっていた)。すぐにピーンときて表に飛び出した。ほんの10mくらい先に例のトラックが止まっており、たった今捕獲されたばかりのマキが首の縄をほどこうと必死にもがいていた。駆け付けた母と平身抵当、何がしか包んで縄をはずしてもらった。そのあとは鎖をはずさないこととした。

マキの起した事件がまだあった。近所の鶏小屋を襲って雛を100匹も噛み殺したというものである。ここの所何度か襲われていたので今朝は早くから待ち伏せしていたところ、他の犬には逃げられたが、後を付けたらマキだけお宅に入って行った、と言うものであった。恐らくは外の数匹の犬が襲っている所にあとからのこのこ出掛けて行って、鶏舎の持ち主を案内して連れ帰って来るとはいかにもマキらしい。3000円包金する。

　マキはその前後に2回ほど近所の畑の毒を飲んで血を吐いたりしたが命に別状はなかった。いろいろな話題を提供してくれた愛犬「マキ」であったが、元気もやや衰え食欲も減って来たと思われた昭和38年夏、お手伝いさんのみで家人留守の折り、庭に繋留中に息を引きとったとのことである。わたしも大学のテニス部の夏合宿で看取れなかった事は返す返す残念に思う。マキが来て数年の頃近所を散歩中角を曲がった処で同様散歩中の犬と鉢合わせした。先方はびっくりしてリードを放し、お互いに興奮して掴みかかろうとするので、マキのリードを力一杯引っ張ったところマキに左の二の腕を噛みつかれた。包合はしなかったがいまでもわずかに傷跡がへこんで残っている。右手の指先でそっとなぞりながら共に過ごした日々を思い浮かべてみた。

＊昭和27年以降巳冬日記なし

＊以後昭和27、28年は正居の日記も見つからない。

＊18日　隣の家の稲○さんの長女（当時6年生だったか？）が遊びにきて居た時、母が子供達が話しているのを隣の八畳間で縫物をしながら何気なく聞いて愕然としたという。何を話していたのか、話をしたことすら記憶にないが、恐らくHな内容だったのだろう。これを機に早急に転居に向けて動きだす事になった。

＊最後の馬堀

8月正形さんに連れられて昌和馬堀へ史真子ちゃんと行く。

これが最後の馬堀海岸となった。その後はきちんと護岸されて砂浜は無くなり、赤錆びて半分海中に突き刺さっていた軍用船も片付けられ、育英幼稚園の臨海保育以来何度も宿泊した浄林寺も無くなった。

＊早慶戦、11月4日

日曜、昌和連れて早慶野球観戦。

当日内野券は3塁慶応側しかとれなかった。自分はまだ早慶いずれがと言うほど興味はなかったが、母はいぜんから早稲田贔屓である。慶応に末吉、早稲田に徳武がいたように思うが確かではない。母は慶応側スタンドに居ながら大声で早稲田を応援するのには困ったが、幸いクレームはこなかった。

早慶戦といえば後年私は同好会のテニス部に席を置いていたが、ある年早慶で優勝を争う最終戦にテニス部としても必ず応援に行くよう先輩にきつく言われていたのを無視して同僚とまちのテニスクラブに行っていたのを見つかってこっぴどく叱られたことがあった。

昭和22年〜25年　私の昭和時代

20代、30代ころまでは３歳以後のできごとはすべて記憶していると思っていた。しかるに最近はつい数年前のこともすっかり忘れている。途中まで話してもらっても完全に記憶がない。初めからなかったことのようにぽっかり抜けてしまっている。だからこの自分史があるいは正しくなかったり、時期が間違っていたりすることもあるとおもうが、あくまでも77歳のいまの自分の記憶にあるできごとをありのままに書いてみようと思う。

「家」についての私の記憶は第一師範（現在の学芸大学）の家である目黒区上目黒５の2017。最後の番地は不確かなので、後で古い手紙で確認してみよう。家の中に水道と並んで井戸があった。30坪ほどの庭の左右にかなり太い梅の木があり、毎年立派な実をつけていた。一時はぶどうの樹があって何度か房を切って甘い実を食べたこともあった。史真子ちゃん家族が一緒に住むようになったのがいつのことだったかは覚えていない。

当時、昭和22、23年頃はまだ戦後の爪痕がここかしこに残っており、上目黒の家の向かいにあった「薬専」の焼け跡に残った高いコンクリート製の仕切り壁が毎朝６時に倒れる音を聞いた。

私の胸の中ではおおきな不思議な思い出としてつい数年前まで胸の奥にしまいこんであった。最近になって当時を振り返ってみると、焼け残った石壁は倒壊危険の為計画的に爆破されたものであろう。

毎朝６時というのは実際はもう少しあとの時刻だったであろう。そしてこの計画的倒壊については近隣住民へは前もって知らされていたことであろう。種あかしをすればこういう流れになるが、当時の私にとっては不思議な魔法のような秘密の出来事として、心の奥にしまいこんでおくことにしたのであろう。

今振り返ってみればたわいないできごとではあったが、70年以上もしまい込んでいた私のミステリーであった。

あの頃は男の子も女の子も、よその幼稚園や小学校の子も年の小さい子も大きめの子もみんな一緒になって遊んだ。かくれんぼ、缶蹴り、押しくらまんじゅう、メンコ、ビー玉。ベーゴマは勝つと相手の鉄こまを取り上げる遊びなので何となくやってはいけないような雰囲気があったように思う。そんなわけで当時は錫のバケツに布切れを巻いてさらに分厚い護謨のシートを重ねた戦場でのベーゴマのぶつかり合いをある種緊張しながら眺めて居たように思う。

恐らく学芸大学駅に近い育英幼稚園に通いだしたのは年中５歳の時だったであろう。そのころ我が家の隣には稲○さんという家族が住んでおり、夫婦と女姉妹２人の４人家族であった。主人は稲○宗平といういかめしい名前だったが、実際の風貌は眼鏡をかけて挨拶すると笑顔で答えてくれる優しい人という印象がある。

清明学園に通っていた２年生の頃、テレビを観に来ないかとみよ子さんが誘いにきた。稲○さんの家ではしばらく前から２階を東工大の学生に下宿させていた。外ではいつも角帽をかぶっていたのととても背が低かったので当時TV番組？　などで活躍していた河井坊茶《かわいぼっちゃ》さん（戦後の一時期、ラジオ放送などで活躍した俳優・歌手・放送タレント。）の名前をそのまま借りて呼んでいた。

２階に上がると坊茶さんがテーブルの上に黒い細長い機械を組み立てていた。先端に僅か10センチ足らずのガラスがついている。

坊茶さんが電源のスィッチをいれるとガラスに文字が現われた。ついで人形の像も。金の斧、銀の斧のものがたりであった。坊茶さんて偉いんだと感心した。また見せてねと約束して帰ってきた。

でも坊茶さんのテレビは最初で最後になった。間もなく坊茶さんが引っ越して出ていってしまったから。そしてみほ子ちゃんが清明学園を辞めた。小学２年の２学期だったと思う。そのあとお母さんも家を出て行った。稲○さんのお母さんは坊茶さんと一緒になって、お父さんの宗平さんは女中さんと再婚したと大分たってから聞かされた。

大人の世界はいりくんでいてむずかしいんだなと思った。本当の話かどうかも自分にはよく分からなかったけれど、今ならそういうこともありうる話と思う。あれほどよく遊んで居たのにみほ子さんとは一言も言葉を交わさないまま離れてしまった。今も気掛かりである。

戦後日本中が物資の不足で喘いでいる時に我が家は父が食肉加工に携わっていた事もあって、食べ物での苦労はそれ程無かったように思う。そうはいっても配給制度に助けられ、闇市での物物交換も普通に行われていたし、レクレーション半分とは言え、ザリガニは貴重な蛋白源にもなった。

牛乳も簡単には入手し難く、500メートルほど離れた農家に山羊乳を貰いに行った。慣れてからは朝食事前に取っ手のついた鍋をもって一人で行くようにもなった。また台所の古びた食器棚には大きいどんぶりに黄土色のブドウ糖のかたまりが入っていて、しょっちゅう母にかけらをねだっていたのを思い出す。

あの時代はトイレはまだ汲み取り式であった。今では信じがたいことだが近所の農家の親父さんに汲み取りを頼むとこちらがお金を頂く時代でもあった。昭和27年に世田谷に転居したが、駅から家に向かう途中の坂を利用した段々畑には人糞がまかれていて、春ともなるとたくさんのモンシロチョウが舞っていた。

トイレにまつわる話としては、昭和30年代はまだいわゆるポットン便所だったとおもう。何年も後になるが、子供達と出掛けた旅先でポットン便所に遭遇したときは、子供等は暗く深い穴がどうにも怖くて水洗トイレを探し廻って用を足したこともあった。

上目黒には今となっては懐かしい昭和の思い出がいっぱいある。あの時代は色々なものを売りに来た。朝一番に大きな呼び声でやって来るのが納豆売り、「ナット、ナットー、ナット」の掛け声で一日が始まる。藁に包まれて当時確か５円だったと記憶している。「トーフー」と後半の半音上がり調子は夕暮れ時が匂うどこか物悲しい響きの豆腐屋さん。町内１周ついて回って時々ラッパを吹かせてもらった。リヤカーで金魚屋さんや風鈴売りも来た。当時でも珍しかったのは羅宇屋さん。長い煙管に詰まった煙草のやにを取る商売で、プーと息の長い音が特徴だった。そのほか焼き芋は現在でも時々見かける事がある。

紙芝居はTVがない時代の子供達の大きな娯楽であった。紙芝居の叔父さんは黒い頑丈な自転車で週に２度程やってきた。まず子供達に紙芝居が来た事を知らせる為に拍子木を叩きながら町内を一回り。

慣れている子が拍子木を打たせてもらい数人で廻って来る。自分も打ってみたかったがそれ程の常連でもなかったので遠慮してしまった。自転車の場所に戻って来てもまだ紙芝居ははじまらない。これからが叔父さんの最もだいじなお仕事である。何段にも重なった小抽斗を開けると色とりどりの美味しそうな駄菓子が所狭しと並んでいる。水飴、麩煎餅、薄荷《はっか》……など。

べっ甲飴に描かれた動物の絵を楊枝で上手に切り取るとおまけがもらえたりした。すべて２、３円で５円も出す子はいない。そしてお菓子を買った子は前の方に、買わない子はその後ろから覗くと言う寸法である。

子供達は期せずしてお金の力を身を以て体験することになる。斯くしていよいよいよいよ紙芝居の始まり始まり。○金バット、ベーブルー○、ジョー○イスなどのスーパースターの活躍の合間に小さい子用に桃太郎、舌切り雀などもあった。巡回の紙芝居に対する世間の評判は、紙芝居そのものの評価は別にして、同時に買う駄菓子の衛生が気になっていたのだと思う。

母もその点を気にはしていたが、駄目とまでは言われなかったのでよく後ろからのぞき見をしたものである。駄菓子も10回くらいは買ったと記憶する。

日記 其の三

世田谷時代

昭和29年　世田谷時代　清明学園初等部４年

＊静岡

この年は１月４日から父母と３人で静岡に行っている。そのいきさつについては先に書いたが、４日に思いたって訪静し、翌日市内見物し６日に帰京という日程はどうも腑に落ちない。いくら私がしつこく主張したとは言えあの時期に、家族３人で、正味２日に満たない旅をするだろうか。今更知り尽くしている市内見物などするだろうか。これも今となっては誰に聞く当てのない疑問の一つである。父も母も突然の訪問で恐縮したのか日記には何も書いていない。無論わたしの記憶もゼロである。この年は８月から９月に14日間、年末12月27日から年明け６日まで10日間計３回訪静している。

＊クラス替え

想い起こしてみるとクラス担任は１・２年生は同じであったが、その後は毎年替わっていた。４年から５年に上がるときに初めてクラス替えがあり、クラスメイトの半分が入れ替わることになって吾々は４年の時の担任先生と離れた。当日４月５日の父の日記には昌和新学期、クラス替えあり泣いて帰宅と書かれており巳冬も不愉快と記している。今思えばチッポケな事件であるが、当時の自分達にとっては大きな出来事であった。とくにクラスの全員が同じ扱いを受けるなら仕方がないが、半分はそのまま持ち上がりと云うのが納得できなかた。休日に有志６人を募って先生の家へ押しかけた。

『二十四の瞳』のように先生が喜んでくれたかどうかは分からなかったが（映画を観たのはこの後５年生に進級してからであった……）先生と長原から池上本門寺まで歩いた。本門寺境内で葛餅を食べさせてもらったが、クラス替えについてははっきりした説明はなかったと記憶している。○浦先生は体育会的な考えの持ち主で山男を自称しており、４年生になった吾々の担任になると先生の発案でボーイスカウトに倣ってお揃いの短パン上下カーキ色の服を着て先生の号令にあわせて何周も校庭を行進した。笛を吹きながら多分先生は気分がよかったのだと思うが、それに従う自分達も何となく高揚感を抱いていた。〇浦先生の生徒との関わり方が主な原因と思うが、芙蓉組と吾々楓組の２クラスの間に陰と陽、消極的と積極的のような２極が少なくとも外見的に出来上がっていたことは事実と思う。本門寺ではそんな説明話を聞いたように思うが、納得は出来なかった。

今ならこう言うだろう。クラス同士のバランスは担任同士で調整すること、問題はどのような基準でクラス割りを決めたかと言うことである、と。しかしながら〇浦先生がたとえ存命でおられても改めて問う気にはなれない。

このクラス替えで育英幼稚園時代から清明学園でも一緒で、誕生日に呼んだり、ひな祭りに招かりたりしていた和田淳子ちゃんとクラスが分かれることになった。初めて大相撲観戦に誘ってくれたのも和田さんだったし、栃若全盛時代で栃錦のお尻のおできが目立つ時は栃錦が好調の印しだと後ろの升席の人が教えてくれたのを覚えている。爾来おおよそ70年という歳月が流れた。たまに電話で話すが何時でもすぐに昔に戻れる。年をとっても共通の話題があると言うのは素晴らしいことだ。消えかかっている想い出を減らさないようにする事が大事だ。

＊静岡良武ちゃんほか来訪

夏休みを利用して８月23日に先ず柴正記・良武が来訪、翌24日に柴ひろこ・のり子が来訪。26日には一同ではとバスに乗って東京見物。昌和も巳冬も初めて。護国神社で買った小さい木製じょうぎはまだ手許にある。昌和31日に正記・良武と一緒に静岡へ。

４月４日、巳冬は昌和を迎えに熱海へ、弘子は熱海まで送りに来る。

静岡駅で切符を受け取った時「ネッカイってどこ？」と聞いたら「あたみでしょう」って笑われた。東京に帰ってから４月21日父の日記には「夕方昌和良武を懐かしみ寂しがって泣く」と記してある。

＊占い

巳冬母は清明入学以来父兄会の委員をやっていたこともあって、父兄会と担任、学校と担任、個人と父兄、個人と担任などの間でいろいろな問題が相次いで持ち上がり、悩みが尽きなかったようである。私自身についてはその頃までに少なくとも授業中の悩みはほとんどなくなっていたと思う。従って母の悩みの種はやはりいくら耳を抑えても聞こえて来る「昌和の出自」に尽きるのではないか。私が日にちさえ合えばいつも静岡に行きたがること、そして東京に帰ってくれば１週間ほどを経て必ずうつ状態となり自暴自棄になって時に暴れ出すことも悩みの種であったであろう。私自身は訪静後の気分の変調の理由が分からないまま、ずっと処理しきれずにいた。

そうした状況にあって、巳冬は人から情報を得て神楽坂に占いの酒井抱渉氏を訪れ昌和の進路に就き尋ねたところ、動かぬが良いとの結果であったという。

＊村西先生

西村君から紹介されて５月30日から村西先生（麻布笄小学校）に勉強を教えて貰う事になった。ほとんど数学を自由自在で徹底的に練習して、受験のときは数学は解けないものはないと思えるほど自信が付いた。先生のおかげと感謝している。時々先生の奥さんが国語を教えてくれた。今思うと先生は自分が忙しい時に奥さんをピンチヒッターとして起用していたのかもしれない。

初めて先生のお宅で教わった２日後に『森は生きている』という児童劇に連れて行ってくれた。自然の大切さを教える劇だったが、色彩がとてもきれいで面白かった。先生は10年ほど前に亡くなられたが、是非一言お礼を言っておきたかった。

＊変なこと

父の日記には次のように書かれている。「６月12日　昌和、学校で先生より変なことを言われし由、非常に悲観して帰宅す。巳冬心配し終夜一睡もせず」と。同日の巳冬の日記には「M浦先生訪問、実に嫌な日」と書かれている。13日「昌和本日は元気に登校し元気に帰るも何だか変」と。

学校で先生（４月から担任は変わっているはずなのだが新担任のＵ上先生か前担任のＭ浦先生の事か不明）から言われた「変な事」とは何であったか、M浦先生訪問と書いているが、巳冬がM浦先生を訪問したと言う事なのか、色々思索を廻らしてみたが、最も確からしいのは午前中の授業で「変な事」を言ったのはM浦先生であり、午後帰宅した昌和から様子を聞いた巳冬がM浦先生を学校（あるいは自宅）へ訪ねたというものである。どういう話がなされたか知る由もないが、母巳冬が一睡も出来ないほど心配することと言えば、やはり私の出自に関する事以外に考えにくい。これまでも学校の集まりの際などで何となく噂になっていると巳冬自身感じる事は少なからずあったと思う。

しかしながら今回はきっと胸に突き刺さるような、もっと直接的な話だったのだろう。それにしても私の推論が正しいものとして一体誰にどんな得があるというのだろうか。

７月30日昌和Ｍ浦先生とＵ上先生に手紙を出しており、返事も受け取っていると書かれているが見あたらない。これはM浦先生よりＵ上先生に何らかの申し送りがあったと言う事だろうか？

＊おまじない

父の仕事（食肉加工業）の低迷、母の健康状態、昌和の精神的動揺など幾つもの問題を抱えて、一時は小学校の転校まで考えて占いに頼ってみたり、手かざしにより疾病や不幸からの立ち直りをはかる、さらにはおまじないにまで頼ると言ったおよそ健全な状態の時には考えられないような手段に救いを求めるようになった。時に私ははっきりした理由もなく暴れて両親を困らせたりもした。

＊ルーブル美術展

11月13日、日本で初めて上野で開催されたルーブル美術展を、静岡柴家からも達・良武・誠泰が観に来たが、とにかく大変な混雑で、冬場で厚いオーバーを着込んだ大人の背中やお尻がみえるばかりで、11歳の子供には壁面に掲げられた名画の端すら目にすることもかなわず、結局踏まれないように下を見て歩いている間に見付けた靴底の金具と小さなボタンを拾うのがせいぜいというところであった。

今でも押し入れの何処かにあるはずだ。ルーブル展のあと静岡に帰る列車の発車まで時間があったので松屋デパートに入った。手品用品のコーナーを覗いていると前から肩巾の広い大きな男性が二人やってきた。その一人が力道山であることはすぐに分かった（電気屋や蕎麦屋のテレビ中継をよくのぞき見していたから）。みんなひとしきり感動して話が弾んだ。ルーブル展よりもすごいものを見た。良い土産話が出来た。

静岡に帰ってから明日良武ちゃんも誠ちゃんもきっと得意そうに友達に話すだろう。その力道山が組員との喧嘩で腹部を刺され、腹膜炎を併発してあっけなく亡くなったのは昭和38年のことであった。

＊愛犬マキが近所の鶏舎を襲った事件　別の稿に記載

その他の事項

7月19日　昌和散歩中犬同士が興奮し左腕を噛まれる（別稿）

7月20日　等々力自宅にコソ泥、1600円盗られる

7月29日　マキ見当らず祖師谷大蔵の犬管理所まで行く（別稿）

昭和30年　世田谷時代　清明学園初等部5・6年

＊静岡での初めての新年

昌和はこの年初めて静岡で賑やかな新年を迎えることになった。

一方東京では「本年の正月は巳冬と二人淋しき正月」と父正居が日記に書いている。昌和は1月6日に帰って来て9日には和田さんより誘いを受けて国技館で大相撲を観戦した。巳冬母は2月頃から頭部の脱毛が目立ち始めこのあと1年余り皮膚科に通い、頭皮注射を続けることになった。やはり重なる心身のストレスによるものと思われた。

マキは相変わらずよく吠えて落ち着かず、一定のスペースを囲って放してみたが、3mの高さの金網でも簡単によじ登って越えてしまう。去勢を勧められて手術したあとは次第におとなしくなってきた。やむを得ない処置ではあったが動物とは言え可哀そうに思った。学校のテストで英語が20点と30点のことがあったようだ。

父の日記に「自分が11歳の時母に叱られて発奮した話をする」と書いてある。同じような状況で父は発奮して回復したのに、私は父と話したことさえ覚えて居ない。申し訳ない限りである。

＊暴れる

この頃は気に入らない事があったり、思うようにならない時に怒鳴ったりあばれたりして大いに両親を悩ませたようである。賑やかな静岡から静かな東京に戻って来るたびに言いようのない淋しさを味わっていた。みんな賑やかで楽しくやっているのに、なんで自分だけ東京に戻らなければいけないんだと何度思ったことだろう。自分の出自が明らかになってからもその思いは永く持ち続けていた。

兄弟達と別れてくる淋しさの裏返しが自制のとれた苛立ちであると私は理解したが、納得できるまでにもう少し時間が必要であった。暴れる私に愛想がつきたことも一度や二度ではなかったはずだが、でも父と母は絶対に私を見捨てないという確信が私にはあった。そう確信できるように私を育ててくれた。

＊地獄

５年生に進級する直前の春休みに驚天動地の事件が起こった。私にとってはまさに地獄であった。４年生の終業式が終わるのを待って３月21日いつものように静岡へ行く。昌和は良武や登叔父の子供たち（誠泰、毅典）と27日に伊達方（掛川市）に行き、生涯忘れる事のない事件に遭遇することになった。

その時の様子は「伊達方での大事件」として既述した通りである。是は地獄だ、夢だと言い聞かせつつ眠れぬ夜を悶々と明かした後の数日の記憶は完全に消え去っている。父の断片的な日記帳から拾い上げると概ね以下のようになる。28日事件の日、29日昌和静岡に戻る、すれ違いに父29日午後別用にて伊達方へ向かい30日朝静岡へ電話し昌和に伊達方へ戻るよう勧めたが昌和は拒否。31日巳冬東京から静岡に行って昌和と会い、伊達方の父正居と連絡を取り、４月２日父静岡へ行き合流、４日３人朝の列車にて上京。４月９日昌和登校日、朝おとなしく自分で支度して出校す。

以上が初めて自分の出自を知るに至った時のいきさつである。父と母に顔を合わせた時のことは何一つおぼえていない。何と言葉をかけてくれたのか、私が飛びついていったのか、全く記憶していない。きっと母は東京に帰ってから「昌和は私の子だよ、これからもずっと、ズット」と繰り返し、何時までも強く抱きしめてくれていたに違いない。

父も母も事実の流れを追う言葉だけで胸中に去来したに違いない心の動きを一言も日記に遺してくれてはいない。静岡でも伊達方でも実父母や父の兄理一郎とその娘夫婦（鈴木克己、ほみ子）と相談の時間は十分あったはずだし、又父と母と二人で今後の対応に就き色々話し合ったに違いないが、明確な回答は得られなかったのであろう。

いずれ真実を語るべき時が来るものとして暫らくは成り行きをみることになったようだが、この結論は巳冬母の意見が強く反映されたものと思う。

父も母も実の親子以上の強いきずなが出来ていたからだ。此の後好むと好まざるとに拘わらず養子であることをあからさまに突き付けられる場面は幾度もあったが、私が親と子の関係で不安に思う事は一度もなかった。時を経るにつれ日常を取り戻し、自分達は親子ではないと言う感覚が減ってやはり自分は父母の本当の子なんだと感覚的に思い込めるようになった。何よりも父や母の無限の愛情、無償の献身を私がいつも確信できていられたからであろう。

昭和30年の父の日記帳に挟まれていた紙片より
「この人とこの人は登さんの子で……」
「この子が東京へ行った子だね……」
当日の様子（ほみ子）
昌和ぼんやりして帰って来て東京へ電話を掛けてくれと言ったと言う。ほみ子　浦川（実母弘子の実家）へ行く件で「昌和ちゃんも行ったら？」と聞くも結局行かず、「東京へ電話してくれ」との事で電話す。

＊その後の経過

６年生になって又担任先生の交代があったが、学校生活は特に起伏もなく自然に流れて行く感じであった。来年の中学入学を控え清明学園に残らず、外部の中学を目指す者は、今日ほどではないにしても受験戦争に取り組むことになり、それぞれ塾や予備校、模擬試験に励む時期に入った。

私もいくつかの模擬テストに通ってみたが、なかなかコンスタントに満足な結果を出すまでには至らなかった。しかしながら６年の２学期が終わる頃には数学はほとんど解けない問題はないと思う位に自信がついていた。西村君と通った村西先生の所で徹底的に算数をたたき込んで貰ったおかげであった。夏休み前に「受験を控えて今年の夏は静岡には行かない」と態々手紙を出したと父の日記には 書いてある。昌和養子縁組の際の弘子との条件がそれほどまで長く続いていたのかと改めて気づかされた。

＊疑問

巳冬の日記には６年生になってからもＭ浦先生（４年生担任）とＵ上先生（５年生担任）の名前が出て来る。特に３月末に巳冬はＵ上先生と共にＭ本君の家を訪ねている。Ｍ本君は４年生の時、例のカ◯ヤキャラメルカード事件で私が無理を言って困らせた相手であるが、普段は洗足の彼の家にも何度か行った事もあって寧ろ親しい友達のひとりであった。例の事件後もお互い気まずくなったり、疎遠になったりもなかった。

５年進級時のクラス替えでも同じ芙蓉組で今まで通りの付き合いであった。カードは結局取り上げていなかったはずだが、私がカードを無理やり奪ってそのままになっていたのだろうか。母が私に何も聞かず、何も言わずにすましているとはいったい何故であろう。

疾《と》うに母は亡くなり、Ｍ浦とＵ上両先生も長逝されており、余りにも遅すぎた日記の発見であった。コロナが落ち着いてクラス会が再開したら是非本人に確かめてみたいと思っている。

＊山の学校

清明では夏の学校が３年生から海の学校として開催され、４年生からは山の学校が加わる。海水浴は幼稚園時代から何度も行っており、４年、５年と夏の学校に参加していなかったので、清明最後の夏は山の学校（那須八幡温泉）を選んだ。７月26日出発延べ５日間の旅程である。那須高原の中腹にある宿舎の八幡温泉の前には広大なスロープが広がって、放牧された馬が思い思いに草を食べたり闊歩したり。又夕暮れの中で数

24 夏季林間学校 那須高原

えきれないほどの赤トンボが羽音をたてて乱舞しており、手を開いて水平に振るだけで一度に数匹を捕えることが出来た。小枝に止まっているトンボは触っても逃げようとしない。自然の中で暮らす生き物は恐れることを知らないのだ。

数日前から右耳が痛かったが、初日の夜プロレスごっこでヘッドロックを食らったら跳び上がるほどの痛みを感じた。その晩から39度の高熱が3日続き、2日目からはお尻にペニシリン注射をして臥床安静、下級生の女の子がお尻の注射を痛がるのを面白がって覗きに来るのを押しとどめるのに難儀した。あの頃は人前にお尻をさらすことは耐え難い屈辱と思っていた。

山の学校の最終目的の那須岳、朝日岳登山は言うに及ばず、最後の夜のキャンプファイアーを宿舎の2階の窓から一人寂しく遠目に眺めただけで、最初にして最後の私の山の学校は終わった。家に帰ってからリュックの中から取り出した真新しいハイキングシューズを見て「ご免」と言いたい気分であった。

＊修学旅行

前年までは毎年関西旅行と決まっており、東海道線も豊橋までしか行ったことがなかったので、京都・奈良への旅をとても楽しみにしていたのだが、この年は宇高連絡船の紫雲丸沈没（就学旅行中の児童など168人死亡）などの海難事故の影響で東北への旅に変更になった。4泊5日、仙台（青葉城）、松島（瑞巌寺）、平泉（中尊寺）、鳴子峡を巡ってきた。鳴子のこけしはほこりをかぶり黒く日焼けしたが今も本棚に乗っている。修学旅行と意気込んでいた割りには蛋白な旅であった。

昭和31年　世田谷時代　中学1年

＊麻布中学合格発表と静岡からの手紙

父も母も大いに喜んでくれた。母は一言「最良の日」と日記に記した。やはり算数の得点がよかったのだと思う。喜びも覚めやらぬうちに静岡達より受け取った一通の手紙によって東京の３人の心は瞬時に凍り付いてしまった。日中母がポストの郵便物をとってきた。見るともなく静岡市伝馬町と見慣れた文字が目に入った。

母は読み終って次の郵便物の封を開こうとしていた。いつもしているように自然に静岡からきた封筒に手を伸ばした時、すっと母の手が伸びてその封筒をつかみ取った。「これは読まない方がいい」と言って、困惑の目を私にむけた。

その目は只困ったと言うだけではなく懇願するような、私の心を探るような眼であった。『なんで読んじゃいけないんだ』母の涙の意味は初めから分かっているけれど「じゃいいよ」とは言えなかった。母もいずれこういう事態が来ることを覚悟していたものと思われ、手紙を持つ手を放した。達が書いてきた内容は予想通りのものであった。

兄弟たちも成長してきておりこれ以上隠しておくわけにはいかない、というような内容だった。私自身も覚悟していたとはいえ、言いようのない淋しさとえぐられるような胸苦しさを感じていた。

母は私を膝の上に載せて力一杯抱きしめながら「ごめんね、ごめんね」と繰り返していた。すがるような、確かめるような母の目からはとめどなく涙があふれていた。抱かれながら「悲しませてごめんね！　ゆるしてね！　昌和は私の子だからね」と繰り返す声を遠くで話しているように聞いていた。

柴達からの此の手紙について父正居は次のように日記に書いている。「静岡より手紙来る。昌和読みたしとの事、巳冬と話し結局読ませる。涙。来るもの来たる。心情察するも方法なし。既に感じ居りたるものの如し。

巳冬より良く話す。一応落ち着きたる様子に。」

＊その後の様子

麻布での成績は１学期は優等であったがその後は平均の上くらいか。とにかく勉強は余りしなかった。というより勉強の仕方が分からなかったというべきか。

学校指定の黒革靴は靴底の金具のため辷《すべ》りそうで怖かった。白いズックの肩掛け鞄は本やノートが重くて２年生の頃にはカバンをおろすと左肩が右肩より高くなってしまった。通学は色々なルートを試してみた。

２学期に一時渋谷からスクールバスを利用したことがある。東洋英和、山脇、実践などの女子生徒も利用して朝は長蛇の列。

積極的な麻布の学友達が女学生に重い鞄を持って貰ったり、持ってあげたり、楽し気に話をする様子を見るたびに羨ましく、自分もスクールバスを利用してみたが、生真面目に並んでいつも遅刻スレスレ、カバンを持ってもらう機会もなく持ってあげる勇気もなし。増してや言葉を交わすなど天地がひっくり返っても実行できるはずもなく、あえなく数か月だけのはかない夢のままバス通学をあきらめた。そのあと高校まであわせて6年間、女学生とは只の一度も話した事無く卒業することになった。

本書の始めごろに書いたと思うが自分のこれまでを顧みて、もっとも戻りたい幼稚園時代、最も戻りたくない暗い時代が中学･高校時代であった。

昭和32・33年　世田谷時代　中学２・３年

＊家庭内暴力という言葉が流行りだしたのはこの頃であっただろうか。これまで、賑やかな行事などのあとの淋しさから、不機嫌や苛立ちを抑えきれずに父や母に当る事はあったが、暴力を振るう事はなかった

はずだ。ところが中学２年生になると暴力的な行動（蜜柑を投げる、障子を破る、ワイシャツを引きちぎるなど）を自制不能になり、その頻度も増えていった。ほとほと困った両親はわざわざ静岡へ電話をして生母弘子の上京を促し、さらに学校を休んで静岡で数日を過ごした。それでも収まらず、12月のある日、学校から帰ると母の置手紙を見付けた。

私宛で「一生懸命やって来たけれど、心身疲れ果てました。しばらく休養してきます」と書いてあった。夜帰宅した父にも知らせてなかったそうである。母は１週間後に戻ってきた。年末実父達から託された手紙の内容については聞いてもいないし、探しても見つからない。いま振り返れば心身疲れ果てて家を出て行ったときの巳冬母の思いはいかばかりであったか。如何に思春期の自我萌出に伴う反抗期の出来事とはいえ、母の無上の愛を確信して居ながら、何故あのような態度が出来たのだろうか、思いあぐねて実母弘子に助けを求めたときの巳冬母の気持ちを考えるとただただ頭をたれて悔やまれるのみである。

昭和34・35年　世田谷時代　中学３年・高校１年

＊鼻づまり

昌和15歳、４月より中学３年。正居67歳、巳冬53歳、結婚25周年。

相変わらず楽しくない、暗い学校生活を送っていた。１年位前から鼻づまりがひどく気になりだした。当時はまだ花粉症と言う言葉はなかったと思われ、肥厚性鼻炎、鼻中隔湾曲症などと診断されていたが、とにかく鼻が乾いてつまる。鼻汁はない。寧ろ鼻汁があった方が鼻粘膜が湿って呼吸は楽である。此の為に前後数年を掛けて、計６回も手術をした。その後花粉やダニなどのアレルギー検査をしてみたがいずれも陰性であった。静岡の耳鼻科医の父にも手術を受けたが思わしい結果では無かった。初めは私の気の持ちようと考えていた父も、痛い手術を繰り返し受ける様子を見て。何年か経って「昌和、もう一度だけ私に手術をやらせてくれないか」と勧めてきたが、私にはもう一度手術台に載る気力も手術に対する信頼も残っていなかった。

授業中は殆ど口を開けて息をしている。それを気にして頬杖をつく。だから会議室やバス、電車など大勢人の集まる処では最前か最後部の隅に席を取る。誰も私のことなんか気にしていないことは分っているのに。いつも誰かに見られている感覚、自分は心を病んでいるのかもと言う思いはあった。

＊家庭内暴力

家庭内暴力については以前と比べ明らかに減ったようである。父の日記に「アバレル」とだけ書かれていたが、具体的な様子は示されておらず、私の記憶にも残っていない。昭和33年7月5日に「昌和、枕を蹴る」と書かれたのが最後である。所謂「思春期の嵐」が過ぎる時期であったのだが、私の心の中では、是だけ反抗しても見捨てられることはないという確信のようなものが出来上がって居た様な気がしている。

＊学業について

相変わらず勉強をしなかった。クラブにも属さずたまに学校帰りに神宮球場下で卓球をやったこともあったけれど、ほとんど家と学校の往復に終始した。帰宅後も寝ているか、テレビを観ているか、天気の良いときには多摩川原に行って寝っ転がったりして時間をつぶしていた。学校ではやはり口を開いて頬杖をついて授業を受けていた。「父母は寝ている子を起こさない事を最優先と考え、勉強についてはハラハラしながらも黙って見守ってくれていたのだと思う。こんな状況だったので中学卒業時に優等賞と判ったときは全く予想もしておらずびっくりした。

＊昭和33年4月より長兄（柴正記18歳）は現役で受験したが医学部

に合格ならず、この先１年を東京の予備校に通う事となり、とりあえず私の住まいを拠点とすることして、私と相部屋で生活することになった。しかしながら７畳ほどの部屋に２人は如何にも狭く、独立性を欠いており此の儘相部屋をつづける事はそもそも困難であった。同居の後の４月長原に新しい下宿を見付け転居したが、同年８月再び等々力に戻ることになった。ただし自分一人の部屋が欲しいとの希望あり、正形叔父一家に出てもらうことになった。８月30日正形叔父家族は等々力２丁目の借家へ転居。門扉の処に立って見送ったが、史真子ちゃんの泣き顔をみるのはとっても辛かった。父の日記によると、昭和21年11月以来13年に及ぶ同居であった。兄正記を身勝手と思った。

昭和36年　世田谷時代　高校２年

＊巳冬55歳、正居69歳。

この年次兄良武医学部受験するも成就せず浪人。東京ハム株式会社(柴浦工場経営）思うように発展せず、父正居懊悩の日々を送る。「３月27日日曜、芝浦工場経営に就き心配、一日中悩む午後多摩川河畔を一人散歩」、「今日にて芝浦工場に来て満６年経過、感慨無量、何ら進展せず」と書き記している。

私は４月から高校２年生。相変わらず暗く消極的な低空飛行を続けていた。鼻の状態もよくならずこの年の夏（８月16日）に日赤で最後となる鼻の手術を行った。術後鼻腔に詰めたガーゼが喉に落ちて息苦しくなり初めて救急車を利用した。この日は正居も瘭疽手術、巳冬も痔手術が重なった妙な日であった。10月12日には17歳の山口乙矢に依る社会党党首浅沼稲次郎暗殺事件があり、夕方等々力のバス停で号外を受け取ったのを覚えている。

＊北海道旅行

25 北海道周遊貧乏旅行

7月20日、普段机を並べている同級生と北海道旅行をすることになった。まずユースホステルの会員になって予め安い宿泊施設を確保して、次北海道内の国鉄路線を２週間以内なら自由に使える周遊券を購入した。そして同行の彼の父親の務め先のある大手ガラス会社の札幌支店を基地として今後の旅の計画を練った。

こうして約２週間にわたるけちけち旅行が始まった。北海道に渡る前にまず東北本線に乗るが上野から盛岡までは確かディーゼル車であったが、そのあと青森までは石炭列車となり窓から黒い油煙が容赦なく吹きこんできた。

明け方青森についてみんなが走るので、重いリュックを担いで走り青函連絡船に乗り込んだ。無論雑魚寝の大部屋でやっと横になれるほどのスペースを確保していつか眠ったらしい。船が大きくかたむきはじめた。と同時にマイクの放送が船尾から人が落ちた為本船は転回しておりますと伝えた。

当時津軽海峡の天気は雨こそ降っていないが空はどんよりと暗く霧が立ち込めていた。放送を聞きながらはっと思った。船室に降りる前、連絡船が出す煙にぼやけつつも船尾近くに赤ん坊を背負った30代そこそこの女性が立っていたのを思いだした。船べりから落ちた、いや飛び込んだのはあの親子に違いない。

こうした海難事故の際は船は３回旋回することが義務付けられていると船室で誰かが話していた。

こうして北海道の旅は始まった。１泊２食付き500円、昼食は駅そばというパターンで過ごせたのはやはり若さ故であった。旅は、その後は事故もなく進んだ。何があったか忘れたが、些細な行き違いから最果ての根室で２人は別れることになり、私は一直線に東京へ帰ってきた。その後彼とはしばらく隣同士でいたが。高校３年の組替えで離れて以来学校で顔を会わせることもほとんどなくなった。今元気で会えたなら北海道旅行の総括をしてみたい。60数年前のことである。

＊鼻づまりと精神科

数回に及ぶ手術の甲斐なく全く改善は見られなかった。この年日赤で最後の手術を受けた。良くも悪くもこれが最後と決めていた。が、10月の父の日記には「昌和鼻気持ち悪く、明日から学校を休んでよいかときいた」とある。

そのためかねてより人に聞いたことのある精神療法で治るかもしれぬと考えた父の勧めで、第七高等学校後輩のＹ精神神経科を受診してみることになった。いくら神経症傾向のある自分でも精神科と標榜している診療所にかかるのは躊躇されたが、手術による改善に絶望していた時期でもあり、半信半疑で受診してみた。

当日は簡単な問診のあと静脈注射を打たれた。５分もしないうちに激しい頭痛に襲われた。30分程ベッドに寝かされ頭痛も軽くなった処で注射を打った助手が言った。さっきの注射は脳神経の状態が悪い程頭痛がひどくなるんだよと。安定剤を処方されて第１日目は終了。２回目は１週間後、やはりＹ院長の簡単な問診のあと、この間の助手先生に静脈注射を打たれた。今度は口の中がからからに乾いて唾液も飲み込めない。

10分もしないでなおり、先生はかなり乾燥がひどかったようだねと満足そう。さらに１週間後こんどは今までとは別の若い助手だった。注射後尿意がひどくたいして出ないのにずっとトイレに入りっぱなしになった。今日はそのあとＹ院長の診察があった。特に耳新しい事はなかったがやはりかなりストレスがかかっていて自律神経過敏になっているのでこれから治療していきましょうと言った内容だったと思う。

その後５か月くらいは薬を貰いに通院した。その間クラスメートのＯ

君と一緒に帰った時、鈴木の通っている精神神経科について行っていいかと言う。別に隠れて通っているわけでもないのでいいよと言うと付いてきたが、診療所のビルの５階当たりの壁一面に精神神経科と書いてあるのを見たら一瞬たじろいで、「やっぱ中には入れない」と言って駅の方に逃げるように帰って行った。

O君は精神科をやはり色眼鏡で見ていたのだ。しばらく通院しているうち、ある時急に初診の頃の静脈注射の事が妙に気になりだした。あの注射は病状をはかる為ではなく、無理やり病識を持たせて治療に協力させる為の手段だったのではないか。そう考えたらもう続けられなくなった。

そろそろ大学受験期になりだした時期だったので通院をやめた。患者に病識を持たせることは、特に精神科では治療の第一歩とされるが、無理やり強力な注射で患者を騙すようなやり方は正しい方法とは言えない。そのあと10年位してふと目に留まった新聞にＹ院長の脱税記事が小さく写真入りで載っていた。

昭和37年　世田谷時代　高校３年

＊母の体調不良

４月より高校３年、この１年で大学更には人生が決まると言って過言ではない。とは思いつつ自分の受験体制に自信が持てない。１月29日の父は「昌和昨日来少しも勉強せず、閉口して巳冬と二人二子玉川へ映画を観に行く」と書き記している。ダラダラと無駄に時間をつぶしている様子をみているのにたえられなかったのだろう。１年上の従姉の史真子ちゃんは今年現役受験した３校、上智、津田、お茶の水すべてに合格した。私は感心こそすれそれで焦ることはなかったが、母巳冬にとっては10年前の昔小学校入学時の様々なストレスがよみがえったのか春先から体調を崩した。５月上旬に発熱後微熱と倦怠、血圧上昇、食欲不振など不定の症状が取れずに日本医大、昭和医大などに入退院を繰り返しており、最終的に元の生活に復したのは10月になってからであった。

＊戸籍抄本

昭和36年５月高校３年生となり、大学受験を控えて私の戸籍抄本を学校に提出するよう求めがあり、本籍地の掛川市から取り寄せた抄本が茶封筒に入ったまま茶箪笥の上においてあった。それまでも何度か戸籍抄本を取り寄せた事はあったが特に気にも留めず開いてみたこともなかった。

あるいは父母が私のみえないところにしまっていたのかもしれない。何気なく自分の戸籍がどういうものなのか多少の興味から「ちょっと見せて」と手を伸ばしたところ、しばらく困ったような、悲しそうな目で私を見つめていたが、やがて大粒の涙が頬を伝い決心したように抄本を手渡してくれた。

抄本には柴達・弘子三男昌和が鈴木正居・巳冬の養子となる旨が墨で書かれており、柴達・弘子「三男昌和」の文字がバッテンで冷たく消されていた。清明学園の５年から６年に上がる春休みに本籍の伊達方で初めて出自を聞かされた地獄の一夜から巳冬母も正居父も、そして私自身も実の親子ではないと言う事を封印して来た。

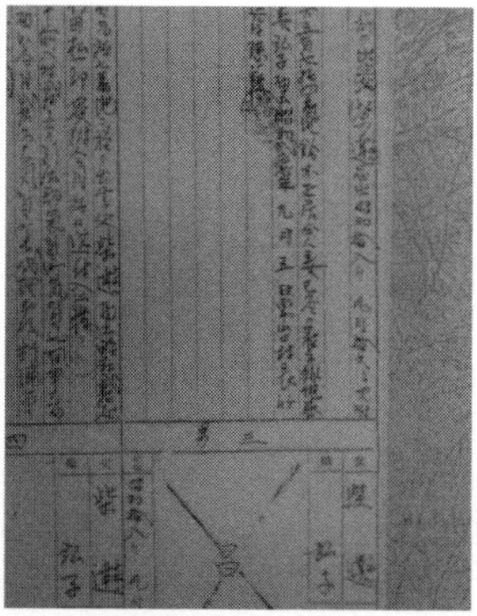

26戸籍抄本

正居父も巳冬母も実子以上に愛情を注いでくれた。私も実の父母以上の愛情を持っている。実の親子であることと実の親子でない事には本質的な違いはないものとしてお互い胸の底に閉じ込めてきたのに、なぜ寝ている子を起こすような事をするのだろう。父の日記にあるように、公の文書として文字で戸籍抄本に記された「養子」の２文字は到底抗うことのできない鋼鉄の槍のように私の胸に突き刺さった。今は自分から本当の父親ではないの？　母親ではないの？　と私の方から聞く事はしない。父も母も同じ思いだったと思う。

27 小田原関東断食道場

昭和33～34年　世田谷時代　川上での想い出（自然を満喫）

川上は弘子母の実家で、姉が婿養子をとっておもに林業を生業としていた。弘子の父は医者であったが車で往診中に崖から転落して亡くなったと聞かされた。なだらかな山の中腹に新築の家が建っており、裏側は一面さつま芋やとうもろこしの畑でその奥にあまり高くない垣根がめぐらされている。猪よけの柵である。当主の伯父（山田＊＊）は村長も兼ねていた。一時衰退した林業だが、昭和30年代はまだ戦後の成長期にあって私の目にもかなり裕福な暮らしのように思われた。

山田家は伯父夫婦と母方祖母、長女、長男、次男、の６人家族であるが、長女が東京の短大に通うようになって、それまで豊橋市内で開いていた家具店をたたんで上京し、世田谷に新築した家と川上とを往来する生活をしていた。

誘われて私が初めて川上へいったのは中学２年の夏休みであった。川上の祖母はほとんど地元を離れることなく普段は入り婿と畑の世話をして暮らしていた。それといろいろな下働きをしてくれる屈強な若者が居て、畑仕事も椎茸栽培もお茶の焙煎も、大工仕事もすべてのことをこなしてくれた。「あっちゃ」と皆がよんでいた。

静岡の兄弟たちがいつ頃から川上にいくようになったかは知らない

が、お互いの家庭環境が落ち着いてからの事だと思うので、おそらく私が初めて行った１、２年前のことであろう。川上への道筋は静岡から東海道線で豊橋へ行き、飯田線に乗り換えて２時間ほどで駅に着いたと思う。駅名は浦川（その後三河東栄に変更）。当時の飯田線は列車の乗り降りは乗客の手動であった。

途中から川沿いを走るようになり、次第に自然に溶け込んでいく気分になってゆく。天竜川の支流だとずっと思いこんでいたがかなり経ってから別の川であると教えられた。わたしは天竜川の上流で泳ぎを覚えたと言いふらし続けてきた。事実が分かってからも。私が泳いでいた川の名前を覚えられなかったし、第一天竜川の方が恰好がいい。

川上での夏休みは100％自然の中で思いっきり遊びまわった最高に楽しい時間であった。川底の石までそのまま見えるきれいな流れ、激しい流れ、おだやかな流れ、上流に向かって腕と足を思いっきりかいても同じところに留まっている。アユの友釣りも経験した。泳ぎの場所へ向かう途中の小川に水車が廻っている。

すぐ脇の小屋を覗くと太い木の臼がコットンコットン一人で麦を突いていた。猿飛と地元でよばれている３ｍくらいの淵に大きな石を抱えてとびこむ、耳が痛い、川岸から川の中ほどの岩の窪みにいるあかっぱら（いもり）に向かって小石を投げる、川沿いの道を数メートル飛んでは地面に止まり又飛んではとまり、２cmたらずだがタマムシのようにきれいな羽のハンミョウ、地元では「道教え」というと聞いた。

朝早く川辺に生えている太い木の幹を二人掛で揺するとクワガタやカブト虫がおちてくる。直径15センチ位の小さい網をガラス箱で覗きながら水底でじっと静止している小魚に真上からかぶせてつかまえる。家に帰ってから醤油と砂糖で甘辛く煮る。

これと祖母のつけた特大のカリカリ梅と干し鮎の味噌汁で茶碗３倍、これが昼ご飯だ。いまはなくなったと聞いているが当時は一定の区間入札により川を買う制度があった。主に鮎漁に関係したシステムであった。

夏も終わりに近づく頃川に太い竹で編んだすだれを敷いて落ち鮎を捕える漁法（ヤナ）である。太い竹竿に針をつけたおとり鮎を泳がせてとる友釣りに比べると醍醐味に欠けるが、ヤナに落ちてきたきれいな鮎を素手でつかまえるのは、それはそれで楽しかった。

河原で焼いた鮎の味は忘れられない。何故か山田の兄弟は焼いた鮎は食べないという。山田の家から段々畑を100メートルほど下った所に小学校の分教場があった。当時すでに廃校になっていたが、校庭は30m四方程度、我々の背丈位の囲いがあるだけで、自由に出入りができた。校舎のわきの小屋に置き忘れられたように古びた野球の道具があった。

いまでも近所の子供たちが使っているのかもしれないが、いつ行ってもグランドはからであった。狭いグランドのためソフトボールをやった。それでも５球に１球ぐらいは外にでてしまう。段々畑を下って探しにいくのが大変だったけれど日の入りも忘れて７時過ぎまで遊んだ。

＊イノシシ狩り

イノシシ狩りをするという。最近しばしば山から降りてきて作物の被害が多いためだ。山のほうでたくさんの犬の鳴き声が聞こえる。

自分も途中までついて行ったが戻って川で遊んでいると、「イノシシをとらまえたぞー」という声が聞こえた。その時の写真である。若い衆がイノシシをひっくり返すと２センチ位のダニが２匹お腹にへばりついていた。むらの衆が太い木の枝にイノシシをぶら下げて解体するとき子犬を何匹もつれてきて血の臭いをかがせていた。

イノシシの匂いを覚える為だそうだ。その日の夕食はすきやき。少し筋っぽく、何となく動物っぽい匂いがしたが、想像して

28 イノシシ狩り

いたよりおいしかった。あの頃の自分は残酷だったと思う。今なら大勢の人間と獰猛な犬に追い詰められ処分されたイノシシの肉を食べようとはしないだろう。川の中の岩の上で休んでいたあかっぱらに向かって石を投げつけたりはしなかっただろう。

ちょうど盆踊りの夜も川上にいた。昼のあいだは太鼓やお囃子の音が遠くで聞こえていたが日暮れてからは歌声も聞こえてきた。青年団（恐らくは）の歌声は低く哀愁を帯びて耳に残った。川上で過ごした初めての夏にほとんど一生分の「少年時代」を経験したといっても過言ではないといま思う。

いまは懐かしいというより二度と戻ることのない夏の日々を言いようのない侘しい心で反芻するのみである。

結婚して長男が５歳の頃家族で三ヶ日から天竜川に沿って上行し、川上（東栄町）まで行ったことがある。しばらくの間川に沿って探してみたが昔遊んだ流れを見つけることはできなかった。等々力トノハガキ

＊キノコ採り

柵を越えて裏山にキノコを採りにいったこともあった。食べられるキノコ、食べられないキノコ。ひととおりは「あっちゃ」にレクチャーを受けたのだが、見ると聞くとはおお違い、どれも食べられそうだが、全部毒のようにも見えてくる。

29 トウモロコシの皮むき

結局自分はあたりさわりのないクリタケを４、５本採っただけだ。持ち帰って庭に干して食用きのこを選り分けた。当夜の食用以外は保存用の乾燥小屋におさめた。キノコ汁は全員美味しく食べたのだが３人が下痢をした。

何故か「あっちゃ」がそのうちの一人だっ

た。キノコのほかに夏は畑のサトウキビやトウモロコシをじかに食べた。トマトも酸味が強い独特な香りの「昔の」味だ。祖母の漬けた大きなカリカリ梅や昔の味のトマトは今はいくらさがしても見つからない。

＊廊下の柱に縛られた女の子

山田家の前の細いみちを下ったところに丁度自分の頭が出るくらいの高さの土塀に囲まれてその家はあった。川遊びに行く途中いつも前を通るのだが、よく晴れた日の昼下がり前を歩いていた山田家の次男が、背伸びして土塀の中を覗きながら「うめ（まつだったかもしれない)」がおるぞ！」と声を殺して叫んだ。

うめは赤い襦袢のような着物を着て、庭に向いた廊下の柱に縛り付けられていた。斜めに青い空の方を見上げた横顔しか見えなかったが、10歳代よりは少し上の歳のようにみえた。当時、中学１年の私はある種怖いもの見たさで覗いていたのだろう。いま大人になって思い起こす情景は違う。

斜め上を向いた横顔とうめの赤い着物がまぶたに焼き付いて言いようのない悲しい気持ちになる。縁側の柱に縛られたまま電車に乗る事もなく、町のネオンを見ることもなく、もしかしたら只の一度も笑うことなくうめは死んでいったであろう。山田家の近所にはもう一人知恵遅れの稍々《やや》うめより年上の女の人がいて、やはり廊下の柱に紐で結ばれているときいた。狭い地域で近親結婚のためかと大人たちが話すのを聞いたことがある。狭い地域で不幸なこどもがいることが知れるのを極度にきらったための対処であった。

話は少しずれるが静岡市内でも毎年春の祭りには見世物小屋が建った。

両肩の関節が外れたトリ娘、両下肢の欠損部にちゃちな尾びれを付けた人魚姫、両膝から下が外側に跳ね上がり動物のように四つ足で歩く獣姫など、総て乳幼児期に適切な処置によって生活改善の望める子供達が、人間としての扱いをうけることなく見世物にされていた。未だ昭和60年代頃にはそういう見世物小屋が合法的に活動していたのだ。その名残は今日でも神社のお祭りなどで残っている。

一昔前と異なり身体障碍を見せることはなくなって、人が出来ない、怖い、危険なことを見世物にしているのだ。

＊発熱

いつものように一日中野山をかけまわったり、川で泳いだあと家にあがって読書。応接間には朝日グラフがほぼ全編そろっており、阿部貞事件や双葉山の59連勝、フジヤマのトビウオ（古橋広之進）の凱旋などの記事を興味深く読んだ。

夕方になって発熱。寒気が加わってみるみる39度を超えた。頭もガンガン痛む。これは熱射病（現在の熱中症）かと大騒ぎになり、足も痛かったので「あっちゃ」におぶさって片道3.5kmを川上駅そばの診療所に連れて行ってもらった。

診察室でいろいろ聞かれたり、診察されたりしたが、どうも熱の原因がはっきりしない。とりあえず解熱剤を出しておくから明日朝もう一度くるようにと言われて椅子から立ち上がる様子を見て「足をどうかしたのか」と問われ、膝を怪我して痛いと答えて見せたところ「これだ！」と先生は叫んだ。４、５日前に川で右膝を岩にぶつけたがだんだんはれて今朝からはズキンズキンと痛かった。

生まれて初めて麻酔注射をしてメスで切開、多量の血膿みが流れ出して傷口がペシャンコになった。いまでも膿瘍の子供を診ると熱がでるかもねと言ってみるが、その例にはお目にかからない。普通高熱が出る前におできに気づくのだろう。

＊唐紙を破ったこと

山田家は６人家族だが郷里の川上の家には普段は弘子の母と入り婿の

伯父の二人だけで住んでいる。残りの家族は学校に通うため東京に出ていて、休みの時だけ川上に帰るという生活である。

自分も含めて静岡の一群も山田家のスケジュールに合わせて帰郷する。さきに書いたように山田家からは私と同い年の長男と、２歳下の次男が夏休みで東京から帰ってきていた。山田の家は新築でどこもかしこもきれい。２階の12畳で次男とふざけあっているうちにふとしたはずみで次男の足が金箔を施した唐紙を突き破ってしまった。

唐紙を蹴破ったのは次男の足だが、かれを転がしたのは自分である。弘子母に伝えると「叱られるよ」というばかり、祖母（と言っても物心ついてからこの祖母に会ったのは今回初めてだった）に話しても破れた唐紙を見て「さあ大変だ」といって下におりてしまった。もう少し安心させてくれる助け舟があるかとの期待は裏切られた。

そうこうするうちに伯父帰還。「謝ってきなさい」と弘子母にせかされて茶の間に座って食事を待っている伯父に「次男君とふざけていて２階の唐紙を破ってしまいました」と言うと、すぐに立ち上がって２階に行き、足の形にぽっかり開いた穴を見て「１万円だに！」と一言発して下に降りていった。

はらわたは煮えくり返っていたことだろう。翌年行ったときにはきれいに修復されていて少し気持ちが楽になったが、65年経っても鮮明に覚えているのは私にとってもずっと相当なストレスとなっていたためだ。

＊旅回り一座

何年かに一度の旅回りの芝居一座が丁度やってきて村の集会所で公演するという。前日一座の役者さん達が幟《のぼり》を立てながら細い道を練り歩きチラシを配っていた。先頭には我々よりずっと小さい子供もいた。みんなで観に行くことになった。

幾つもの演目があったはずだが今思い出せるのは「怨霊迦藻血谷」（オンリョウカモジダニ）ひとつだけである。良武兄と自分は最前列に陣取り、弘子母達は最後部に座っていた。公演の際中ふと場内をみまわしたところ、右側３列目あたりに座っているおじいさんが顔を真っ赤にして大粒の涙を流して泣いているのを見つけてしまった。

無論隣の良武兄にそっと耳打ちして顔を見合わせたら急に二人とも笑いがこみ上げてきてどうにもならなくなった。声をたてて笑いはしなかったが、こらえるのに必死だった。後年何度もあのときは苦しかったねと語り合った。

＊山道で車を押したこと

川上に春休み、夏休みあわせ４、５回位行ったと思う。そして自分の少年時代をひと夏で経験したと思えるほど楽しいときを過ごしたのはなんといっても中学一年の夏、初めての川上であった。しかしながら振り返って川上での一番強烈な経験は川上からの帰りの山道をみんなで車を押したことである。

静岡の家で初めて中古車をかった。ブルーバードの1200ccだったと思う。昭和38年の春休み、弘子母、良武兄、のり子妹、雅夫弟と私の５人で出発。いまはうろおぼえになってしまったが、国道１号線を下り、浜松の手前から山側に向かう。

山道はカーブの連続であったが、良武兄と私と交互に運転して途中何事もなく川上に着いた。いつものように存分に楽しく過ごしてからいざ帰宅となった。始めは下り坂で順調な辷りだしであったが30分くらい下ったあたりからエンジン音がおかしくなり、間もなくポンポン蒸気船のような音になると同時にエンジンが切れてしまった。ボンネットをあけてみるとガソリンは十分残っているがオイルが空っぽだった。

みると車のうしろに点々と漏れた油が跡を残している。整備不良でオイルがもれていたのだ。距離的には戻るほうが近いのだが、戻りは上り路である。幸い帰りはほぼ下り。平坦なところは皆降りて車を押し、下り路は車に乗って……一体どのくらい時間がかかったのだろう。

何とか山道を下りきってから国道1号線を浜松方面におれてガソリンスタンドをめざした。車はスタンドに泊めてもらい翌日JAFに静岡まで運んでもらうこととし、人間は東海道線で帰宅。当時の車は道路事情もあるがよくパンクしたり、冬になるとエンジンがかからなかったり、現在の車からはおよそ想像できない。

日記 其の四

第二のふるさと 静岡の家族のはなし

1．実父　達

父達《トオル》は昭和52年に亡くなった。耳鼻科開業医として漸く家庭も落ち着き、経済的にもある程度余裕ができ始めた頃に胆石術後腹膜炎を併発してあっと言う間に死んでしまった。私が昭和大学小児科医局に入局して２年目の春であった。胆石手術自体は順調に進み、あと数日で退院と聞いていたのに、文字通り急変したと連絡がはいった。

夕方車を飛ばし東名を静岡へ。病室ではすでに挿管され静かに横たわっていた。数時間居て一旦東京へ帰ったが、間もなく電話がきてこれから輸血をすることになったので早く戻って来るようにとの事、台風の影響で豪雨と強風の中東名を飛ばした。大型トラックのすぐ後について行った。よく事故を起こさなかったものだと今更ながら思う。

病室に入ると由起ちゃん（長女）が戸棚にあったはたきを左手に持って、演奏会の指揮者のように音戸を取り、上半身を後ろにそらせながら何やら叫んでいた。一瞬戸惑ったが、弘子母も良武兄も由起ちゃんの音頭に合わせて「いやさかえー、いやさかえー」と大声で唱えている。その場の状況におされて私も「いやさかえー、いやさかえー」と唱えた。恐らく小１時間位は続けていたところでDr.とNs.が入ってきて心電計をさし示して「心臓は停止しております」と告げた。

弘子母は狂ったようにDr.に向かって「なぜ死んだんだ、手術はうまく行ったと言ってたのに」とくってかかった。その夜遺体を登呂の家に運んで家族だけの通夜を営んだ。あっけない幕切れであった。

周りからみたらとても奇妙な光景であっただろう。若し他人が居合わせたら、病室で医者の家族が横一列に並んで由起子姉の振り上げるはたきに合わせて、意味不明の呪文を唱えている様子は奇妙でもあり、鬼気迫るものに映ったに違いない。由起子姉は以前関西の一燈園で修業した経験があったので、そのとき身につけた祈祷の言葉であったと思われる。いつも静かで口数も少ない由起子姉の見た事のない一面を見た思いであった。

達父とは結局最後まで腹を割って話をすることのないままにその機会を永久に失う事になってしまった。何がと言うほどはっきりしたものではないが、自分は嫌われているという思いをずっと抱いていた。

例えば裏庭でキャッチボールをした時、長兄正記は何だか女性的な投げ方をするが、私の方がキャッチャーまで早く届く。傍で観ていた達の顔をそっと覗くと何時もの事だがつまらなそうな顔をしている。

藁科川(安倍川支流)にはや釣りにいったときも私が一番たくさん釣ったが何も言ってくれなかった。弘子母は小学校卒業のとき「答辞を読んだの」と尋ねて褒めてくれたが、達父からは一言もなかったと思う。東京で母巳冬に尋ねてみたことがあるが、「それは一番あげたくなかった昌和を取られたからだよ」と言っていた。それですべて理解したというわけではなかったが、わたしが結婚して子供が生まれてからは、折りあるごとに孫を見に我が家を訪れるようになり話す機会も増えた。これからと言う時に急死したことはまことに慚愧に堪えない。

小学生高学年の頃だったと思う。真夜中近く良武兄と布団を並べて寝ていた部屋の隣の出入り口のガラス戸を叩く音がした。戸をあけると子供を抱きかかえた若い母親が飛び込んで来た。ややたどたどしい日本語で「子供がお金を飲み込んだので診てくれ」と言う。手伝えと言われ良武兄と二人、泣き叫ぶ２、３歳の男児を押さえた。達父は額帯鏡で喉の奥を照らしながら先がＵの字に曲がった針金のような器具を操作して難なく孔のあいた５円玉を引っ張り出した。

「終わったよ」とドアの外に声を掛けると、飛び込んで来た母親は「アリガトウ！　センセ神様ノヨウ」頭が床にくっつく程に腰をかがめて何度も何度も繰り返していた。朝鮮の人であった。父は笑顔を見せるでもなく何時もと同じ仏頂面のままであったが、何となく私自身がよい事をしたような気分になったのを覚えている。

2．実母　弘子

一口で言うと物にこだわらない明るい性格とみていたが、色々な事が起こってみると必ずしもそうとは限らない面をいくつも見てきた。私たちがまだ小さい（小学生の）頃は自ら先頭にたっていろいろな所へ連れて行ってくれた。三保や袖師海岸での海水浴、狐ヶ崎遊園地、日本平ハイキング並びに昆虫採集、ミカン狩り、安倍川上流でのキャンプなど数え上げたらきりがない。

昭和30年代は市街地をはずれると一面畑や田圃《たんぼ》である。この日は焼津郊外の田圃で銀ブナ採りだ。弘子母を先頭に良武兄、自分、雅夫（弟）と続く。水田の脇の水路を網でさぐりながら進む。数センチほどのふなやドジョウ、ゲンゴロウなどが網にかかる。

身をかがめて水路に垂れ下がった草の根辺りを足でしごいて水中に構えた網の中にさそう。ふと１ｍ位前にいる良武兄のふくらはぎに黒いものがついているのを見付けた。ヒルだ。長さは５、６センチだが横は２cmくらい、丸々と太っている。草の葉で包んではがし取ろうとするとかなり抵抗があったが取れた。血を吸った処が大人の親指くらいに赤くなっていた。それまで見ていた小さいヒルのイメージが変わって焼津の田圃に２度と行くことはなかった。

小学校では朝礼はいつも先頭か２番目であった。静岡に行くと良武兄も背が低い方だったので、外出して遊園地の入場券や電車やバスの入場券はいつも小学生未満としてほとんどパス、２歳上の良武兄がそうだから、自分も当然無料のことが多い。その時の気分は、半分はおっかなびっくり、４分の１はちゃんと払ってくれればいいのに、そして残りが得をした。３年生くらいまで続いたかな。

小学校４年の春休み、静岡に行っての帰り実母弘子が熱海まで送り、巳冬母が熱海に迎えに来たことがあった。静岡駅で渡された切符に「熱海」と書いてあるが読めないので聞いて見た。「あたみじゃないの」と答えてくれた場面を何故か何度も思い出す。熱海までの車中の事も、そこから先東京の家に着くまでも、ついてからも全く覚えて居ないのに。

いつ覚えたのか分からない歌がある。子守歌だ。子供を布団に寝かし付け乍ら添い寝をして弘子母が歌う。

「ねんねん　ねこのケツ　カラスが突っついた、あれあれ可愛そうにまた突っついたー」。２番３番もあるらしいが、弘子母が弟雅夫が小さい時に歌ったのはこのフレイズの繰り返しだったと思う。良武兄に聞くと柴家の赤ん坊は皆この子守歌で育ったんだそうだ。私もそうだったのか、当時はまだ夢にも自分の出自を疑うことなどなかったころだったので、良武兄に「自分もか？」と聞いたりはしなかったはずだ。

静岡に行く楽しみの一つにおやつがある。午後３時になるとタンスや机などの上に新聞紙のおひねりが５つ並んで置いてある。キャラメル、酢昆布、燻製イカ、おこし、せんべい、薄荷《はっか》糖、ゼリービンズ、金平糖などが３、４種類入っていて新聞紙をひらいてみるのが楽しみだった。弘子母にとっても、親鳥が雛に餌を分け与えるようで幸せなひと時であったであろう。ときには蜜柑や小さ目の梨やリンゴが添えてある。

そして私が一番喜んだのはもちろん道路を挟んで向かいの新月堂のおでんであった。アルマイトの鍋を持って行って選んできた。そして静岡から東京に帰るときにはイカの珍味をお土産にくれた。乾燥したのしイカの間に赤や緑、黄色、だいだいなどの色を付けたウニ（本物かどうかは不明）が挟まっているやつで袋には珍味とかいてあったと思う。

わたしは子供の時からお酒が飲めないのに肴はイクラもタラコも好物であった。（因みに父達は全くの下戸、母弘子は相当いける口で、男兄弟４人は長男から順に下戸・上戸・下戸・上戸）。東京へ向かう列車の中で大事に少しずつ食いちぎりながら食べたことを思い出す。

私を除き５人の子供達もみな結婚し、長男正記は父と耳鼻科診療、次男良武は市内の病院勤務と落ち着きをみせ、経済的にもある程度の余裕ができてきたため、郊外の登呂遺跡の隣地に土地を購入し半別荘風の家を新築した。

庭に水が循環する池を配し、15ｍのプールを造って、２階からは富士山が眺められた。ただ私がプールに入ったのは一度限り、泊ったのは達逝去の夜だけであった。私の長男理永も長女映美も一度も招かれたことはない。そのくせ春の静岡祭りは賑やかだったとか、正月にみんな集まって楽しかったと話してくる。こちらがどんな気持ちで聞いているか頓着ない。私としては子供や孫として同じように扱って欲しい。

伝馬町の家も再開発でコンクリートのビルに建て替わり長男一家が住む事となり、あれほど何度も過ごした静岡はふるさとではなくなった。母弘子も時にはわたしが離れていることを思い出すらしく、昌和とは誤解があるようなので、一度ゆっくり話し合いたいと書いて寄こしたことがあったが、その頃弘子に認知症が現われ、長女由起子の孫を異常に可愛がり、その代理として人形をあやして一日過ごすようになって話し合う機会のないままに日が流れた。

しばらくぶりで良武兄に電話したところ愈々《いよいよ》認知症が進んで目が離せない状況となり、清水の介護施設に入れる事に決まったという。６人の子供が居ながら、広い家がありながらもうしばらくは自分の家で過ごさせることができなかったのか、介護の手伝いを雇うなどの余地はなかったのか、東京に暮らす自分を棚に上げて後ろめたさはあるが是が日本の介護の現状と臍をかむ思いであった。

初めて見舞いに行った時は未だ色々覚えて居て、笑顔も見られて外でお寿司を食べよう、早く家に帰りたいなどと言っていた。３度目に行った時は重症病棟でもはやこちらを認識できず、話しかけても虚ろな目を見返すだけであった。子供達を引き連れては山や海、川原を一緒に駆け回った実母はいまどこにいるのだろう。昌和との間に誤解があるようなので、一度ゆっくり話す機会を持ちたいと書いて寄こした手紙にはとうとう返事を返さないまま永遠の別れとなった。やはり自分がかたくなであり過ぎただろうか。

実母弘子は私を養子に出したことを気にしていたのではないか、そしてそれを私が捨てられたように感じているのではないかと。しかし前にも書いたが私の養子問題については時代背景もあり、弘子が口を出す機会は多く与えられなかったのが事実だったのではないか。この自分史に取り組んでいる間にそう思えるようになった。弘子の立場にたってみれば、昌和は結婚して子供も出来て、弘子自身の入り込む隙間がなくなったことを意識していたのかもしれぬ。

3．長兄　正記

長兄の正記兄とは５歳違いである。小さい頃の記憶はやはり伊達方にある。

前庭を望む小部屋の窓際にみな横１列となり正記兄が横目を使った顔を見て一斉に笑っている。是は当時の写真も残って居り、そのためか私には現実の記憶としていつまでも心に残っている。(左から正記、史真子、昌和、良武、正芳)

正記兄とは年が離れているので直接遊ぶことは少なかった。私が自然の中で思う存分遊びまわった川上にも一度も一緒に行ったことはなかった。元来が運動は不得意で、いわゆるアウトドア派でもなかった。

30 垣根の前に並んで大笑い

趣味は一貫して写真であり、高校時代から自室に暗室を供えてこもっていた。結婚式やいろいろな会でのスナップ写真は何度ももらったが、コンクールで賞を貰ったとは聞いたことがないので、もっぱら自分で楽しむタイプの趣味であったようだ。

そんな正記兄が中学生の頃、夕方

子供等と駿府公園にいってブランコに乗ったことを覚えている。確かに巳冬母も一緒だった。正記兄が突然灰田勝彦の真似をして『アルプスの牧場』を歌い出した。裏声の「ヨーレイティ」が面白くて、嬉しくて、薄暮迫る中みんなで何回も繰り返した。正記兄はその後いくら「ヨーレイティ」をせがんでも２度とやってはくれなかったが、静岡に来るたび私は良武兄と何かのついでに知らず知らずこの歌を口ずさむようになっていた。

　私の鈴木家への養子の話が出ていた頃、実父達からは昌和ではなく正記ならいいと言われたが、巳冬母はどうしても昌和を欲しかったと聞いたことがある。真偽のほどは分からないが正記兄との５歳の年齢差を考えると、兄は養子の顛末を概ね知っていた可能性がある。昌和でなく、自分（兄自身）が養子に出ていたならと意識することはなかっただろうか。東京にいる私は幼稚園時代、小学校時代、さらに中学・高校・大学・就職と華々しく見えていたかもしれない。会社員生活がどうにも苦しくなって退職し３年の浪人生活の後昭和医大に入った時、正記兄は「これで俺と同じになったな」と満足げにわたしに言った。兄の勢いに負けて一言も返せなかったが、あるいは兄はずっと東京にいる私をわが身と見比べていたのかも知れない。私の長女の結婚式のスナップ写真を送ってくれた時には、娘の手をひいてヴァージンロードを歩く姿は自分には望めないもので羨ましい、と書き添えてあった。

　晩年は糖尿病を抱え、大腸がん、軽い認知症を患い歩行も儘ならず不本意な生活を送っていた。平成31年に清水の介護施設を訪れた時に、「分かるか？」と聞いたら、何を今更と言う顔で「分かるさ」と即座に答えた。だがその後の会話にはのってこないし、虚ろな眼差しからやはり認知してくれなかったと思う。そのあと面会した時は全く反応がなかった。正記兄とは兄の医学生時代の数年間を等々力の家で一緒に暮らしたが、当時思春期真っ只中の正記兄との５年の年齢差を埋め合わす事はなかなか困難であった。

達父の跡を継いで、伝馬町再開発として９階建てビルに建替えてからは、駐車場や不動産経営に比重をおいて本業の耳鼻咽喉科が疎かになり、60代そこそこで医業経営から退いてしまった。いろいろ多事多難であったとは思うが、私自身の事は棚上げにして、柴家嫡男としての役割を果して欲しかったと切に願う。

4．次兄　良武

私にとって静岡はずっと第２のふるさとであった。と言うよりもふるさとそのものであったと言うべきである。しかし良武兄の死と共にふるさとが消え去ったような思いがしてならない。良武兄とは２歳違い、６人兄弟であるがやはり歳の近い良武兄との思い出が飛びぬけて多い。お互いに歳をとり、そろそろ次世代に仕事を継承して休まずに駆け抜けてきた時間を振り返りつつゆったりと来《こ》し方を語り合えると楽しみにしていたのに。

良武兄のいなくなった静岡に行く事はもうほとんどないだろう。伝馬町の古い木造の家がビルに建て替わったとき、ふるさと性は失われつつあったのだ。ふるさとは遠きにありて思うものとは単に距離的・時間的な懐かしさの問題ではなく、自分の歩んできた過去に再び戻れない事を再確認する事だと思う。

小学生・中学生の頃私が長い春休み、夏休みを過ごしたのはあの古びた木造の家だ。静岡では私はいつも良武兄と２階の４畳半で枕を並べて寝た。２階へ上がる階段を昇りつめた廊下にブリキのトイレが置いてあった。夜中に１階のトイレまで降りていくのが億劫なので子供達はそこで用を足していた。夜中ブリキに跳ね返る音で目を覚ましたり、夏はアンモニアの臭いがたちこめて閉口した。恐らく小学校の低学年頃までは兄弟みなこのブリキトイレを利用していたと思う。

中学生になってからは１階の「お店」と呼ばれる表通りに面した部屋で寝る事が多くなった。お店と言っても物を売り買いしているわけでもなく、華道や盆石の会が週１回程度開かれていた。夜布団に入って天井を見上げるといろいろな模様がある。黒っぽいのやら白っぽいのやらあちこちにある。良武兄によるとあれは小学校５年生迄おねしょをしていた由起子姉のアニバーサリー・メモリーなんだそうだが確認はしていない。

外に１階には８畳の仏間と４畳半の茶の間があった。中央に掘り炬燵があるので家族がそろうと隣と肩が触れ合う位だ。長兄の正記兄は滅多に一緒に食べた事がなかった。長兄としての威厳を保っているつもりだったのかも知れない。この狭い部屋に14インチほどの小さいテレビが置いてあった。

みんなで一斉に観るのは困難だったのでテレビが付いている事はあまりなかったように思うが､美輪明宏の★「メケ・メケ」と植木等の「スーダラ節」の画面は、もちろん白黒であったが、今も鮮鋭に覚えている。又茶の間の机は夏の時期を除いて何時も蠅張が置いてあり、残り物や佃煮・梅干が入っていてほとんどは祖母琴の専用であった。茶の間の畳替えの記憶など一度もなく何時も日に焼けて茶色く擦れていた。

当時（昭和30年代）の耳鼻科は他科に比べて保険点数が低すぎると実父がよく漏らしていたのを思いだした。事実５人、私を含めれば６人の子供と祖母の９人の大家族で生活に余裕はほとんどなかったことと思う。

良武兄の死は私に懐かしい記憶を呼び覚ましてくれた。と言うよりも懐かしい記憶がいつも良武と絡んでいたと言うべきだ。藁科川でのハヤ釣り、安倍川の花火大会、草薙遊園地でのローラースケート、日本平での昆虫採集、三保松原の海水浴……数限りなく挙げることができる。そのうちのエピソードを幾つか披露しよう。

・浅間さん

4月1日から5日まで静岡市の祭りである。この期間に浅間神社へ向かう商店街の道筋には出店が立ち並び、どこから湧いて来たかと思うほどの人群れである。浅間神社の境内もお決まりの金魚すくいや、くじ引き、焼きそば、リンゴ飴などの出店が処狭しと並ぶ。中に中年のおばさんがおいでと手招きするので覗いてみた。

おばさんは小さく切って畳んだ白い紙の一つをほどいてその真ん中の数字の3を見せた。その紙をもとのように小さくきれいに畳んで同じように畳んである白い紙の山の中央に置いた。「さっきの3の紙を見付け出したら好きなおもちゃを上げる、外れたら20円置いてって」と言う。おもちゃはブリキのピストルや十手、ミニカーなどで、自分は十手が欲しかったのでおばさんが分かるように置いた畳んだ紙を指さした。おばさんが紙をほどいて出て来た数字は8であった。確かにおばさんが置いた紙に間違いはない。ちょっと考えたら答えはごく簡単だった。

おばさんは僕に8を半分だけ見せたのだ。道理で素早く畳んで山になった紙の上に置いたわけだ。20円だまされて腹の虫がおさまらない。そこいらの出店をぶらついてまたあのおばさんの所に来たら、僕より小さい男の子を連れた親子連れに先程の口上を述べている。思わず「これはインチキだぞ」と声を出した。次の瞬間おばさんは台の上のはたきを振り上げて驚いて逃げる二人を追いかけて来た。神社の中央にある大きな池の周りを1周したらもう追ってこなかった。おばさんが本気で追いかけてきたのかどうかは分からないが、あのときは二人とも全速力で走った。そのあとも思い出してはふたりで笑いあった。振り返ってみると数字の誤魔化しはその事も含めた上の商売だったのかも知れない。

・新月堂

昭和27、28年頃の話である。良武兄と二人で頻繁に通ったのが伝馬町の通りを挟んで向かい側にあった小さな雑貨屋。駄菓子などもあったと思うが外に何を置いていたか今では思い出せない。

40歳見当の痩せたおかみさんが一人で切り盛りしていた。２坪もない狭い店内の片隅に僕らのお目当ての物がおさまっていた。「おでん」である。最近テレビなどでも「静岡おでん」が話題になっているが、当時のおでんとは似ていて非である。そもそも煮汁の味が全く違う。ハンペン、イワシツミレ、ごぼう巻き、牛スジ、チクワなど具材は今も昔も変わらない。７、８年前生母弘子の１周忌の折り、静岡駅構内の地下食堂街で見つけた「静岡おでん」を食べる機会があったが、何十年来自分の脳に染み付いた「新月堂のおでん」の味とはまるで異なっていてがっかりさせられた。私にとって忘れられないふるさとの味ではなかった。

新月堂のおでんはどれもおいしかったが、私が一番好きだったのは「じゃがいも」だった。表面が薄茶色に成る程何時間も煮詰められて、それでも荷崩れしない串刺しあつあつのじゃがいもにちいさなアルマイトの弁当箱に入った粉カツオと青のりをふんだんにかけて頬ばる。まさに至福の時であった。

おでんはすべて竹串に刺してあり、大体１本２円から５円位だったと思う。５、６本食べて３時のおやつに丁度よかった。食べ終わった後の勘定は自己申告である。竹串の数が有力な計算根拠となるのだが、時々態と落としておでん鍋の台の下に蹴り込んだこともある。今思えばおかみさんはすべてお見通しだっただろう。

おでんのお代は大抵は３時のおやつ代として一人20円くらいもらっていたが、正記兄の機嫌がいいとお金をだしてくれることもあった。戦後まだ10年にも満たない頃で、物が有り余った現代の子供達には味わうことができない貴重な経験であった。

・パチンコ

新月堂より一本奥の通りにパチンコ屋が出来た。新月堂の少し奥だから家からあるいて100メートルもない距離である。獲得したパチンコ玉を現金に換える事は永い間禁じられておりその後解禁となったが、それでも子供が出入りすることははばかられている。

静岡駅周辺の繁華街にあるパチンコ店だったら入らなかっただろう。家から直ぐ近いと言う事で気安さがあった。あるとき良武兄とお店に入ってみた。お金を払ってパチンコ玉を買うわけではない。専ら通路に落ちている玉を拾い集めるのだ。当時のお客が特別大らかだったかどうかしらないが通路には幾つも落ちている。当りの出ている人は下に落ちた玉を拾う時間を惜しんで手早く玉を挿入口にこめる。そう広くもない店内を１周すると二人とも20個くらい拾えた。店員のお兄さんも見て見ないふりをしてくれていたのか、あるいは吾々を将来の大得意とみて泳がせてくれたのか。まあ、どちらでもよいが、空いている台の前に立って見様見真似で素早く玉をこめる。最初から儲けようなどという欲がないためか当り玉が続く。

初めて球を打った時は悪いことをしている後ろめたさで心臓がドキドキしていたが、やがて半分大人になったような妙にいい気分になってきた。拾い玉でのパチンコはそれでも４、５回くらいやったが一度もとがめられなかった。

日によっては小一時間も店内で過ごせたこともあったが、たくさん貯まっても景品を引替えに行くほどの勇気は２人ともなかった。第一引替えては貰えずに大目玉をくらったことであろう。その後吾々がパチンコにのめりこむことにいたらなかったのは、こうして年少の時期に拾い玉でパチンコの楽しさを体験してしまったからかもしれない。緩やかな、大らかな時代であった。

・赤胴鈴之助

今では伝馬町はビル街に変わり、住人も入れ替わって隣が何の店であったのか思い出す事も出来ない。柴耳鼻咽喉科の裏庭でビー玉やメンコ、缶蹴りなどをして遊んだ。焚火で焼いたサツマイモの味は、その後味わった事がないほどおいしかった。

隣の家の裏庭から誘うように「赤胴鈴之助だ」と叫ぶ声が聞こえる。近くに転がっているリンゴ箱に乗っかれば隣の５歳の男の子がおもちゃの刀を差して得意気にポーズをとる。「カッコいい、強そう」などひとしきり褒め上げてからはこちらの仕事に取り掛かる。我が家の裏庭の奥に材木を横に並べた物置があり、そこを伝っていくと赤胴鈴之助の家の倉庫のような部屋がある。出入り口の引き戸はいつも開いており、壊れた電気製品や古着、本や写真などが雑然と押し込んである。

良武兄はすでに何回か入った事があり何か面白そうなものがあるぞと言っていたが、何しろ膨大な量に圧倒され、また子供ながら流石に他所の家に侵入している後ろめたさもあり、５分ほど物色しただけで戻ってきた。静岡へ行った折り全部で３回位侵入したが、戦利品は二等兵が被る帽子についていた薄っぺらい星の徽章だけであった。

５．長姉　由起子

確か４歳上であったと思われる。幼い頃に一緒に遊んだ記憶はない。小学生時代になってからも一緒に遊びに出掛けた記憶がない。ただ数枚の一緒に映った写真が残っているから皆無というわけではないようだ。口数が少なく、大声で笑った顔はみたことがない。

静岡に行くと夜２階４畳ほどの狭い部屋に良武ちゃんと布団を並べて寝るが、由起ちゃんは唐紙越しに隣の４畳半にいるはずである。というのも音も立てずに唐紙を開け閉めするので咳やくしゃみなどをしない限り存在不明のことが多い。わたしがこの自分史を書き進めるうちに、正居父の手帳日記に何度か由起姉の名前が出てきた。昭和21年５月、昌和２歳７か月の年初めて上京（成城)、その後数回気賀と東京の往き来があったが､気賀から帰るとホームシックになり｢由起ちゃんや良武ちゃんのいるところへ帰りたい、由起ちゃんの処へ行く」と泣いて父母を困らせたと書かれており、由起姉は当時かなり私の面倒をみてくれていたことが窺われる。

達父が胆嚢炎が急変して息を引き取るとき、病室で弘子母と兄弟一同を横一列に並べてはたきを大きく左右に振り、髪ふりみだして「いやさやけー」と応援団さながらに神に祈る歌の音頭を取った光景は、私の中にあった由起子姉の像からは想像すらできない鬼気迫る姿であった。

これは異常だと心の中で叫びつつも皆に合わせて大声で叫ぶしかなかった。良くも悪くもあの場での由起子姉の行動は20代の頃一燈園で修業した賜物であったのだろう。そのあとは特別信心深くなった風でもなく、静かに平凡に暮らしている。

6．妹　のり子

４歳下である。小さい時から可愛かった。由起子姉同様余り会話を交わした覚えがない。ただ由起子姉の場合と異なり、のり子自身が無口であるとか消極的な性格であるとは言えず、寧ろ積極的なんだろう。

私が小学６年生の頃の正月、近所の神社にお参りに行ったとき、子供達同士境内でふざけて小石のぶつけ合いになった。こちらは石の大きさや投げ方は当然コントロールして投げるのだが、のり子が投げた子供のこぶし大の石が私の頭に当った。小さいこぶが出来た程度で血も出なかったが、ポロリと涙がでて頭をかかえて地面にうつ伏せに倒れしばらく起き上がれなかった。

石を投げる時､のり子は確かに本気の目をしていた｡あいつは良武ちゃんにも同じような目を向けただろうか。家に帰ってから夕食のとき弘子母は､しばらく起き上がらなかった私が我が儘だと皆の前で話していた｡

頭に当たった石の痛さではなく、のり子が私を兄弟として受け入れてはいないと言う思いの心の痛さであったが、それを説明することはとても難しい事であった。

そんなのり子が結婚後どんないきさつがあったか皆目見当もつかないが、巷間話題になる『ものみの塔』の信者になり、しかもかなりの地位で活動しているらしい。良武兄と３人で話したことがあった。「あなたたちは本当にダーウィンの進化論を正しいと思っているのか、人間が猿から進化したと真面目に信じているのか」と聞かれたが所詮議論がかみ合うわけもなく、「親の死に目にも手をあわせることを拒む宗教は認められない」と言い返すのがやっとであった。

７．弟　雅夫

６歳離れている。これだけ離れるとちいさいうちは中々一緒には遊べない。一緒に遊ばないと弘子母から叱られるし､泣かすとまた怒られる。小学生頃から一緒に行動できるようになった。柴家としては正記兄は中位、良武兄と私はほぼ同じ身長で低め、なのに雅夫だけずば抜けて大きくなった。アルコールについては良武兄と雅夫はいける口で正記兄と私は全くの下戸。父達も下戸だが弘子母はかなり飲める。達父と弘子母は中肉中背といったところ。

静岡の両親も亡くなり､兄二人も死んで､今年の雅夫の年賀状には「一人、二人といなくなって淋しい」と書いてあった。いまのところつぎは私で間違いなかろう。男兄弟のなかでは私が一番長生きだが、雅夫にはもっと長く楽しく生きてもらいたい。良武兄が居ない今私と互いに老境をいたわり合うのも楽しみだ。

8．伊達方

伊達方は正しくは掛川市伊達方574番地、父正居の実家であり、長らく私の本籍地であった。父はよく両親の年季や命日の墓参をかねて伊達方を訪れていたが、私が同道することも多かった。

掛川駅からのバスの連絡が悪いため駅から切れ切れに旧東海道を続く１里半の道程を歩き続けて、到着したら皆に褒められたのを覚えている。家は長屋門の構えで静岡の祖母琴は「子供の時門の飾りの半球型の鉄をおっぱいに見立てて良く吸ったもんだ」と言っていた。

母屋の後ろ側はうっそうとした森になっていて、ムササビが住み着いており、夜になると大木の間を滑降しているのが目撃できた。森の中にはもう１本特殊な木があり、木の幹に一晩キャラメルを押し付けて、翌朝まではがれ落ちなかったらイボが治るというもので、しかも○永キャラメルでないと効かないと言う。従弟の毅典は当時何年か前に本当にとれたと言い張っていた。

正門の前方には径10ｍ位の小さい池があり脇に大きな松の木が生えていたので「松の池」と呼んでいた、季節になると住み着いた蛙の鳴き声が家の中にまで聞こえてきた。一度だけかいぼりを経験したことがある。

近所の人総出でバケツやたらいをならべ、太いバキュウムチューブを何本もならべて泥水をかいだした。静岡からはいつもの精鋭（誠泰、毅典、良武、昌和、雅夫）の面々、「いいぞ！」の合図も待ち遠しく一斉に海水パンツ姿で泥水の中に飛び込んだ。泥水とは言え鯉も鮒も鯰もどじょうも、牛蛙も殿様蛙も、アオダイショウまで池を泳いでおり、みな泥だらけの大騒ぎ。そのあとはホースで水をかけあいながら泥を落として五右衛門風呂へ。獲物の

31 茶畑で人も犬も大暴れ

話でひとしきり。夕食に鯉こくを初めて食べたが泥臭さはあまり感じなかった。貴重な体験であった。

伊達方では用心をかねてよく犬を飼っていた。（飼っていたと言えば、鶏も山羊も豚も飼っていたことがある……）一時犬種は忘れたが２匹の洋犬を連れて山の方へ皆で散歩にいった。やや上の方から下に向かって一斉にジャンプ、犬も大喜びで走り廻る。あとになって茶畑が大変なことになったと持ち主からクレームがきたそうである。

？年に当主正芳が病に倒れた後10年ほどは奥さんが一人頑張っておられたが、何分家屋や蔵、土塀などの修理費用がかさみ、掛川市の文化財の指定を受けることになった。淋しさはあるが時代の流れで致し方ない所である。

９．鈴木理一郎氏の記憶

理一郎氏は養父正居の兄である。私の記憶の中で初めての出会いは伯父が理事長をしていた掛川信用金庫のほの暗い一室であった。伯父を見上げた途端から兎に角声を振り絞って泣き喚いたのを覚えている。伯父の頭は見事な禿坊主であった。おまけに大きな声で、しゃべると目が大きくギョロッと動く。初めて見たツルツル頭は私には「これが鬼だ」と確信させるに十分な姿であった。一緒にいた巳冬母は伯父に気兼ねしてその場をどう取り繕ったのかその記憶はない。

その後もしばらくは伯父に会っても自分からは近づかないようにしていたが、次第に慣れていった。

理一郎伯父がもっとも華やかで誇らしかったのは、掛川市長として昭和天皇の先導をつとめたことであろう。

年は冬炬燵にあたって皆で話をしていると、テーブルのみかんをぺろっと食べて大声でなにか話して急に静かになったと思ったら、グーグー鼾をかいている。が、間もなく眠っていなかったかのようにパッチリ目を開いて入ってくる。素晴らしい特技かと思っていたが、私も最近とくに昼食べている最中から無性に眠くなり、起こされなければ本格的に寝入ることがある。妻と２人きりの食事では続けるべき会話もそう多くはない。

理一郎伯父で忘れる事ができないのは、やはり小学４年終了後の春休みに静岡の子供たちと一緒に伊達方で過ごしたときのあの「忌まわしい事件」の夜のことだ。どう過ごしたのか全く記憶はない。夕食は食べたのか、お風呂に入ったのかどうかも覚えていない。良武ちゃん、誠ちゃん、正芳誰も回りにいなかった。

どう寝床に入ったかも分からないが、時々低く鳴る時計の音と隣室で寝ている理一郎伯父の鼾の音だけが聞こえた。幾度となく寝床の上に半身起き上がって「これは地獄だ､これは夢だ」自分に言い聞かせていた。

理一郎伯父には私の結婚式のときに新郎側の親戚代表としてスピーチをお願いした。第一声が「火事と喧嘩は江戸の華」大きな声で始まったことは覚えているが、そのあとが思い出せない。喧嘩をしないように、だったか、寧ろガス抜きのためにするようにだったか、あるいは全く別の話だったか。妻に聞いて見たが覚えておらず、出席してくれた親類に尋ねるのもお門違いだろう。式の録音がどこかにあるはず、時間をかけてさがしてみよう。50年余も昔のテープ、見つかってもすぐには再生できないかもしれないが……。

日記 其の五

父（正《まさ》居《おき》）の自分史

鈴木家系図

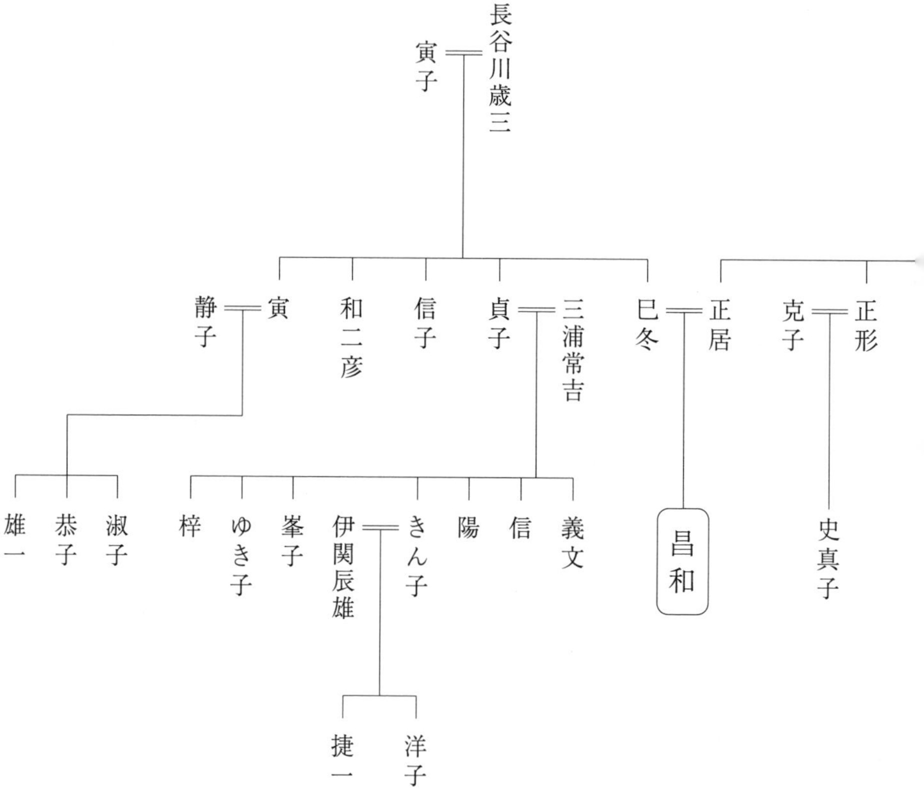

祖先は武田の残党で此の地に流れ来て土着、今日まで十五代を重ねたとの言い伝えであるが、墓所の正面には鈴木家累代の墓とあり、其の右に石佛の像を祭り、向かって左側に墓石三、右側に六つ程あるから十五代位にはなるだろう。昔から日本国の諸地方に平家の残党が住み着いていると称する部落があったり、源氏を名のる者も相当あるのを見ても戸籍法のあった時代ではなし、何れも眉唾物であるから、武田の残党にし

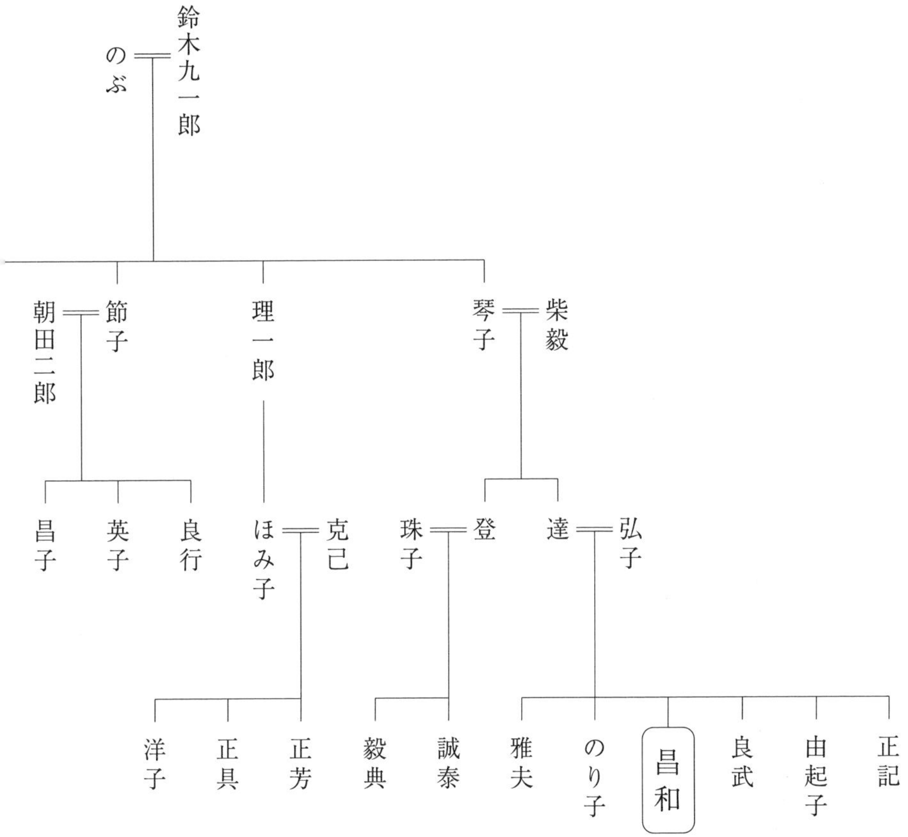

ても其の例に漏れないかも知れぬ。でも墓石が並んでいる所を見ると此の地に土着してから累を重ねた事には違いなかろう。伊達方九大の冨士（フンジー）之助様の名が相当広く伝えられていた事をみると、富士之助の代に相当財を為したものらしく、明治維新当時迄掛川太田五万石藩の御用達を務め太田藩へ用立てした借金証文が何枚も保有されている位だから、小笠郡のいわゆる物持ちとして郷土に知られて居ったらしい。

鳶の醍醐味

僕は極めて幼少の頃から紙鳶《たこ》が好きでむずかる時でも紙鳶を与えれば素直になったとの事であった。その後次第に記憶が残る頃となっても五月頃の風の日には早速と出掛けて凧揚げをしたものだ。

とくに尾鳶凧が好きで隣の＊＊良平の親父は絵がうまいと言うので凧を作って貰った上に決まって鶴亀の絵を描いてもらった。尾は縄を右左によじって作ると凧があがってから尾が左右に分かれて誠に美しいものだ。自分はあまりにも凧が好きなので父が障子紙二十枚の尾凧を掛川に注文してくれた。一人ではとても扱いきれずに近所の青年二、三人を依頼して揚げて貰ったり降ろして貰ったりしたものだ。

嘗《かつ》て浜松の内田家を訪ね浜松の凧揚げを見たことがある。町毎に青年が夢中で凧糸を擦りあわせて切り合いをする。仲々に意気盛んであるが元来僕の凧揚げとは自ずから趣を異にする。

「大空に舞い登り行く凧よりも我が名を挙げよ正居」と母が言ったことがある。こんな下手な三十一文字でも気持ちだけは読み取ることが出来る。凧揚げの醍醐味は自然の天空に晴れ晴れと揚がって天下を睥睨《へいげい》するあの偉大なる様相にある。

名刀左の由来

僕の祖父は二十代で早世したので三男の正厳壽永腰居士が父の幼少の頃家長として鈴木家を運営して居った。壽永居士は書画骨董に趣味を持ち明治維新の世の乱れた時相当集めた模様。そのうちの一つに掛川藩の某士族が落ちぶれて此の刀剣を骨董屋を通じて手放す事となり、是を数百金で入手したものと言う。

その後士族某と骨董屋と鈴木壽永居士十三代の三人が極めて短期間に

相継いで長逝したという事実を気にしていたが、九一郎（十四代）になってから士族某の後継者が落ちぶれて鈴木家を訪ね来て、名刀左は如何に保存されているかと番頭長平に尋ね、屋敷内のお稲荷様の祠と共に祭ってある由伝えたという。

当人はお詣りすべきですがそれを伺って安心したからと辞去したと言う事実がある。爾来鈴木家では此のお稲荷様を厚く祭って今日に及んでいる。

此の刀剣は銘のある所に左と金文字が入っているだけで外に銘はない。日ロ戦争の前後に東京在住の本阿弥光賀（南北朝時代に越中（富山県）で活躍した刀工）を呼び鑑定させたところ、郷の義弘の作との事、「お化けと郷のものは見た事がない」と俗に言われる珍しい代物とのことであった。

父九一郎亡き後は兄理一郎が骨董好きなので此の左を自分で度々お清めしたとの事だがその後は知らぬ。

幼き頃の思い出いろいろ

（一）千葉《せんば》の由来

自分の幼少の頃新年に鈴木家では村内の親しき家へ贈物を持って年賀に行く慣習がある。自分は出入りの栄蔵をお伴にして近親の家へ年賀に廻ったのである。初め東海道を西に半里程行き山奥を過ぎてから北に約十長字千葉の榛葉《シンバ》家に立ち寄り、年賀を済ませ後東海道の南側字大池の竹島家及び伊達家（お医者）に年賀を述べて、かえりは東海道によらず太田川添いに南の近道を経て栄蔵と共に帰宅したのであった。

夕食後自分は何となく心細くなり今日昼間歩いた道の事を考え、往きと別な道を過ぎて帰ったことが何とも言えぬ悲しみとなり胸に迫ってくる。

悲しみの余りワアワア泣き出して仕舞った。家の者も始めは何事が起こったかと驚き且つ心配したが、其の理由が判明するに及んでマアマアと慰めるより外なく時間の経過と共に泣き止んだのであった。

元来自分には往った道を帰るという執着心という変わった性質が潜んでいる。それ故いつも「往った道を帰る」をやったものだ。爾来此の「往った道を帰る」が起こると、それ千葉が始まったと言われたものだ。それがインド洋を渡って帰りはシベリア経由と言うのに「千葉」をやろうにもどうにもならぬ訳だ。

然し幸い小学校を卒業する頃から此の異様な僕の性質は自ら消滅してしまった。

（二）竹馬

昔田舎の子供の遊び道具は今日に比して単純なもの許り。メンコ遊びや独楽等は昔からのもの。竹馬等は只単に竹が手に入るので良く作ったものだ。足の所から上の部分の先端が顔より上迄ないと落ちた時に危険だといわれたもの、それ故長い竹で作って居った。

ある時自分は竹馬遊びに飽きて縁の上に登って細長い竹の端を揃え、上下の歯占めて竹の先をあて、身体の重みを考え両手を放して見たりした。そのうちに上下の歯を急に開いたらどんなものかと思いやってみた。重みがかかっているので竹の端は忽ちに口から喉に突進した。血を出したり泣き出したり家中騒ぎだした。幸い医者の厄介に成らずに済んだ。

（三）新米の人力車夫

亡父は掛川銀行や信用組合、報徳社等に行く乗り物として自家用人力車を持って居った。車夫は頼み付けの与兵衛とか小三郎とかにやらせて居った。ある日人力車は空いていて門内蔵の角に置いてあった。偶々《たまたま》僕は正形と二人で此の車を引っ張り出し交互に乗ったり曳いたりしたが、自分が車夫になって得意げに梶棒を上下に大きく振り大股に歩きだした。一瞬梶棒が高く跳ね上がって後ろにひっくり返り、僕は飛び上がって丁度門の段の上にチョコンと腰掛ける形になった。正形も幸いに何の怪我無く済んだ。玄関に居った出入りの長平は此の音を聞き速歩で飛び出して来たが、両人共無事で一巻の終わりとなった。両親も冷汗淋満と言うところであろう。

東山口村尋常高等小学校時代

明治三十二年四月七日初等部一年に入学した。

僕は四月七日生まれ故丁度満七歳になる。村での物持ちの家の次男坊何かに？　寄付金等では一番だし、それにこの学校の先生方も年一度は自宅に招待して饗応する始末。我々兄弟五人が引き続きお世話になるからとは言え他の人のやらぬ変な事をして僕の成績は何時も二番位だったと思う。相当甘かったのかもしれぬ。

大体余りヤンチャ坊の方でも無かったが、学校の裏山の木の処に女生徒が遊んでいる処へいきなり乾いたほこりを雑布に包んで投げつけ塵が目に入って大騒ぎだった。先生に話したらしいが先生は僕に何も言わぬ。是丈は自ら恥じたる事であった。

毎日一時間宛ての毛筆習字をやる事などは、今日到底考えられぬこと、ペンなどは一切用いず万年筆は明治四十四年頃高等学校時代に先生が持っているので初めて見た始末だ。

こんな風に吾々の小学校時代は毛筆を貴び、手紙は皆巻紙に候文をもちい、普通の言葉で書く事を口語体と云って別扱いをしたものだ。中学時代も同様、それ故吾々は高等学校位迄はいつも候文で手紙を書いたものだ。

それが時代と共に口語体となり便箋やペンに代わって来た。音楽の時間でも譜を教える事等一切やらぬ。武井という校長先生が唱歌を歌って生徒が是を真似る丈、実に呑気なもの、幼稚なものであった。当時汽笛一声や箱根の山、四条畷が流行して教わったものだ。次いで世界一周唱歌等も出て来たように思う。

掛川高等小学校二年間の思い出

昭和三十七年四月僕は東山口村高等小学校二年課程への進学を止め掛川の高等小学校へ入学した。

何しろ片道約一里半と言われるだけあって、十二歳の自分には疲労も大きく、通学し始めてから数日間は帰宅してから昼寝をしたものだ。

東山口村小学校の四年間は前記のように特別扱いを受けたもの故いつも上の成績を得たものだが、掛川小学校では実力だ。僕より鈴木の新家の鈴木孫七郎は僕と同じ課程を経て掛川に入学していつも連れ立って掛川に通ったもの、斯くて一学期の成績を見ると孫七郎は甲、自分は乙、村の小学校では僕の方がいつも上だったのに母は是を非常に悲しんだ。

大いに励まされて二学期からは帰宅後一人で懸命に勉強した。帰宅後直ちに三畳の部屋に入り、上から二枚降りる雨戸を高く上げ得ないので上の一枚五、六寸開けて其の中に硯箱の蓋を挟んで明をとり復習をしたものだ。

其の甲斐あって二学期の成績は甲、孫七郎は丙となり大いに面目を施した。そのあと油井甫一先生が担任となり可愛がってくれたので勉強に多少興味もでてきた。二年卒業後先生の長逝迄約二十年間年賀状を送ったが、遂に再会の機会は得られなかった。高等小学二カ年終了で中学へ入学できるのでそれに備えて勉強したものだった。勉強のおかげで成績も相当よかったりするので、自分は兄理一郎の居る静岡中学の魅力は大きく、家に帰って此の事を両親に話したが、結局自分が希望するなら静岡でもいいだろうとの事であった。

後で考えて見ると掛川とて決して悪いのでもないが、只小さな町の掛川より静岡の方が魅力が大きいという丈の理由であった。静岡中学の入学試験は約二倍、どうやら入学出来たのでそのまま進む事となった。

若し掛川中学へ入学して、あるいは良い成績を得ていたら僕の人生もどう変わっていたかとも思う。只僕は単なる魅力に依って静岡中学を選んだ丈の事、何れが幸いしたかは神のみぞ知る事である。

静岡中学校時代

（一）鼻曲がり

僕は掛川中学校入学の薦めを退けて兄の居る静岡中学校へ入学した。身体も頑丈でもなし柔道部へ入っても力もなし真似事のような柔道をして居った二学年の春、柔道で倒された処へ草野某が前に投げられたはずみに足の踵が僕の鼻に強く当たった。それで僕の鼻は一方へ曲がってしまった。

別に内傷外傷があったのでもないが見た目がおかしい。学校の友人が曲がっていると言うので一度帰宅して両親に相談した。当時名の通った浜松市外の野崎村整骨医を訪ねて治療を乞うた。

鼻の中に箸様のもの（鉄棒）を入れ、中から押し上げて貰った。静岡へ戻って来た処友人等がまだ曲がってると頻《しき》りに言うので今一度野崎氏へ行って良く見て貰ったが、もう直っているという。仕方なく辞去したが此の上は東京北千住の名倉の診療の外なしと思い一人堀之内駅から八時間で新橋に着いた。丁度父は上京中故新橋に出向いて貰って落ち合い翌日千住の名倉で診断を受け、入院することにした。鼻柱が曲がっている丈のこと、外に病気ではなし、一日一度の診察に時々金棒で中から押し上げてくれる丈、外からダルマ形に切った紙に黒い膏薬を塗って貼り付けておく。どうもこれが恥ずかしくて困ったものだ。

年僅かに十四、五歳遠く北千住の病院生活、毎日鼻の上に黒い膏薬を貼って約一か月の病院生活は実に淋しいものだった。結局前後三、四分鉄の棒で中から押し上げて形を直した丈で治療は完了という事になった。

然しおさまらないのは草野某から何らの慰謝のことばもない事であった。此の事について柔道部の連中も色々心配してくれたが、結論として後遺症を残さない事なので、そのままに過ぎてしまった。今日尚此の事については割り切れない思いが残っている。

（二）玉と福

玉は僕の猫、福は正形の猫である。玉の方が先に貰ってきて三毛で綺麗であった。玉だけでは二人で争うので福をもらって来て正形のものとした。福はそれ程綺麗でもないし玉程鼠を捕らないから皆から可愛がられない。

お互いに猫を持って喧嘩させようと思っても猫はそんな事はご免で一向争わない。可愛がる余り骨を折って猫に草履を作ってやる。小さい上に四つ作るのだから大変だ。やっと出来て履かせてやっても玉はそんな事は真っ平ごめんだ。手や足をブルブル振って取ってしまう。いくらやっても是丈は大失敗。

ある時浜松の内田の叔父夫妻が訪ねて来て泊って居った。僕は玉がきれいだから連れて来て見せようとすると、玉は知らぬ人が居るから逃げ廻る。玉や玉やと追いかける。内田の叔母の名前が玉なので母がとても辛がるが、僕はそんな事はお構いなしで、母は大汗をかいたと言っていた。

（三）静中水泳部

静岡中学校では夏季の運動に希望者を集めて清水町海岸に合宿所を借り、二週間位水泳部を開催する。場所は現在の清水駅のすぐ南の海岸。

僕は水泳は田舎の川で多少泳げるが全然自己流であり長く泳ぐ場所とてない。

四年の夏ぼくも出席した。その頃は誰もパンツを用いず一丈の長さの晒し木綿を用い、泳ぐ速さも何メートルを何秒で等と難しい事は言わぬ。彼は速いとか遅いとか言う具合。丸太製の脚立もあるが只飛び込むだけで今日のような見事なフォーム等は一向に気にしない。

飛び出してから一度手を拡げ水に入る時は手をそろえて入ると言う位のもの。自分も一間位の高さから手を拡げてうんと背中を反らせて飛び込んでみたが、余り反りすぎて背骨が音がして痛い為に水の中にしゃがんでしまった。

それからか僕の背骨は大きく湾曲しているように思う。爾来怖くて飛び込みは一切やらぬ事にした。海水浴が始まって十日位してから三保の松端まで舟で行き、清水の海岸まで遠泳を挙行した。

当日は天気も晴朗だったし丁度天洋・地洋の二大汽船が停泊して居ったのでその間を縫っての遠泳は誠に印象深く楽しみであった。遠泳の要は永く泳げるか否かである。後は清水から興津町迄遠泳もした。

両方共完泳の中間に入り得たので安心した。当時は神伝流が盛んで、平泳ぎ、立ち泳ぎ、進、双、抜き手、御前舞鶴泳等の泳法があったようだがもう忘れてしまった。

(四) 修学旅行

明治の時代は中学校で外泊修学旅行は極めて希れで、四年の時初めて二泊の旅行が行われた。二泊と言っても一泊は車中である。

夜遅く静岡を出発し翌早朝大船駅着、横須賀線にて鎌倉鶴岡八幡宮に参拝、別頭の昔を偲び、頼朝の墓、モリナガ親皇の土牢郎等歴史の遺跡を訪れ、在りし昔に思いを寄せた。横須賀軍港に於ては雄大なドックや船臺見物、総て驚嘆するもの許り、次に江の島を訪れ龍の口を見て、東海道小田原を経て箱根宮ノ下にのぼり、魁春楼梅屋に一泊した。

仝楼には明治の書家で吉田晩稼《バンコウ》の書いた額があり、丁度中学で習った顔真卿流の書法に感心したのを覚えている。箱根の温泉郷など初めての物許り見るもの感嘆せざるなしの素朴さであった。

翌早朝徒歩にて出発、芦の湯を経て五郎十郎の墓に詣で、下って箱根町にて箱根権現に参拝、関所をへて一路三島降りて、一宿屋に立ち寄り夕食を喫す。歩け歩けの挙句故空腹にて六杯喰ったと記憶する。

その代金十銭也り。安い時代とは言え、引き合わぬお客だったろう。食後間もなく鉄路静岡に帰着、就学旅行を了えた。遠い昔の事乍ら今日充分に記憶に残って居り、それだけ田舎者には物珍しく目新しい物許りであった。従って当時の学生生活の簡素さも推して知るべしである。

高等学校時代

（一）長良川の鵜飼い

中学は卒業した。毎日友人と顔を会わせている時は皆同等の感じであるが、扨《さ》て学校を離れて見ると各々実力に依って上の学校への入学を競わなくてはならぬ。うかうかして居られない。

同窓田中秀夫君等は当時行われた学校推薦により無試験で京都三高へ入学したし、雑兵どもは実力による外はない。四十三年四月に卒業してから毎朝五時起床、勉学是勉めた。此の年は名古屋第八高等学校の医科を志望してみた。

熱田に下宿をとって同志三、四人と共に受験する事にした。暑くてたまらぬから真っ裸で勉強、然し蚊の多いこと甚だしい。手や足や胴に来た蚊を指で押さえて採ったのが何と百匹以上数えた。十二時迄勉強して入床。第一日の科目は国語と数学、まあまあの成績とも考え内心望みを持ったが、二日目の英語でペチャンコ、一年浪人は已むを得んと諦めた。

結果は予想通り。ある夕方二階で勉強して居った所非常に美しい音が聞こえて来た。何処からかと窓を開けてみたりしたが分からない。下に降りて来た処青年が手に尺八を持って居たので正体が判明した。

その尺八の音色には全く驚いてしまった。

此の人は早稲田文科の学生で下のおばさんの親戚とか。僕は急に尺八を習いたくなって此の大友喜一青年に依頼して彼の先生に紹介して貰い、尺八も中継ぎのものを一本買ったが余り上等で無かったように思う。音符も多少おぼえた。勉強に飽きて一寸プープーやる事は気分転換にも良い。大友君は後に毎日新聞の編集長を務めたとの事であった。

年改まり一月となってからは専ら勉強に力を入れ、毎日十時間以上やった覚えがする。兎に角地方の方が楽だろうと鹿児島を狙って二部乙ならと言う考えであった。試験は終了。静岡竹屋小路の寓居に帰って発表を待った。

ある朝節姉が新聞を見て僕の名前を発見。寝坊助をアッタアッタと起こしてくれた。飛び起きて穴のあく程新聞を見入った。確かに出ている。鬼の首を捕った気持ちとは此事だろう。当時帝国大学付属高等学校であるから高等学校へ入学すれば自ずから大学・卒業の軌道を走る丈で全国に八校しかない此の高等学校は直に天下分け目の関ケ原という訳だった。

是でやっと一人前に成れるような気がしたし両親にも面目が立ったと思った。

斯くして高等学校への入学はできた。九月の学期始めに鹿児島に行けば、この夏の休暇こそは裁量の日許りである。

柴毅兄の長良川鵜飼の切符があるから行かないかと言われ喜んで出掛ける事にした。着物に袴、帽子は麦わらの鍔の広いもの、一寸位のエンジ色のリボン、七高の鶴丸の徽章、内心大得意で出かけた。然し大人許りで話相手は一人もいない。只管《ひたすら》黙々と同行したに過ぎない。岐阜長良川、右方に金華山を眺めゆっくり上がって行く。船内はご馳走に酒に芸者、誰かがご馳走は余り早く食べぬが良いと言うのを聞いてぼくは腹が空いても成るべく箸を付けない。

大人共は芸者相手に勝手な事を喋って酒を飲む。僕は少しも興味が沸かぬし腹の虫がグウグウ言う許りだ。一時間くらい上がった所で上の方から鵜飼い船が数艘下って来た。さあ大変、是を見るのが目的故鵜の活躍を懸命に眺める、ご馳走など食らう暇とてない。

下りは水の流れに従っている為相当のスピードで夢中で眺めているうちに予定の岸に帰着してしまった。七、八分通り遺したご馳走を恨めしそうに眺め乍ら下船し、相変わらず一人黙々として同行、静岡に帰着した。それでも此の最良の時期は今日なお善き思い出と成って消える事はない。

（二）梅ヶ島温泉行

高等学校入学の夏休みかと思う。両手の指間に疥癬《かいせん》ができて苦しんだ。静岡の安倍川上流梅ヶ島温泉は皮膚病に効くとて単身出掛ける事にした。

静岡より十里の山道と聞き、不案内でもあり静岡材木町から軽便鉄道で約三里牛妻にて汚い宿に一泊、翌日朝六時に出発、間もなく百メートル位のつり橋に出会った。巾は一間くらいあるが歩く所は一尺位の板がある丈、水は満々と流れて不慣れの者では寒気を催する。

思い切って風呂敷包みに洋傘を通して肩に負いへっぴり腰で渡って行った。残り二、三十メートル位の時先方から大きな枯れ草の束を天秤棒に担いで来るお百姓が居る。大変だ、戻る訳には行かぬ。

困っていると先方は心得たもの、こちらの不慣れを十分見て取って杖を板の所に一寸掛けて楽々と避けてくれたのには驚いた。一寸礼を言ったら笑っていた。

天気は良し、余り口が乾いたので売り家さんでサイダーで渇を癒した。四里くらい来たとおもわれる時、河原に出た左方の岩の所に立派な道が見える。其の吊橋の所の流れはとても急で観た丈で恐ろしくなるが勇気を出して渡った。安倍川は次第に狭くなる。今朝新しく履いた桐の下駄も角立った子砂利の上を長時間あるいてはたまらぬ。一尺位の所から一寸跳んだら縦に割れてしまった。爪先立《つまさきだ》ちで歩いてみたが足が痛くて耐えられぬ。

右手に見えた百姓家に行きでもわらじでも譲ってくれと頼んでみた。古い物でもと頼んでもないと言う。上に吊るしてあった麻裏草履の新品はと尋ねるととんでもない、この間静岡で入手した宝だと言わん許り。勝手にしろと思って戻ってきた。

又吊橋を一つ渡って売り屋にあったわらじを求めて残一里を一気に急いだ。温泉には六時に到着した。この間人に一度出会った丈だった。

一軒だけ宿屋があるが落ち着いたものだった。肉やさかなはないが住む丈には結構上等、豆腐などは宿屋で作る。夏でも涼しいし水は綺麗だし蚊もいない理想郷である。但し温泉は一町ほど下の方だし男女浴の別はあるが、極めて簡単なもの、近くの金山の働務者が時々来て大騒ぎ、湯の中で大きな石を投げ合うので危険此の上なし。丁度甲府から、東京の学生数人が来合わせて同居したので寂しさもなく一週間を過ごした。

初めは一日に八回も入浴して治療に専念した甲斐あってか恢復したように思われたので、帰りは甲府・身延詣でを思い立ち単身梅ヶ島を出発、朝六時から裏山を経て行くとやがて峠を越し、歩く程に人里近きを覚えて安心感を得た。

午後三時頃身延山に到着。やれやれと一泊の宿を定める時になって静岡中学時代の友人と今夜会う約束を思いだし、予定変更で早速下山、富士川さしてまっしぐら、幸い富士川下りの船に間に合ったので早速乗船、音に聞く三急流の流れを楽しみ乍ら軈《やが》て岩淵に到着。ホッとして東海道を静岡へ、無事帰着した。最近はバスで梅ヶ島にいけるとか、随分楽になった事と驚く外はない。

(三) ラブレター

小人閑居して不全を為す、という将に然り。僕と友人Hとは何かの話の序に一つラブレターを書いてみようではないかと言う事になった。鹿児島の照国神社付近にある料亭、みどり亭に「おうの」と言う美しい娘が居った。

そのために七高の学生で此の料亭に酒飲みに出掛ける者も相当居り、おうのは話題の中心であった。此の娘が友人Ｙ宛てにラブレターを書くという想定の下に二人相談して毛筆を買入れ、天井から筆を吊るせば女の文字に似せて書けると言うのでそれをやってみた。文面は「私はかねてから貴方にお会いする度に落ち着かぬ気持ちになりました。お見えになっても二人丈で篤《とく》と御話する機会もないので残念に存じます。ついては来たる何日八時頃照国神社前迄ご足労願えませんでしょうか！　（何れおめもじの上にて　かしこ）との意味の手紙を書きＹ宛て投函した。

そして僕とＨは当日夕方七時頃各々前後してＹの下宿を訪問して用もないのに雑談をした。Ｙは予定の八時近くになるので大いに心に焦りを見せそれが態度にありありと見える。

吾々二人はうまくいったなと思い乍ら一向お構いなく落ち着いて話し込む。Ｙも帰ってくれと言う訳にも行かず全く困憊して居った。八時十五分位過ぎたころ迄話してから二人はそろそろ腰を上げ散歩をしようと退去した。Ｙはホットした心地で予定の場所にに行ったはずである。

吾々二人はＹの所を辞してから時間を見計らってその照国神社前に態々散歩に出かけた所、彼Ｙが将に一人キョロキョロしながら歩いているのに出会い、何だお前もこんな所へ来たのかと二人は言う。

是以上の追い打ちは過酷と思って、具合わるそうなＹと別れて帰宅した。勿論あとで話すくらいに軽く考えて居たのだが余り薬が効き過ぎた為に此の事を話す機会もなく過ぎてしまった。

後におうのに其の話をした処、「貴方はとんでもない悪戯をする連中だ。そう言えばＹが一度来て言う事が何だか変だった」とひどく怒られてしまった。Ｈとは折りに触れ此の話が出て笑い興じたり懺悔の念にかられたりしたものだが、その後既に五十年を経過したしＨも世を去った。

Ｙは永く東京に在住して居ったが第二次大戦以後お互いに年賀のやり

とりもなく消息もきかぬし恐らく此の事実は永く明るみに出る事はなかろう。お互いに若気の悪ふざけだ、赦せよ。

(四) 上海旅行の記

大正二年十二月鹿児島第七高等学校造士館の冬休みを利用して単身上海に遊んだ。鹿児島を夜出発、来栖で乗り換えて長崎に向かった。適当な宿をとって夕食後人に聞き乍ら出島や繁華街を彷徨した。

一寸変わった町造りの所に来た先はダラダラ昇りで繁華でもなさそうだし翌早朝の出帆も考えてそこにあった思案橋から引き返してしまった。後で聞けばそれから先が長崎丸山の里と聞いて遺懺心残り此の上なし。

僕の乗った船は三千屯級で長崎から上海に丸二日を要した。船賃は三食付き学割で只の六円也。部屋は大部屋で薄べリが敷き詰めてあり、隣の人との界はない。入れる丈入れるという船室。二日目には海が大荒れで吾々は一人として食事等する者はない。船のボーイさんでもゲロゲロやっている位。昼少し過ぎ頃から海水が混濁して来た。是は揚子江の出口に近いからとの事、呉江に入るころは全く波静かで上海波止場には日本郵船会社の四階建ての倉庫が厳然と威容を誇っている。

国力の強いことは国外に於ても斯く優意であり得るかを知った。前から打ち合わせてあった静岡中学校の同窓牧野君の出迎えを受け、人力車で日本人学校東亜同分書院の寄宿舎に落ち着く。

32 チャイナ服

同分書院は日本の中学卒業程度の者を入学せしめ、今後日本人が支那大陸に地歩を築く為現地に建てた極めて政治性の強い三年課程の学校である。「日本人は顔つきで分かるから黙って空いたベッドにもぐり込み食事時には食堂にドンドン行って喰えば良い」と言う牧野の言葉に従って生活した。

当時一か月の学生の食料は金四円だそうだ。大雪の日に牧野の案内で上海目抜きの場所にある大きな公園を見たが、外国人は入れるがおひざ元の支那人は外人幼児の保母だけが付き添いとして入園を許されるとの事、国力のない亜細亜の大国支那人が如何に惨めであるかを目の当たりにして驚いた。

人力車に乗って牧野がオソーオソーと言うとどん々走る。僕も真似してオソーオソーと言うと早く懸命に走る。何だか気の毒にもなった。適当に乗車して十銭宛て渡すと少ないと言って一丁も後をつけて来てせがむ。牧野は何か文句を言い乍ら車夫の顔を殴ると仕方なく帰って行く。然し是で良いのかと思った。

十二月三十一日は寄宿舎に泊ったが同文書院の学生は一人一升以上の正月用酒の用意がしてあるのにはおどろいた。正月年頭、日本郵船会社上海支店長某が静岡県の出身と聞き二人で年賀に出掛けて行く。立派な応接室に通され、山海の珍味と美しい令嬢の接待でウィスキーをがぶがぶやる。自分は支那語は分からず一人歩きは出来ないので用心して居るが、牧野は慣れてしまって、夜八時頃になると全くの大虎となり、言葉の出来ない自分丈では始末に負えぬ。支那人に手伝って貰い、やっと外に出て人力車を雇って同文書院の寄宿舎に辿り着いて寝た。

大体此の旅行費として五十円を持って鹿児島を出発したが、一寸心細くなったし今十円追加送金を父に依頼しておいたが、牧野は御他聞に漏れず無一物、南京同行の旅はお手当のないガイドのようなものであった。

上海郊外に於ては一望千里の農耕地許り、その間至る所点々として土饅頭がある。是は土葬の墓地であるとの事。翌朝南京に到着。日本人経営の宿屋に泊る事にして、初め城外に出て徒歩にて遥か東方紫禁山の麓、明の太宗の廟跡見物と思ったが、道が遠いので驢馬に乗る事にして城壁の大門を通ると、僕の驢馬は道の片隅許り歩いて僕の足が門内の壁に当って危ない。

案内人に聞くと乗り手が下手だと驢馬は斯様な歩き方をするとの事、

鞭で打てば走り出すだろうし閉口した。門外で左折して大平原に出た。当方遥か紫禁山を指して進む。所々左右に一丈以上もある石造が見られ流石大陸ならではの雄大な景色である。軈《やが》て明の太宗の廟跡に着いたが総てが破壊されて跡形もない。ありし昔を偲び今昔の感を深くした。何か記念になるものはと探し求めた末廟跡に散在する黄色の瓦の一片だけであった。一貫目位あったが努力して日本に持ち帰った。そのあと太宗の廟の右に支那の大政治家孫文の廟が建設せられたとの事である。

南京城内に於ては孔子に関する廟など数多く見た。何れも立派な建造物であったように記憶する。翌日南京を発って上海へ向かう車中でゆで玉子を男子販売人の持つ箱の中から牧野がつかむ。売人は勿論車中の乗客も四方から見通しだ。僕も同じく見えている。

一個つかむ風をして二個つかむ。六個のうち二個胡麻化してしまった。僕は唖然として牧野に言う言葉すら持たぬ。是が日本人と逆の場合ならばどうであろう。吾々は如何に感ずるであろうか、想像した丈で恐ろしくなる。日清戦争以後日本人は支那人に対して徒らに優越を感じ、支那人を睥睨《へいげい》して総てを処理する傾向がある。昭和十二年盧溝橋事件に端を発して日支事変を引き起こし、引いては第二次大戦に突入し事志と反して戦中戦後国民は塗炭の苦しみを味わされ、以後十五年稍々平和を感ずるようになったが、韓国にたいしては今日尚李承晩ライン等と言う国辱的境界の解決すら出来ない始末、日本人は一人よがりで我儘で、威張り屋で公徳心に乏しく、直ぐに得意になって遠謀の気概なく、人に悪感情を持たれる事を平気でやる。此の欠点の人が外国における信用を失墜せしめる事となろう。誠に心すべきである。武力による占領は何時の時か又失う時が来るとは味わうべき金

33 明の太宗の陵墓付近にあった瓦

言であろう。斯くして上海に帰ってきた。

時に牧野と上海の旧城内の支那街を見物した。

そこでは当時も纏足《てんそく》の婦人を多く見受けるし、葬式も泣き女が人力車に乗ってワアワア涙を出し目を真っ赤にして泣いている。家族の連中は愉快のはずはないが泣いてはいない。形式ばった習慣と言えばそれ迄だが吾々には理解しにくい。又路上阿片の切れた労働者風の男が倒れて痙攣を起しているのを見た。

一般の人は又やってる位にしか感じないらしく放置して置く。そのうちに治るものらしい。日本には一寸見られぬ光景であった。

ぼつぼつ冬休みも残少なになり、父からの十円送金も入手出来て何とか足りたので引き続き帰国の仕度に取掛かり、上海埠頭で牧野と別れ一路鹿児島に帰着したのは大正三年一月七日かと覚える。以後五十年も経たが牧野と相見る機会もなしに今日に及んでいる（昭和三十八年記）。

（五）桜島大爆発の思い出

七高時代大正二年の暮れから冬休みを利用して上海・南京を旅行して正月上旬鹿児島に帰着した。学期初めではあり同志数人と桜島に登山した。

北岳から南岳に廻ったが富士山や霧島山の噴火口よりはるかに深く、底は赤身を帯びた青錆色で実に不気味な感じで処々の岩肌から濛々と煙をふいている等霧島山同様活火山たる事を思わせられる。鹿児島に帰着早々不思議に毎日のように小地震が起こり、一月十一日には五～十分置き位に小地震を感じた。翌十二日午前十時より物理の時間であった。

その前の十分間休みに七高校庭（城山の麓鶴丸城址）から桜島を眺めて居った時、突如山の中腹から灰黒色の煙を噴出し見る見る桜島全山を覆い、三十分後には六、七千尺（二千m位）の高さの溶岩を噴き上げ鹿児島市が風上の為に実に良く眺める事が出来た。

物理の先生に尋ねた処、ベスビアスの例を引いて風下ならねば心配の要なしとの事乍ら学校では緊急処置として十時三十分頃無期休校の掲示を出したので、学生は各自帰宅したが風上の市内でも既に灰燼の為に目を開いて歩けない程であり、鹿児島全市は此の突発した天災の為に大混乱に陥ってしまった。大津波が来ると言って城山に上る者、又山から急ぎ降りる者あり、實に想像を絶する様相で、ポンペイ最後の日も斯くやと思われた。

一刻も早く鹿児島を去るに如くはなしと考え、友人と三人午後三時の列車（その後は不通）で人吉を経て八代に逃れ一泊、翌日熊本に向かった。五校では七高の避難学生の宿等についてあらゆる面での斡旋をしてくれたので大いに助かった。

鹿児島全滅、七高は福岡に移転する等のデマが飛んで東京に帰った学生も居った。実は鹿児島逃避の時、僕と今一人は懐中頗る淋しかったが、今一人は前日国元から送金があった許りなので、僕はその金を共同使用する事を提案し、幸い同意を得たので汽車逃避を決行した次第。

八代の宿についてから命拾いをしたのを肴に痛飲してしまった。然し僕は国元へ「イノチブジカネオクレ」と打電する事丈は忘れなかった。後で聞いた事だが電報は十二日の夜中に着いてなんとも判読しかねるが無事だといいだろうと言う事になり、翌朝の新聞で桜島大爆発の報道を見て初めて電報が分かったと言う事であった。送金は八代局を経て熊本で入手出来たが、桜島の大爆発は僕の懐中を大いに潤す結果となった。幸い熊本滞留一旬《いちじゅん》の後には鹿児島の下宿に戻ることが出来た。

翌日海岸に出て見た処桜島迄一里の海は大小の軽石でいっぱいで海水は少しも見えない。夜は桜島に大都市があるかのように煌々と輝いて居った。

数日後の日曜に学校のボートを曳き出して桜島に上陸した処、鹿児島対岸の一村は全村溶岩の下敷きとなり、五丈も六丈もの厚みを帯びた溶岩はジリジリと進出し、外見真っ黒で隙間からは真っ赤に溶けた岩が見えるし、黒い岩の一片ですら煙草の火が付くのだから到底溶岩に近寄るべくもない。

爆発は幸い急激でなかった為に島民はほとんど避難することが出来た様子だが、家畜などは構って居られなかったらしく落下溶岩に打たれて死亡しているのを散見した位だからその烈しさも想像できよう。

丁度此の時奇術の天勝一行が見物に来て居ったと記憶する。桜島は元来鹿児島湾内の孤島であったが、大隅との海峡は此の爆発で陸続きとなってしまった。一か年位後も尚海中に流出した溶岩の熱の為に水蒸気を盛んに立ち上がらせて居ったし、自然の力の偉大さを痛感させられた。そのあとも南九州に地震があったり桜島が爆発したとの報を聞くにつけ当時の体験が偲ばれる。

エッセー　大判小判

亡母のぶが、大祖母美保から伝え聞いたところによると、前の東の蔵と裏の蔵に大判小判等金貨が貯蔵されているとの事であった。

嘗て父九一郎の時代に東の蔵を修理の折り、近所の者二、三人に手伝わせた処、柱の中に小判が二百九十何枚か発見された。思いがけない拾いもので、父は是を大阪の造幣局に出向いて金に替えてしまった由である。

日ロ戦争後父も不如意になったので番頭長平をして裏の蔵のタタキ（昔コンクリートのない時代に良質の土をたたいて固め水の流れを良くしたもの）の至る処を掘り起こして探し求めたが発見できなかったとの事であった。

僕と正形とが掘る前に鐵の球が 一個既にあったような気がするので、あるいは既に発見済みとも勘ぐる事が出来るが（正形も同意見）、少なくとも当時亡父及び亡母は未だ地下にあるものと信じて居った。

番頭長平の死後此の話を聞き夏休みを利用して正形と共に此の処ぞと思う場所を掘った。何しろ縁の下で胡坐をかいても頭がつかえる位故働くには相当不便、約二尺位掘った時直径二寸位の、上に小さい出っ張りのある鉄球が出て来た。正しく此処ぞと堀続けた処四尺位の処から同じ鉄球一個を掘り出した。益々元気を出して掘り進んで五勺二寸～三寸掘ったが未だに発見できない。

一口に五勺と言うが直径一尺五寸位の穴で然も頭のつかえる場所故困難なものである。床を取り除けシャベルの使用を楽にして一間位掘ればとも思われる。血気盛んな時代の二人故頑張ったが、前記の深さでは何も発見出来なかった。それで探索は中止して、鈴木家手もちの大判二枚？小判四十五枚、他に二分金、銀…などを平な桐の箱に入れ、大正？年月日（大正初めのころ）を正居が書いて五勺二寸位の処に埋め、鉄球は成るべく元の位置に埋めて置く事にした。土質は割合上等のもののように記憶する。番頭長平のように至る所を少しずつ土台を掘り起こす事は蔵の為に悪いと考えて、吾々は美保大祖母の言い伝えの場所丈を探し求めたのであった。

こんな事から家中皆が亡者に成って秋葉山奥の院の行者に伺いを立ててみようと一決したので、正形と二人是を強行する事にした。

僕の中学の友人河村実は遠州秋葉山宮司の息子故、河村の紹介状をもらって秋葉山に向かう。荷物は風呂敷包み各一個、洋傘各一本宛てで秋葉山の大きな杉並木を登って行った。途中郵便配達に会う。

此の男は新聞の配達もするらしく土手に腰を降ろし道脇の畑に働くお百姓に日ロ戦争の新聞記事などを読み聞かせて居る。斯く長閑な風景を眺めたりして進む程に夕方秋葉山に到着した。

紹介状を差し出した処取り扱いは極めて丁寧、親切。奥の間に招じ二の膳付きのご馳走、若き男がいとも丁寧な物腰で給仕をしてくれて恐縮してしまった。次の日早朝奥の院へ出発と申し入れて置いたので、にぎり飯弁当二人前を貰ったが、宿料も何としても取ってくれずそのまま六時頃出発する事にした。

奥の院は秋葉山より山の峯伝いに五十町一里で四里との事、道と言っても余り判然とせず、山の峯を何とはなしに天竜川添いに北に北に向かう丈であった。途中十時頃に一人の男に会った丈である。

約三里位来たと思った頃互いに空腹を訴えた。正形はムシャムシャとやるが自分は心配で始めない。十時頃遠見の利く場所に出た時、右方の十町許り先に奥の院の建物を見たので安心して握り飯にありついた。

その美味しかった事、筆舌に尽くせない。何は無くとも本当の飯の味を知ったような気がした。十二時頃奥の院に到着したが、目的の行者奥田義行は不在で、大体の話をして弟子に祈祷をして貰ったかと思う。

昼飯時故味噌汁のご馳走になって辞去した。奥の院の境内には大きな鉄の水桶一間位のものが置いてあり、東京青町で天保銭（８分目）主義をモットーとする株屋玉塚栄次郎の寄付によるものだったのには驚いた。やがて奥の院を辞去して遠見の利く場所から西側の天竜川に降りる事にした。

やっと川岸に来た。西の対岸に渡して貰って川沿いに南に進んだ処に売屋（上平山）があってわらじを買い、二俣《フタマタ》行を話した処途中山越えの処もあり（既に二時半頃）夕方迄に着くのは慣れぬ人には無理だと言う。

今日の下り舟は皆済んだとの事で一寸逡巡した。幸い店の人が久根銅山の鉱石舟が下るから、禁じられてはいるが頼んでやろうとの事で是に便乗する事を得た。一瀉千里二時間位で二俣の大きな橋の所迄来たが、禁じられてる丈に数町手前で降ろされてしまった。

大橋を渡って軽便鉄道にて三里、浜松市に到着したのが夜の八時、当日は天気は極めて良好、秋葉山上から峰を歩き廻ったり川を下ったりするのは涼しかったが、浜松は真夏の暑さで閉口。着物の裾は全部腰迄巻き上げ上は肌脱ぎになり是又腰の廻りに巻き付け頗る異様の風体が出来上がった。夜だから構わぬとそれで南へ南へと速歩で闊歩し続けた約一里半〜二里位来た時天竜の西岸に達し、中之島迄長い橋を渡って十一時に奥田義行（行者）の居る寺に着いた。

行者には来意を大略告げたが詳細は翌朝話す事として一泊させて貰

い、翌朝細かく話してお告げか判断かを求めたがやはり確答は得られなかった。先方も神様ではなし占い師でもなし余り無責任の返事も出来兼ねると言った処だろう。

感謝を呈し、結局亡者は亡者の儘で日のあるうちに中泉掛川を経て伊達方に帰着、全行程三日間の夢追い旅であった。はてさて宝は何処に眠れるか。何時の時代でもよし、鈴木家の為に幸あれかし。

エッセー　父の死

大正八年十二月十五日夜父は森町の報徳会に出席して帰宅したのだが、恐らく此の時風邪をひいてしまった。当時日本中に大流行した流行性感冒（スペイン風邪、大正７～９年）らしく大した熱はないが様子が少し違うので、早速静岡柴毅宅を二番町に尋ね診断の結果病名判明せず横浜在住の僕の所にも通知があったので、早速静岡へ出向いたのは確か二十一日かと記憶する。

風邪かと思うが熱も高からず、腸チフスとも異なり柴兄も判断に苦しんで居った。熱もないから本人の希望により入浴もした。座敷に来て父と僕と正形と手火鉢を中に対座して居て、多少気分が悪いのか目閉じて沈黙しているかと思うと、突然「丸尾さん私だって若い頃は乗馬は相当やりましたよ……」等と言い出す。

又沈黙しているから父を呼び話し掛けると適当に応答するし、変わった所はない。そのうちに又変わった独り言を喋り出す始末で、頭の神経が相当侵されている事丈は分かる。吾々は只困った困ったと丈で如何とも手の下し様もないままに柴兄に万事依頼して翌日横浜へ帰るほか無かった。

東京でも此の病気が大流行、スペイン風邪とも嗜眠牲脳炎とも言われ西園寺公望公の息女も此の病気で急逝したり、お医者が此の病気に経験がないので何とも致し方ないものらしい。

父も静岡に居っても大した変化もないが快方に向かうのでは勿論ない。二十五日頃帰宅して病床に臥して居った。自分へ又通知が来て二十七日に又帰国して素人乍らの看護を勤める外なかった。

静岡の兄も引き続き来てくれるが是として良策もなく、日一日と病勢も進んで行った事と思われる。山崎文桂叔父の学生時代の知り合い二木謙三博士の来診を依頼し得たが、医者の見放した患者でも回復する事もあるから養生専一にとの事で、結局手の施し様も無くなってしまった。

三十日には既に望みなき模様となり一同憂鬱の極に達した。翌三十一日に父は遂に永眠した。患ってから約二週間、いつも本人が放言した通りの期間病に伏して倒れた事となった。

全家族に見守られて逝った事は不幸中の幸、行年五十八歳、十三代正巖壽永居士から明治十一年に齢十五歳で家督を継ぎ、くらみ村の岡田淡山翁の塾に学んだ事もあるが､家の為に東京遊学は叶わなかったようだ。

二十歳で妻を娶り一家を為す。以来岡田淡山翁に従い報徳社を創立、掛川信用組合掛川銀行に関与、別に堀之内に城東銀行を創立、是等が父の仕事であり中々に盛んであったらしいが、好事魔多し日ロ戦争後株式暴騰の頃に関係してある程度の損失を負ったこともあるが、我々にとっては「慈父」の言葉に尽きる。

朝田商事部

僕は農学部を卒業したけれども父の疲弊を取り返す意味もあり朝田惣七兄の仕事として三菱と深い関係がある事を利用して朝田商事部を起こした。僕が入社したのが大正七年八月で第一次大戦の将に終わらんとする時であり、直ちに兼二甫（朝鮮）の銑鉄屯四百三十五円で買入れ、四百四十五円に村上商店へ四千屯売却契約書を書いた記憶がある。

左右十円の利益でありそれが朝田の顔で三菱商事に保証金なしで契約を為し、受け渡しに立ち会う丈で是だけの利益は当時としては相当なものだ。日本が此の戦争に多く戦わずして大いに利益を得た時代である。

十一月に終戦となったが鉄・材木等の相場は一向に下がらず、翌年三月頃からは物資は総て下落して非常に困難な時代となり、大した地盤のない仕事丈に次第に崩壊して行った。

銑鉄以外に材木が高いからとて日光方面や由比方面、長篠方面、新潟県方面等の山を買うべく活動したものだが、買えないうちに木材相場が下落し始め自然中止となり幸いした。然し此の間に前後して五か年の歳月が流れ去ってしまった。

横浜より伯林まで

僕が榛名丸（一二〇〇屯級）で横浜港を出帆したのは一九二三年（大正十二年）五月二十三日である。港を出てから約四〇分位後同室の矢崎美盛君が甲板に来て、鈴木君お台場が見えると言う。

船は東京方面へ向かうのではなし、なんて非常識な事を言う人かと思い乍ら見ると、東京湾入口にある砲台である。外敵を防ぐべく湾の入り口に造築されたものらしく、勿論地図にある訳でなし全部コンクリートで固めてあった。

途中清水港及び神戸港に立ち寄った。七高時代の旧友古橋太三君が大阪から出向いて来て、君も当分すき焼きが食えないだろうから神戸の上肉をご馳走するとて案内された生肉を味醂漬にしてあるのか少し甘いが実に美味しかった。

彼の好意に謝するが当分こんなうまいものはお預けと思うと里心も出て来る。やがて神戸港を出帆、一路瀬戸内海を西へ西へと向かい島々の景色を眺めながら下関に寄港、石炭や水を積んで直ちに上海に向かう。

呉江を静かに上って上海に寄港、嘗て大正二年に鹿児島より単身旅行した事もあり、出航に遅れるような事があってはと思い、総て同志の者と行動を共にした、又町を見物したり蘇州まで足を延ばした。

楓橋夜泊　月落烏啼霜満天
　　　　　江楓漁火対愁眠
　　　　　姑蘇城外寒山寺
　　　　　夜半鐘声到客船　　　唐　張継

何時読んでも見事な詩である。

寒山寺は余りにも有名で期待も大きかったが、平坦な田圃の中にポツンと建っている古寺。お寺の坊さんは求めに応じて種々の詩をものしてくれる。支那人は実に字がうまい。完全な観光ブームを狙った雰囲気であった。要は訪れる人によりで各自其の真価を認むべきであろう。

横浜出航の時ジョニーウォーカーの角瓶を一ダースも贈ってくれた人があったので、人に贈ったりボーイにやったり友人と飲んだりした。台湾海峡の波静かな海を滑るが如く過ぎて三日後香港に寄港、海には支那人が色々の土産物や甲板用籐椅子等を小舟に乗って売りに来る。香港は相当に暑い。

町の後ろは直ぐ山で下とは五度位の差があるとのこと、美しい町だが薄気味の悪い国際都市といった感じである。香港を正午出帆一路南へ向かう。急に暑さを増して来た。食事は朝丈は割合に簡単だが栄養価は満点、昼と晩はご馳走を食べる時位の分量、初めは誰もが健啖振りを発揮しているがじきに閉口して仕舞う。

日大の永田君なども初めは凄い勢いだったが忽ち敗退、時には日本料理も出してくれるし十二分の食糧である。二等であっても上記のようなご馳走攻めに会い乍ら此のホテルは日夜走って一日十五円位、物価が安い時と雖《いえど》も大したものだし、又サービスも満点、それ故横浜からマルセーュまで約四十五日位で六百余円ですむ。当時の日本円は英国の封度対十円弱、米ドル対約二円、一円対独逸二マルクが相場である。

船が寄港の時は見物も出来るし時間がないが走っている間は毎日同じ事の繰り返し故飽きてしまう。前記の矢崎美盛君は音楽学校教授の久野久子女史（※明治・大正時代の日本のピアニスト第１号。文部省から研究員として派遣されるも、ウィーンにて自死。）を知って居ったし、お互いの暇の折り甲板に出て雑談する。

横浜在住のピゴットという二十五、六歳の美しい娘さんが本国へ帰ると言って単身乗って居った。久野女史は三十五、六歳位か、中々の美貌の持ち主。上野音楽学校の教授で文部省からの派遣で伯林に向かう途中。気の強い性質である。元来足の不自由の上に京都で自動車事故に遭い新聞に大々的に報道され、此の為に自分の名は特に広まったと公言する有様である。

長い船旅の為に船会社でも乗客慰間の物を行う。

デッキゴルフ、二人三脚、蝋燭競争、パン喰い競争等の運動会も行う。又甲板で海水を布に汲み上げ海水浴等も行う事がある。仲間の連中としては米国の宣教師夫妻、永田兼四郎君、日本郵船会社員、鉄工会社の社長さん、久野さん、ピゴットさん、矢崎君等の会？　も出来た。中にはスイスの医学校へ博士号獲得の為に出掛ける二人連れもあり玉石混淆だった。

品川のお台場と砲台を間違えるような矢崎君故総て非常識かと思うと左に非ず語学は天才、英佛独共に自在である。元来甲州の産でアルバイトをするときは成績悪く、勉強した時は一二番だと言う。

東大文学部を卒業、哲学を専攻し著書にて生活費を稼いでいたらしい。当時独逸フライブルグ大学のマッサート教授を最も自分の尊敬する先生と考え手紙を以て教えを乞うた処、都合出来たら来独するようにとの返事を得て都合をして渡独の途中であることが分かった。

話す程に芸術・美術方面に対する造詣は驚くべきものありと感じた。矢崎君は甲州の産。厳父は財閥根津嘉一郎翁と親しく此の度の渡欧について挨拶に行く様薦められたが、気が進まぬし放置して置いたが、たっての事で父の立場も考慮して尋ねる事にした。君は大学を出たそうだが何を習ったと翁は問う。哲学をやりましたと答えた処即座に金にならんなあーと言う。自分は哲学専攻した事は本当に幸せだったと考えて居る。自分の気持ちとよくマッチして一生涯やり甲斐のある学問で是を誇りとすら思っているのに翁は徒《いたずら》に金銭のみにとらわれている。

彼を卑下せざるを得ない。こんな処に長居は無用と考えて辞去したが、餞一封（百円）を贈られた。心ならずも受け取らざるを得なかったとか、矢崎君の性格が躍如として現れている。

シンガポールでは一時上陸して日本人宿に憩い日本食にありついた。非常な暑さだが自動車でゴム園とか蛇寺とか色々見物して後畳の上に横たわった。

丁度窓下に屋台のライスカレー屋が出張、丁度威勢の良い青年が一寸サビをきかしてくんねえという恰好でパクパクやっている。箸は用いず指三本を用いて団子を作り親指ではじき、ポンと口中に飛行させる見事な技術である。

あるいは吾々の箸以上かも知れぬ。横浜在住の頃山田と言う四条派の日本画家の家に寄宿していたが、僕の洋行に際して十二か月の春画を送ってくれた。欧州に持参すれば大した珍品に成ろうと思い持参したが、マルセーュ上陸の際に失敗してはと心配になり、残念乍らシンガポールから日本寄港の船員に託して弟に送り付けて仕舞い残念なことをした。

シンガポールとセイロン島のコロンボ間ではデッキパッセンジャーが甲板いっぱいに乗り込んで来る。マラヤ人とおぼしき者、印度人とおぼしき者千差万別である。極彩色の首飾り・腕飾り等物珍しき服装許り。

家族連れ子供連れも勿論甲板で何等の炊事をして甲板に寝る。暑い場所故涼しくて返ってキャビンより上等かも知れぬ。右方にマレー半島の椰子の林を散見する事久しく、ベシー海峡を北上してやがてマラッカに入港。此の港を去って数日、コロンボに上陸、町は立派ではない。

港近くで印度特有のライスカレーを食べたが、とても大ピリピリで手も足もでない。矢崎君は印度についても興味を持って当時の指導者ガンディーに関して色々と案内人に尋ねるが話したがらぬ。

ガンディー翁は無抵抗主義で印度独立の首謀者であるからだ。口にする事を恐れた訳であった。コロンボに着いて甲板のパッセンジャーは全部下船し、船は一路西へ西へ。八日間は陸地を見る事はなかった。印度洋の水は紫を帯びていて恐ろしい許りに美しい。僕は暇にあかして小さい鳶（凧）を作り船尾に繋いで楽しんだ。二、三時間引き続き空高く揚がっているのは痛快であり、船客の話題になった。

又時には海が荒れて五階の建物位の高さの運転台迄水しぶきが来るし、いったん浪が静まればいわゆる鏡の上を行くようである。明けても暮れても水天彷彿として我一人行くと言う感じである。

船客慰安の運動会は仲々盛んである。斯かる会合に誰か久野久子女史にピアノの演奏を乞うたが、お高く留まって一向に承知しない。是が原因してか女史の評判は芳しくない。ピゴット女子は社交的に且つ華やかに振舞って美貌と相俟って頗る評判が良い。矢崎さん私が英国へ帰ったらお手紙を下さい。名前を忘れたりしたら駄目ですよ、どうです鈴木さんも独り者ですから結婚しませんか、お金持ちだったらしましょうかね、といった具合に一同親しくなった。斯かる呑気な航海を続けて居て一週間目の夕方に右方にチラチラと町の明りを見る。船員によればアラビアの南端英領アデンの町との事、僕は幼少の頃世界一周唱歌に「アデンス城は苔むして嘶く驢馬の声遠し」と唱った事を思い出したのであった。間もなく航路は右折して北上、世界中で一番暑い海だという紅海に入った。

翌朝甲板から見ると右も左も砂漠で全くの不毛の土地、只暑い暑いと感ずるのみである。独逸は第一次大戦終了後五か年を経ているが国力の廃退でインフレーション甚だしく、丁度紅海での入電で一封（日本円の約十円）対六十八万三千三百七十五マルクとの事であった。

是を僕が読み替えてみたら「ムヤミニナイ」となる。では独逸に行けば益々物価が安いぞと考えた。紅海三日の旅を経た頃矢崎君の説明により右側遥か先にシナイの山を眺める。モーゼが天啓により神より十戒を授けられたと言う聖地である。とうとうと名にし負うスエズ運河に到達。左右に砂漠の丘を眺め乍ら北へ北へ。スエズの埠頭にレセップスの銅像が建てられ東洋への航海を誘導している。

いよいよ地中海の旅だ。イタリアに近くシシリー島との間、メッカジナ海峡を過ぎて間も無く右手海上にストロンボリ火山を眺める。実に雄大其のもの。ナポレオンの故郷コルシカ島を眺めつつ佛の南岸マルセーユに向かう。

七月八日吾々グループの大部分は此の地に上陸の予定らしく、ピゴット女子と郵船社員はロンドンへ直行するのでマルセーユで別れた。愈々欧州上陸第一歩。吾々は見物等も程々にして一路リヨン経由パリに向かう。

矢崎君と同行してエトアール。シャンゼリゼもノートルダム寺院もトロカンテロー広場等も見物したし、エッフェル塔も上迄登ってみた。正におのぼりさんである。嘗てギロチンの活躍した所に現在はエジプトから持って来たオベリスクが厳然と立っている。其の脇にルーブル博物館がある。

モナリザの微笑もレンブラントの傑作も矢崎君の説明を聞き乍ら眺めることが出来て芸術の偉大さを痛感した。専門家が一通り見るには少なくとも一か月を要すると言うのに僕は一瀉千里一日で完了したのだから大したものだ。

パリは此の位にしてベルギーのブラッセルに向い一泊、オランダで一泊して伯林へ直行する事にした。独逸では汽車一等寝台は確かに贅沢とも考えられるが是がインフレのお蔭で頗る安い。七月二十一日目的の伯林着。早速地図に依って大学時代の学友平賀五郎君を下宿先のハーク宅に歩いて尋ねたが不在でガッカリ。仕方なく急ぐので電車に乗ってみたが行く先をはっきり車掌に伝える事が出来ない。

手の平にお金を載せて出したら六十馬克取った。戦前のレートなら三千円に相当するのが電車の片道の相場である。嘗て紅海で英封度対六八

三、二七五マルクであったのが当日は既に百万マルクであった。翌二十二日に又また平賀君を訪ねたら、彼は今一ケ所部屋を借りて住んで居ったので自分が彼のハークの部屋に下宿する事になり落ち着いた。時に一九二二年（大正十二年）七月二十二日、第一次大戦後五年目であり、横浜から実に五十八日の長旅であった。

インフレーションと競馬と

七月二十一日に伯林のホテルに落ち着いて後ホテルを引き払う等の交渉も心もとなく専ら矢崎君がやってくれるので便利した。お客は背広でも給仕人は燕尾服を着ている。彼に向かって矢崎君は「君はキェルナーか」と問う。彼は目を白黒させていたが穏やかに「やー」と答えたので支払い等を依頼して完了した。

然し後で知った事だがキェルナーは下僕であり、普通はオーパーキェルナー又はヘルオーバーと呼ぶ習慣であった。即ち番頭であり又は番頭殿とよぶべきであることが分かった。それを単に下僕と言う言葉丈を用いたので目を白黒させたのであり知らぬが仏である。

二十一日当日のレートは百万マルク、二十二日には百九十万マルクと下落に拍車を掛けて行った。平賀君曰く、君は一万円位持ってきたかと。トーマスクック（トラベラーズチェック）に二千円位しかもって居ないので大いに倹約しなくてはならぬと思う。

高等学校で習ったドイツ語以来既に八年、完全に忘れているし、一友人が鈴木の奴あの嫌いな独逸語の国へ態々何で行ったんだと言った位故全然知らないのと大差なかったろう。早速英人ベルリッツ・ランゲージスクールに通い始めた。

英佛独露・スペイン・イタリア等世界に主たる国語は何でも習える会話学校で、第一次大戦前神戸と東京にあったはず。特徴はいわゆる「母の言葉であり、耳の言葉である」。本で習う目の言葉は適当でないというので、初等から本はあるけれど専ら自宅で勉強するときのものであり、授業時間中は初めから何回でも繰り返して其の真の意味を了解せしめるという教え方。先生は母であり生徒は赤ちゃんである。

ハークの家には当時六歳になるエバが居っていつも僕の部屋に遊びに来る。Sieを用いずDoで話をする。こちらが知らなくても少しも遠慮はない。はじめは五月蠅いとも思ったが少し分かって来ると反って勉強になった。

ベルリン到着後四日目に関東大震災が報ぜられた。死者百万といい東京・横浜全滅という。ハークが貸してくれた新聞を辞書と首っ引きで読む。話半分としても嘗てない大災害で其の混乱も想像し得ない。

先ず第一に自分は直ちに帰国すべきかと電報で問い合わせた所、直ぐ帰るに及ばずとの事に一応落ち着きを取り戻した。引き続き毎日新聞に記載されるが彼岸の事柄故新聞記事に大きな信頼が持てず、不安は久しく続いた。

平賀君は既に二か年滞留後でありベルリン児に成りきって居ったので大いに便利した。平賀君には蔵前出身で農林省海外派遣員の友人が居り、此の友人等の勧めもあってデンマークの東バルチック海に面したオストゼーに遊んだ。

ペンションに宿泊しご馳走三食付き一週間で十円位であった。伯林で日本人が下宿し部屋代一か月金五銭也、気の毒故十銭支払ったら殊の外に喜ばれたという。僕は日本人倶楽部の近くで乞食に一千万マルクを恵んだら驚き且つ喜んで穢《きたな》い手で握手されてしまった。時に其の一千万マルクは邦貨一銭に相当、一日に一米弗（邦貨二円）あればカフェや映画は軽く楽しみ乍ら美食して一日暮す事が出来る。総てこんな具合なので立派なインフレ成金が出来上がった。

実にムヤミニナイ事柄であった。インフレに関する逸話は非常に多い。同年十一月十五日地権銀行（レンテンバンク）が設立せられ、一兆マルクが同行の一紙マルクと決定せられた。一兆は〇が十二付く程大きな数字であり、僕が伯林着の日から数えて二十日後には十分の一に下落した事になる。即ち一万マルク持っていても物を買わずに持っていれば二十日後には千マルクの価値となり、さらに二十日後には只の百マルクの価値になってしまう。

国立銀行は何れの国でも金の保有高を引き当てにして紙幣を発行しているのだが、ドイツのこのレンテンバンクは金を引き当てすることは出来ないので、独逸の国土と建物を引き当てにして紙幣を発行したのである。

こんな都合の悪いものの引替えでよくも国民が信用したものだ。実に此のレンテンバンクの設立はインフレ救済の特効薬となり見事効を奏して独逸財界は息を吹き返した。従って吾々のような速成大尽は忽ち元の木阿弥に転落して、何の変哲もなく玉子一個五十銭（邦貨）もするようになり苦しい生活が続いた。

自分は元来何か安い品物でもあったら輸入しようと考えていたので、一分計体温計八千本程買い入れて日本へ送ったが、斯かる品物は国産品保護の意味もあってか日本で改めて検定の要もあり、某薬屋に依頼して検定は受けたが販売ルートを持って居ない等の欠点もあって結果はよくなかった。現に三井や三菱・大倉等の会社が既に伯林に出張してあらゆる輸出入品を手掛けている位で、一寸出の者が是に対抗出来る訳がないと分かってその後は手を染めぬ事にした。

一度競馬に行く事になり、箕作秋吉君と平賀と三人ホッペガルテン競馬場に行き、その広大なのと綺麗な景色に驚いた。散歩丈を目的としても確かに有意義だ。折角来たが馬の名前も何も分からない。幸いニコチンと言う名の馬が合ったので一枚試しに買ってみたら当選して四五倍になった。どうも競馬は八百長もあろうし夢中になれぬ。然し良い気持ちであった。其後も平賀君や蔵前卒業の連中は夢中で出掛ける。一人残って居っても仕方がないから同行するが成績が上がる訳がない。一千万マルク売れたら二十五パーセント位天引きして残りを単複に分けて当に配分する仕組みである。即ち七十五マルクの価値の馬券を百マルクで買うことになり実に馬鹿げている。自分は元来競馬を斯様な目で見ていたから同行はするが決して大きくはやらぬ、従って大きな害はない。

此の三人は夢中でやって一日に計六百円程損をしたことがある。競馬銀行に預金したのだから取り戻す迄は行く、とうそぶく。大言壮語した三人も結局不成績の儘伯林を去ってしまった。

ロンドン、パリ、スイスの旅

僕が伯林着後一か年の頃平賀君は帰国の必要に迫られて居った。農林関係の書物を相当買い込んで、翻訳なども相当やって居って一段落したので、米国経由で帰国する事となったのを機会に自分も同行してロンドンに渡った。

英国は紳士の国と言うが汽車等で会う人もツンとして親しみがない。一寸した酒屋でもウィスキーは本場物だけに格別で、バーテンダーはウィスキーと水とを別にくれる。各自適当に水割りして飲んでいる。

車海老のうまい店ピカデリーの目抜きの場所にある支那料理等は実に美味しい。ハイドパーク、タワーブリッヂ、ロンドン塔等見物した。若く美しいマリーアントワネットの幽閉を思う時、余りにも悲惨な当時を偲ばずに居られない。英国は紅茶の国である。ホテルは勿論中級以上の家庭では朝寝床に紅茶と軽いトースト類を持参させ、是を口にしてから徐《おもむろ》に起き上がる習慣らしい。

ロンドンも古都であり道は案外狭く処々拡張工事が行われつつあった。ほんの僅かの距離に当時五千万円もかかると聞き驚いた。日本でも都市建設は道路から先にをモットーとして企画すべきだ。四、五日のロンドン滞留を終えて平賀君とお神輿を挙げ今度は僕と二人でベルギー、リュージュ経由でパリに向かった。

パリは一年前四、五日滞留した処、二、三見物して見たが町はいつも美しい。極言すれば塵一つないと言い得る。二日後にパリ北停車場で平賀君と別れて一人ジュネーブに向かう。スイスは到る処空気の清々しさを感ずる土地であり、自然に親しむには最高の土地であろう。

翌日夕方独逸の国境に達し関税の荷物検査にあったが、幸いフリーパスして一安心、約一時間ライン川沿いに北に進み矢崎君の居るフライブルクに到着、彼の家に着く事ができた。嚢中僅か三マルク半、真に乱暴な旅行であった。

君は良い所へ来た。僕はイタリーへ五十日程旅行して昨日帰った許りだったと聞かされてヒヤリとしたが、是で大船に乗った気持ちで彼の下宿に寄食した。フライブルクから二時間の処にフェルトベルクと言う独逸で一番高い山があり、景色も良いからと言うので同行した。駅からバスで頂上までその辺一帯に森林許り。景色も雄大である。

スイス国境辺りからライン川沿いは独逸最大の森林地帯で、長さ百五十キロ・巾四十キロもあり総て植林であるのは驚く外はない。此の旅行は倹約するようにと往復とも四等列車を利用した。

一週間程厄介になっている間に平賀君に用立てたものもロンドンから送って来たので一安心、矢崎君に感謝してフライブルクを辞去した。帰途カールスルーエ、バーデンバーデンを経由、確か独逸に一か所しかない温泉地、豪華此の上もなし四等列車の客の立ち寄るべき所に非ずと割愛した。名にし負うビールの本場ミュンヘンに着くと、何はともあれ一杯行こうと宿を定めて大ビヤホール、ホフブロイハウスに入る。一リットル入りのジョッキが並んでいる。

各自そこに行って脇の水道の水で洗う。次のテーブルでビールを注いでくれる。泡が溢れると木のへらで落とす。それを木の大テーブルでベンチのある処へ来て自由に味わう事になっている。二杯目を始めた頃に僕のテーブルに五、六歳の子供を連れた夫婦者が来袷せた。

勿論三十五ペンニヒの分を買入れ、ポケットからお手製の黒パンにソーセージのサンドウィッチを取り出して三人でモグモグやり乍らビールを飲み廻している。然も子供はジョッキが大きくて飲めない。

親がジョッキの尻を持ち上げて飲ましているのには驚いた。全く和やかな風景であり将にビールの国なる哉である。翌朝ミュンヘンを後にして古都ニュルンベルグを経由、ドレスデンで有名な博物館を見物して伯林に直行した。

矢崎君と久野久子女史

女史は元来気の強い性質らしかったが言葉分からぬ伯林に放り出されては全く淋しいものだったろう。その上足は不自由だし外出は頗る困難。初め素人下宿に落ち着いてピアノの方も有名な先生に師事した迄はよかったが、当時の日本人の洋楽の幼稚さはお話にならず、四十年後の今日では日本人がグランプリに入選したなどと大いに進歩したらしいが、当時は格段の差があったので「それで日本で教えているのか」と言われたとか、面目丸つぶれ。何やかやで神経を刺激するもの許り。

女史も大いにノイローゼに陥って何時の間にか音楽の都ウィーンに転じてしまって居った。僕が滞独約一年の頃矢崎君が突如伯林に現れ、大いに話したり博物館見物に出掛けたりした。

最近フライブルグに来てフッサート先生の講義を聴く日本人が居るが、何れも後で教えを受けたと言わんが為に来ると言った程度で、良く話してみるとその知識の浅き事驚く許り。然も哲学は一応蘊蓄を極めたような事を平気で言うに至っては言語道断である。

僕らは先生からカントの哲学を習っても中々に判明しにくい。一生涯かかってその幾分かが分かればと思っている位だとの事。博物館見物に際しては数多くの教えを受ける事が出来た。矢崎君は今度はウィーンを経て伯林に来たので、ウィーンで久野久子女史に会った。

某ホテルに住んで居ったが非常に神経衰弱気味で困って居った。ウィーンに行ってからも言葉や足の不自由の為に総て迅速に運ばないし、ピアノの方も思うように進まないようである。素人下宿に代わりたいが世話してくれる日本人も代償を求めるような者許り、まったく閉口との打ち明け話もあったと聞いた。

矢崎君の伯林滞留は三、四日で又亦々フライブルグへ帰って行った。矢崎君がフライブルグへ到着二、三日後に新聞紙上で日本のピアニスト久野氏がウィーンのホテルで五階より中庭へ飛び降り自殺をしたとの記事に全く驚いた。

矢崎君に手紙を出してみたが既に帰らぬ過去の事実である。上野音楽学校教授で当時名も売れて居ったし朗らかのようにも見受けられたが、事実は孤独且つ苦悩の連続で淋しき晩年であった。女史の為に冥福を祈る。（矢崎君は帰国後九州大学の教授を経て京大教授となり、昭和天皇に美術史の講義などして居ったが、昭和三十三年頃胃を病んで他界した）。

ヘリゴランドと神経痛

エルベ河口の沖合近くにヘリゴランドと言う美しき孤島がある。早朝ハンブルグを出発、エルベ河を下ること四時間、甲板で寒い風に当った為かゾクゾクと風邪気味。エルベ河口より約二時間にて目的のヘリゴランドに到着。島は絶壁を以って囲まれ、南方に埠頭があるだけ。

一民家に行き一泊を依頼して居を定めた。美しき芝生で覆われた島巡りを計画したが、急に天候悪化して吹き降りとなり海中の孤島丈に風は海からまともに当たって、後ろに押し返される程の時化となり、楽しかるべき一時間の島巡りも味気ないものとなった。

朝から風邪気味の上にこんな馬鹿げた事をした為に発熱。此の島で寝込んでは不便此の上なしと考え、予定を変更、直ちに来た船に乗船し得たのでエルベ河口のブレーメルハーフェンに上陸、汽車でブレーメンに十時頃着、駅前の宿に居を定め一泊、相当疲弊した為翌朝九時迄熟睡、目覚めた処身体中針を刺すような劇痛、全く驚く外なく上向きの身体を横向きにと思っても痛くて出来ない。

それから出来る丈早い汽車で伯林にと三時頃の急行に間に合い一路伯林に向い取り戻急ぎ下宿に帰り入床。湯タンポや電気炬燵も入れて休養二日にして完全に痛みは去った。然しその後身体に故障のあった時はどうも其の神経痛が両方の脚に丈残ったと考えられる。

爾来約三十五年を経過している今日尚脚の各所に神経痛が起きる。この旅行が原因であるか、その後罹った糖尿病が原因であるか判明しないが、若し前者だとすれば飛んでもないお土産をもらったものだ。何事も無理はいけない。神経痛と共に思い出す若気のいたりだ。

眠れる獅子

僕は伯林に来て尚日も浅く言葉の不出来の事もあって何かと不便多く、従って日本人倶楽部に行って時間を過ごす事も多かった。その頃七高同窓の平賀君の誕生日のお祝いがあって、僕やグループのS. Y.、S. S.、O. K.君等の外に僕の下宿の親父のハークなどが集まって大いに飲んだ。飲むほどに語るほどに結構乱痴気騒ぎと化し醤油をワインと間違えて呑む程に成ってしまった。

十時頃となり連れだって町に出掛けた。歩いていると、地下鉄道の出口から独逸人が三人出て来た。ハークは一番先頭に離れて歩いておった。此の三人と彼が何事か言い争いを始めて「何を言うか此の犬どもめが……」と放言したので先方も相当怒った処へ、三、四メートル遅れて僕がヒョコヒョコ行った処、背の高い男がいきなり僕にアッパーカットを喰らわした。ハンカチを当てて見たら鼻血を出して居た。

酔いは十分突如此の打撃にあって勇気百倍一人の独逸人に組み付いて歩道から車道を越して電車鉄路のある芝生の処までクンズホグレツ格闘が始まったが、先方の方が力強くて結局僕が組み伏せられてしまった。そこへS. S.が来て上の男を靴で蹴り飛ばしたところ男が手を挙げて休戦を宣して中止となった。

然し僕は初めに自分を殴った男を探した。

自分が人道に戻って来た時其の男がステッキを振り上げて将に平賀君に一撃を加えんとして居る処であったので、平賀君の左側から飛び込んで満身の力を込めて其の男の顔に一撃を加えた。実に力強く命中しサットト鼻血が噴き出して平賀君への一撃も食い止めた。野次馬は既に四、五十人、黒の洋服を着た男が喧嘩を始めたんだと言う声も聞こえた。

是はハークを指して言ったのである。身の危険を感じたので吾々一同そこに停まっていたタクシー二台に分乗して逃げ帰った。身体中筋肉が痛む。特に右手の人差し指の付け根が動かす度にジージーという、ひびでも入ったのか、此の指の痛みは約一年続いた。

翌朝外出しようと思ったが帽子がない。ハーク夫人に話したら、昨晩主人が別の帽子を持ち帰ったと言う。見た処僕のもので彼こそが自分の帽子を紛失したと判り大笑いした。喧嘩を始めた罰と言えよう。平賀君の注意で争いの場所へは当分近つかぬが良いとの事に皆其の言葉に従った。平賀君の妹婿のO. K.君は僕を評して眠れる獅子。

瓦斯中毒

自分がシェウェリッケに下宿して居った時友人と酒を飲んで十二時少し過ぎに帰宅した。水を飲もうと浴室に入って行くと、ステッチェ地方から来たという此の家の女中が洗濯をしたらしく盥《たらい》を前にして突っ伏している。じぶんは此処に行ってどうしたかと尋ねたが返事がない。重ねて問ううちに自分も変な気分に成って来た。

此の間約四、五十秒位かと思う。ガスの為と気付いたのが幸いしたのだが、その場所からドアーまで約二メートル、振り返って浴室の入り口に向かったが既に中毒にかかっており、膝が折れて座ってしまう。

是はと思って立ち上がろうとするがやはり膝が折れて立てない、仕方なく入口に向かって転げ出てやっとドアーの外二メートル位の距離のジュータンの上に大の字に寝てしまった。

どの位の時間が経過したか覚えはないが良い空気を吸ってやっと自分に返りヒョロヒョロ立ち上がる事ができた。女中の事を思い出したが中々危険、良い空気を十分吸ったまま呼吸を止めて女中の所に行って引きずり出した。

中年太りで中々に重いがやっと彼女のベッドに寝かせる事が出来た。恐らく彼女は夜中に洗濯を始め、その盥を置いた所に瓦斯のコックが出ていて不注意にも是に接触して此の事故を起こしたものであろう。早速下宿の親父を起こして医者を呼ぶように頼んだが真夜中ではあり一寸難しい。

早朝六時頃にやっと来て診察して貰う事ができた。彼女は多少症状が重いのでお医者の所に行って、胃の洗浄等やった由、後遺病にならねばよいがと言われたが、三日位で恢復して事なきを得た。自分は勿論軽いけれど、翌日午前中は頭が割れるように痛んだが午後には全快して安心した。

爾来僕はガスに対する恐怖心は人一倍で、帰国してからもなかなか家のガス風呂に同意しなかったが、歳をとるに従って元気も減じて来るので成るべく手数を省く意味から遂に屈してしまった。それでも今日尚ガスに対する取り扱い丈は人一倍念入りにしなくては気が済まぬ。恐ろしきはガスである。

モンテカルロの旅

吾々グループも暇にあかして日本の花札をして遊んだ事もある。敗けた割合に応じて金を積み立て､適当に貯まれば皆で食事をする事にした。友人から金を取らない事丈は大出来だった。

時に夜を徹した事もある。最近は麻雀が流行しているが、幸い麻雀はやらなかった。又ルーレットは玩具を何処でも売っているし、此の賭け事は機械的であって当選方法も全く合理的であるので、他の賭け事に比して面白いように思われる。

但し結果が直ぐ分かるので敗けた時に熱しない様落ち着き得る人でなければ危険である。僕は日本金十円也をモンテカルロに送ってルーレットのレコードを取り寄せて研究した。モンテカルロの王国はルーレットやトランプ等の賭け事の寺銭に依って国の経済を賄って居る。

そのため同国籍の人は此の賭け事をやる事を禁じられている。地中海に面し避寒の町であり観光の都である。同国海岸寄りに一八九〇年前後に建てられた一見宮殿とも見まがう立派なカジノがあって、此処であらゆる賭け事を行うように出来ている。

僕は取り寄せた記録に依って暇があれば自分で考えた色々のシステムに依ってやってみた。

時には一日数時間で何百倍にもなる。初め損して六、七時間も続ければやっと＋－〇（プラスマイナスゼロ）の事もあり、実に千差万別の結果が現われて来るものである。嘗て独逸の数学者がルーレットを研究して必ず利益を得る賭け方はないと喝破したとか、然し反対に損をしようと思っても必ず損する賭け方はないとも言えるのである。

英国人某は来れば必ずと言うほど大儲けをするので、顔が見えるとモンテカルロ側が包金を出してどうぞご遠慮下さいと言ったとか。又この男がホテルでボーイに、君がチップを一番多く貰ったのはいくらだったかと問うたところ一千フランです。それなら二千フランやろうと言う。

で、誰から貰ったかと聞いたら、貴男ですと言ったとの逸話もある。

それで僕は僕なりに研究してモンテカルロへ出掛ける事にした。約千五百円位用意がある。若し失敗したら旅費位は送ってやると言う日本人が二人出来たので決行した。汽車は三等、空いているから寝台などは取らずに単身出発。汽車賃は七十七マルク七十ペンニヒである。

先ず佛領ニースに落ち着く事にした。スイスは何時来ても空気も良し景色も良いが、列車から眺める丈で一路ニースへ。サンゴタルドのトンネルを過ぎてイタリアに入る。翌日ニースに到着。ホテルコンコルディアに落ち着いた。

此のホテルに伯林での友人M. H.君といま一人フランスから矢崎美盛君も来て合宿した。翌日汽車にて四十分、モンテカルロに行き特別室の一か月の入場券を買入、初め三日間は気持ちを落ち着かせる為に一日中じっと見物して居る丈にしてニースへ帰った。扨て四日目から右列へ百フラン宛て賭けてみたが、千フランの損失となり、二日目はそれ以上の利益となり三日目は又損をした。勿論一日の損失額を定めて通うこと故不安はないが、三日目の終わり頃に何故か非常に嫌な気持ちがして来た。予定の損もしたしこんな事に夢中になるべきでないような気がした。

夜八時頃中止してバーに行って飲んだ。国際女子などが来て頻りに仏語で喋る。こちらは分からんし五月蠅くてかなわんから無言で三杯位飲んだ。当日は朝から余り食べて居ないので大いに酩酊してテーブルに突っ伏してしまった。

賭け事の金銭のやり取りと小便とは前にしてあるので勿論心配はない。是を見たバーテンダーが心配して前室のテーブルに居った矢崎君を探して、お前の友人が酒に酔って金を支払わないから来てくれと言われ、今少しと思う賭け事を中止させて矢崎君を連れてきた。

僕は用意はあるから問題はないが、今度はお巡りさんが二人来て両腕を取って便所近くの吐く場所に連れて来たが吐くものはない。今度はアンモニア液の瓶を鼻先に二、三回かがれてすっかり目が覚めてしまった。

次第に夜も更けて来るのでバスを利用してニースに戻った。長い間研究したのに只の三日丈で中止、余りにふがいない事乍ら当日は全く其の気持ちになれなかったのは不思議である。幸か不幸か今日尚判断の付かぬままである。

一両日後に僕は風邪にかかってホテルで一人寝ることになった。熱は相当あるが、医者を呼ぶのも大ごとだしじっと我慢して静かに寝て居った。三日目に熱も下がり出したので一安心。矢崎・三井両人共大した成績も挙がらず、三井君とはニースで別れて矢崎君と二人でベニスに行く事にして出発した。

ホテルの名前がギロチンの有ったコンコルディアの広場故賭け事の成績が悪いのだと彼らは担いで居った。途中ミラノに立ち寄り夕方ベニスに着く。ゴンドラは成る程珍しいか知らぬが所詮は変わった型をした小舟に過ぎぬ。水も穢く来て見れば左程でもなしの感を深くした。一泊して矢崎君はスイスへ行くので別れた。

自分はイタリア北部の山岳地帯の山また山を汽車で喘ぎ喘ぎ昇って行く。深山の雰囲気を醸して気分は頗る爽快だが淋しいのが欠点だ。遂にオーストリアのウィーンに到着した。

名あるオペラ座は見たがオペラは見ない。ドライな旅行である。せめてドナゥ河畔に出て滔々と流れる欧州の大河を眺めて廻った。日本の河と異なり大平野を静かに然も豊かに欧州の大動脈たる貫禄十分である。

ウィーンを去って一気に伯林に向かう車中オーストリア人と語る。お前は独逸語がうまいと言う。飛び切りうまければそんな批評はせぬはず。時々ブロークンをやらかすが良く分かると言った処だろうと思う。そしてお前は何処に行くと問う。伯林と答える。また何処へと言う。伯林と言う。……一向に分からないらしい。仕方がないから紙に書いたら「あーベルリーンか」と言う。

一年以上も伯林に居って伯林の正しい発音すら出来ない僕の独逸語も

推して知るべし。まして母の言葉として覚えたもので無ければ機微に触れるような言葉はとてもとても。

伯林在住の人々

僕が伯林ウエストのブレーマーに下宿して居った頃日本人倶楽部に出掛ける事が多かった。ムービー写真撮影をやる吉沢君や千田是也君等が時折見えた。此の両人は多少思想的研究を好む傾向があるので、その話になると僕は一向耳を傾けないで居ったが、此の両人から言わせれば赤に興味のない者とは話せないくらいに考えて居った事と思う。雑談はよくするが、この点では少しも相通ずるものがなかった。

千田君の下宿は僕の下宿より遠いので、十二時過ぎてからでも僕の家に立ち寄って飯を炊き、馬鈴薯を卸金で卸して塩を混ぜとろろの気分を出して喰うような事がかなりあった。帰国してから銀座の吉沢君の下宿へ千田君がロシアのイルマ女史を連れて来た時会った。千田君はイルマ女史との間に女児がありそのあと女史とも離れたが、現在日本の演劇界で頭角を現している。

当時夏目漱石先生の長男純一君がヴァイオリンの勉強にやってきた。彼は中学を中退してしまったらしく、如何にも芸術家らしい個性の強い、他人の介在を許さぬ性質。在独、在ブタペスト合わせて十三年間位、ヴァイオリンの腕は相当なものであったらしい。

漱石先生の次男伸六君も夏休みにシベリア経由で来独、兄純一君に劣らぬ変わった性質。帰国してから慶応の文学部卒業の一か年前に退学すると言い出し母親の漱石夫人に頼まれて、矢来の家で伸六君に兎に角卒業した方が得策であると極力勧めて見たが、巖《がん》として聞き入れずに中退してしまった。

其の上バーテンダーをやると言い出して上野某店に世話する事になっ

た。そのあと実話雑誌の記者に成ったり、小説等を書いたりして居った。兄純一君は先年会合したが、日本フィルハーモニーの第一ヴァイオリンを長らく勤めて居ったが無事に引退したとか聞いた。既に子供もあり良い親父になっていた。

食肉加工の研究

僕の渡欧は独逸が戦後のインフレーションで貨幣価値が暴落し物凄く物価が安い。何か輸入品で良いものでもあらばとの意味もあって少しやってみたが面白くもなし。三井、三菱などの専門家が営々とやっているのに、資本も経験も少ない者が良い仕事が出来るはずもないので、そろそろ真剣に何か将来の方針を立てる必要ありと感じて居った。

矢崎美盛君からハムやソーセージはドイツが本場であり農学部出身者としては将来の発展性もあり有望だろうとの話を聞き、熟考の末決心をした。斯かる仕事は自ら実際を体験する事が必要なので、友人上代君の知り合いの紹介にてローレンツ地方に食肉加工見習いに通う事にした。

製造をして母親が店で販売をする小さな製造所である。大会社ではスモークはスモーク、漬け込みは漬け込みと云うように分業的になっていて全体を習得する事ができない。と言うので好んで小さな所を選んだのである。毎日通うが中々の重労働である。第一日目に丁度ソーセージを造って居った。

牛の胃の真っ黒のブツブツのある気味の悪い代物をチョッパーにひいたり、あの褐色がかったグビグビしたレバーを引いたり味付けもするが、その生のものの味を見たりする。僕にも味を見ろと言うから少々口に入れたが中々喉を通らなかった。

次に豚の頭を持って来て、毛が少々残っているから剃れと言う。ナイフを良く研いで削ったが、日本で大学を出て態々独逸に来て人間ならぬ豚の毛を剃るとはなにごとぞと涙が出てきた。然し是が我慢の為所と観念した。

独逸に於ける徒弟の躾は中々に厳しいもので、勤務時間中は全く夢中に働くのに驚く。僕は特に教えて貰うと言うので、昼食付で逆に一日五万マルク支払はされた。夕方仕事が終わってから器物は十分に洗い落とし、使用ナイフは総て砥石にかけて、毛髪が切れる迄研ぎあげて明日に備える。働く時間中に磨く等のヘマはやらぬ。

約一年経った頃息子の浪費の為か一時店を閉める事になったので、独逸語習得の為改めて「フライシャーウィルトシャフト」と云う学校へ数か月通学した。そのあとローレンツの叔父の紹介でレンツと云う店に通う事になった。

伯林の冬は寒い。器物は湯で洗うより外ないが、忽ち冷えて周りに脂がついてしまうし洗うのに始末がわるい。手についた油気を力強く逆にこくと静脈の弁の処で血管が玉のように膨張した。驚いて逆に摩擦して治した事もある。日本と異なって寒いから製品が腐敗しないのは便利だ。伯林では豚の半分を店のショウウィンドウに入れて、こんなに良い豚を使っていますと言わんばかりに飾っている店もある。

然し日本では人の見えない所に吊るして、必要丈使ったら白布のカーテンで覆う規則になっているとか、家畜に対する観念の相違に驚かされる。そのあとローレンツが再度新しい店を開いた故、レンツの了解を得て再び此の新店に通う事にした。

斯くして此の三か所に於て各種のハムやソーセージの製造を習得したが、その詳細については割愛する。

又此の時ヨセフ・ピアセキが此の店へ働きにやって来た。人の運命は真に計り知れないもので、是が縁となって彼は僕と共に日本に来て十年以上も僕の店で働く事になったのである。食肉加工の実際を斯くして一応学び得たが十分とは言い得ないだろう。経験は幾らあっても多すぎる事はない。幸い彼の同行を得て幾分心強さを覚えた。ローレンツの親父は自分の亡父に実に良く似ている。是は何かの引き合わせではないのかと今でも思っている。

母の死

母は明治十五年十五歳で輿入れし父に従うと共に明治三十年迄大祖母みほにかしづかえ、一方弟繁太郎・忠平叔父との折り合いについても相当の心尽くしをして嫁の座に居った事と察せられる。明治時代の典型的嫁と言えよう。母は父が他界してから十一年間生き延びた事になる。

晩年は腎臓を患ったらしく血圧も相当高かったであろうが、一般の人々は今日程血圧を心配しないし、特に食事療法もせずいわゆる美味しい物は病気に良い位に考えて居ったともいえよう。

僕は昭和三年暮れにヨセフ・ピアセキを伴って帰国し、新橋二ノ一に店を借り、食肉加工の店を開いて居った。一度母は上京して店に立ち寄り、店舗の改造など総てを眺めて非常に喜んでくれた。そのあと如何に発展するかは別として喜んでくれた事は自分も限りなく嬉しかった。昭和五年に開店して居るので母の死は其の翌年に当る。

十月十七日に学友平賀五郎君に誘われ神宮外苑に野球見物に出掛けた。帰宅した処国元からの電報を得て大急ぎ帰国したが、病既に重く意識を失い、如何とも為す能わず永の別れと成ってしまった。

病は尿毒症と診断された。父が慈父であった如く彼女も我々にとって慈母であった。幸いに吾々兄弟五人は健康である。末永く霊を慰め且つ冥福を心から祈るものである。六十四年は敢て長生きとは言い得ないが、既に兄弟上三人は配偶者を得て居たので以て瞑すべきであろう。

港区新橋二の一　ヨセフ・ピアセキ

人の陰口はきくな、と言われるが自分の過去を記述する意味に於ても幾分なりとも触れなくてはなるまい。

シベリア経由帰国の欄に記したとおり一九二八（昭和三年）十二月八日九州小倉へ上陸した。行く先とてもないから実家の伊達方（静岡県掛川市）へ電報を打っておいて帰って来た。五、六年間も不在であった息子が無事帰って来たのであるから、母は勿論家内中喜んでくれた。

外国生活を永くして帰って来るのに伴われて来るのは往々にして青い目の女であるが、それが男でありそして仕事の為であるという事で色目で見られずに済んだ事丈は確かだ。静岡の義兄も姉も、国元の母も兄も一同皆揃って親切にしてくれたので、如何に言葉が通じなくとも、生活様式が変わって居っても誠意が通じないはずはなく、ピアセキは此の點《てん》何時も良き印象を持ち続けて居ったようである。

自分はピアセキを仕事の為に伴って帰国したのであるから、田舎や静岡への滞留は程々にして上京。既に家庭人である弟正形の了解を得て千駄ヶ谷の家の六畳の部屋を借りて、工場建設の為に東京中物色して廻る事となった。品川辺りが最適と考え朝食を済ませて品川方面へ足を延ばすのが日課となった。

学生時代の友人に依頼したり、いろいろ手を尽くしたけれども中々思うようにならず、日一日と過ぎて誠に心配な毎日ではあった。昭和三年の暮れから始まって次第に暖かになり又暑くなり、出歩く事は中々骨が折れる。それに彼ピアセキは日本食のみにてはとても過ごせない。

いわゆる洋食なるものを食べさせなくてはならぬ。又時には飲むくらいはしなくてはならず、その上給料も支払わねばならない。静岡姉の女子大学時代の友人が京橋通りの金鳳堂の人であり、その息子が自分が洋行する時同じ船で多少知って居る関係もあり、彼の同業者新橋の亀山眼鏡店主人を紹介して貰い､同町内の新橋二の一中村新太郎氏（元来玉子・

鰹節等を販売した店）の店を借り受けるよう交渉して貰って決定に至った。此の家は元来純日本式で、お客が店の畳の所に腰かけるようになっているので、そのままではとても使いものにはならない。

店舗及び工事等の建設

此の日本式の店をハム・ソーセージ販売の店に改造する為、裏の少し許りの空き地を全部利用して工場を造り、地下に冷蔵庫を造らねばならぬ。動力とガスとを引かねばならぬ。建蔽率の問題もあり多少違法でも強引でなくてはできない。

昭和四年九月頃借りる契約をしたが、此の改造がとてもとても大ごとである。店の床はデパートのように一尺角の木製タイルを敷き詰め、テーブル・椅子は大いにキバッテ上等なものにした。横の壁は上等のカンバスを貼り油絵を描いたが、気に入らず描き直させたり、それはそれは大変な改造であった。

工場と云っても店があって工場があって、地下冷蔵庫がある、それで全坪数が三十坪と云うのだから狭くて話にならぬ。工場にはチョッパー、カッター、スタハー。煮窯角丸各一個、燻煙室は二個。東京府の変圧器に用いた鉄の箱を払い下げて貰い改造転用した。二十尺以上の煙突も造ったし風呂場も造った。友人から借りた木製ベッド二台を用いて改造中の家の二階に頑張って居った。此の間一番困った事は一時便所が無くなってしまったため、二丁も先の新橋駅まで行かねばならなかったことである。

どう考えても冷蔵庫を地下に造る以外に方法がないのだが木造家屋では地下室を造る事は許されない。万策尽きて地上へ二尺位出るように造ってその上半分を工場の一部とし、下半分を台所として利用出来るよう設計して地下室に非ずと云う申請をした。冷蔵庫の壁の芯になる丸棒の組み立ては自分とピアセキとの二人丈で担当し、朝八時から始めて翌日の午後十時まで徹夜で強行していた。

店の看板は、Ham, Bacon, Sousageとして日本語は用いない事とした。そんなこんなで九月から始めて約半年を経て昭和五年一月二十三日に開店することになった。当時は開店等に角樽等を用いる事もあったが、自分はこんな旧慣を用いず、店の入り口のドアーに本日開店の紙を貼る丈とした。

結婚

男子二十五～三十歳は既に結婚適齢期と言われる丈に、自分も数え年二十七歳で大学を卒業した事からチラホラ結婚の話が持ち上がってきたが、帯に短し襷に長しで中々に決まらない。是はあながち選り好みが強いというのでなく、人生の重大問題であるので致し方のない事と思われる。

その内欧州大戦争（第一次世界大戦）も終了して敗戦の憂き目に会った独逸に極端なインフレーションが起こって、外国人にとっては非常に安い生活が出来る事故急に思い立って、数え年三十二歳のとき何か御面白い輸入品がありはしないか等と、獏とした目的を持って日本郵船会社の榛名丸で独逸に遊んだ。

結局友人矢崎美盛君の言う農科専攻に関係のある食肉加工の技術を習得する事として三か所程処を変えて実習し、最後の場所で出会ったヨセフ・ピアセキを帯同、シベリア経由帰国して昭和五年一十三日に新橋に「ベルリン屋」という店を開く運びとなった。自分の兄妹五人中未婚は自分丈であり此の上徒らに延引は不可と為し、成るべく早く結婚するべく心掛ける事となったが、不幸、昭和六年十月十八日に母が他界して喜びを共にする事が出来なかったのは残念であった。

独逸で知り合った岡田周作君の義兄が日本製粉会社に勤め、同社の同僚長谷川和二彦殿の末妹との話が出て順調に進み、急遽見合い結婚と迄進展したのである。式は八年二月一日、東京ステーションホテルに於て神式により挙行。蒲田の弟の隣の家を借りて安住の場所とし、式翌日熱海へ新婚旅行にでかけた。

熱海のホテルで伯林での知人今西君の新婚旅行と出会ったのは意外であった。そのあと毎年二月一日には記念写真を撮るのを習わしとして居ったが、年を経るに従って自然にそのままになってしまったり、両人とも元気で暮らして居ればそれが一番良いと思うようになった。

その後今日迄既に三十年、随分長い間である。相当曲折はあっても危機に直面した事は嘗て無かった。平々担々たる変化の少ない過去であった。いわゆるスリルは少なかったかも知れないが、幸福な結婚であったと言い得よう。それ故今日尚汽車のレールの如く両者相携えて綿々と平和に走り続けている。今後は旅行でもして余生を楽しみたいものである。

二月以来日々蒲田から通ったのであるが、何分経費もかさむし、秋には蒲田を引き上げて新橋に移った。当時は一日百円売れればと思って居ったが、中々難しい事であった。

ピアセキの結婚と離婚と

ピアセキは僕より約十年も若いのだが彼は彼なりに結婚を考えて居ったらしい。自分も彼の為にベターハーフをと考えるのだが外国人であるが故に具体的な話にはついいたらずにいた。

ある日本女性と結婚の話があるが、若し彼女が聞きに来たらベルリン屋の一使用人は具合が悪いから自分と共同経営していると話して貰いたいとの申し入れがあった由、是は明らかに結婚詐欺の幇助罪を構成するので困ったと心配して居ったが、幸い女性が聞きに来ずに済んで胸をなでおろした事もあった。

またベルリン屋の南四件目にロシア人のお菓子屋ができ、彼はその店へ出入りする白系ロシアのアンナ・フェショノフ女史と知り合い当分交際して居ったが、ある日自分に向かって「僕はこの人と結婚しようと思うがどうか」と言う。自分としてこれを止めるべき理由もないので結構ではないかと言ったが、翌日には結婚中止だと言う。結局二週間位躊躇した挙句結婚することにしたと言うので、それは勿論結構だと大いに賛意を表した。

結婚届を日本の市役所に提出したいとの事､此の際カトリックの彼と、世界で一番良いと本人が言うロシア正教の彼女と何れの教会に行くべきかなどは自分には全く不案内であるが、日本の役所が法的に丈取り扱ってくれるならその点迄は努力してやろうと決心した。日本人の場合と同様保証人が二人必要である。

自分の外に友人奥勇次と二人でやる事となった。芝の区役所へ度々足を運んだ結果、ヨセフピアセキのパスポートは有るから身分の証明が出来るが、アンナは白系ロシア人でパスポートの持ち合わせがなく、満州国が斯かる人の為に便宜上だしたものがある丈、此の両方を日本語に訳して提出､役所はそれらを受理した。彼等両人は此の手続き丈で満足し、前記の宗教の違い等もあったが、兎に角結婚生活にゴールインしたのである。

此の時自分は度々芝区役所戸籍係りと折衝中、此の結婚届は斯かる外国人の為に好意上受理してやるもの、即ち日本の役所が届け出のあった事を認めてやるのであって、此の結婚手続きを独逸本国には通知しないと言う。本国に通知しないならば此の男が芝で結婚し､日本橋で結婚し、又麹町で結婚する事も出来ては、日本の役所は同一人の結婚を二重三重に認定する事にもなりうるが……？　全くその通りだと言う返事に唖然とせざるを得なかった。

彼は予め泉岳寺の近くに一軒家を借りて居ったので彼女との生活は予定通り進んで行った。彼女は前記のお菓子屋の手伝いをしたりして幸福の月日を過ごし得たる事は自分も非常に嬉しく思った。斯くして約二年の歳月が経過した頃、好事魔多しの仮令《たとえ》のように此の幸福の家庭にも嵐が襲って来た。その理由の如何は知らないが、彼は離婚届けの手続きをしてくれと言う。結ばれる時と異なって今度の努力は誠に後味の悪いものだが、結局手伝うより外なかった。

今度の離婚手続きも結婚時と同ように書類が完備して居れば受理せざるを得ないとの事に書類を整え提出した。兎に角日本の役所の取り扱う外国人の離婚手続きは完了した。彼ピアセキは自分の本国に通知する事なしに結婚と離婚をした訳で、彼のパスポートを見ても一度も結婚した事のない独身者と云う事に成って居る。

ピアセキは兄弟十三人もあり現在東独のナーケルという町の出身。第一次欧州戦争当時、ある時は独逸軍人としてフランス国境方面に、ある時はロシアのウクライナ方面に出征させられ、祖国独逸の為に一身を賭して闘って来たが、戦争が終了してみると敵国ポーランドに祖国を併合され、税金を取られ何だか帰属する処が判然としない。自分は元来独逸人であり独逸の為に戦って来たこと故独逸の国籍を獲得しなくてはならぬと決心して、危険な国越えを敢行して独逸領に入国し国籍を取得したのであった。

そして伯林で肉屋に奉公して一年間畜産技術の学校に通い、独立して店を持ち得るマスターシャフトの試験を受けたが不幸失敗、丁度カール・ローレンツ方に助手として手伝って居った時、自分と知り合って日本への帰国に伴われシベリア経由日本に渡ったのである。

嘗て西部戦線に居った頃上官の命令で彼は民家の鶏を盗んで来て皆で食べた。彼は元来カトリック旧教徒であり時々教会に行きベイシテ（懺悔）を行う習慣がある。彼は戦場でのベイシテの時此の鶏泥棒の話をした処が、君は悪い事をしたのだからその罪の償いとして金四マルクを支払わされた。

如何にも納得がいかぬから爾来自分は教会に出入りしない事にしたと

言う。十代の斯かる経験の故か現実主義である。小説は読まない、映画や芝居もきらい、銀行も信用しない「うその事嫌いね」と言う。彼は環境に依って斯くも変わった常識を持つに至ったのであり、気の毒の感が深い。と言って性質が悪いのではないが、独逸人特有の勤勉で良く働く一面図々しくガメツイところもあった。

ベルリン屋

昭和五年春開店から十二年頃迄は中々思うような成績は得られない。当時の習慣として毎月二十五日晦日払いであるから、夜十一時の看板後に給料を計算、支払いをしてから請求書を夜通し書き上げる習わし故ほとんど徹夜である。元気な時代とは言え良くも続いたものと思う。それで尚且つ赤字がちであるが、此の仕事は駄目だから転業しようとは未だ一度も考えた事は無かった。

それが結果的には悪く無かったようだった。十二月二十五日はクリスマスで相当多忙な上に大晦日は集金が二時三時になることが珍しくない。それから歩合の計算をして十二月丈は年越しをしないで朝迄に支払うようにする。給料を支払うのには現金で多少の余裕を取って置かねばならず、丁度其の時肉の仲買をやっておる者に少々支払ったが心配で、それ以上支払いが出来ない。其の男はもう二十円丈支払ってくれと夜二時までねばられたが、結局支払いをせずに追い返してしまった事がある。お役人などは経験しないであろうつらいやりとりであった。

横浜朝田の姉の紹介で横浜の肉屋に居った藤川という男を雇った事がある。字はろくに書けないけれども売り込みは実にうまい。アルコールが入ると直ぐ気が大きくなってしまう。余り取れないとそこへ乗り込んで自分がお客になって飲んでしまう。逆にこちらが借りる程飲んでしまう始末。そのあと戦争に行っても上官に対するゴマ摺りは彼一流の筆法でうまくやって居ったに違いない。前線に行かずに無事帰還したのであった。

柴登（柴達の弟）に食肉加工業を継承してもらおうと考えていた時期もあったが、病気がちであったり第二次大戦に従軍したりで立ち消えとなった。そのほかにも伊達方筋の知り合いの青年や、友人・知人などからの紹介で何人もの若者を雇い入れたが、此の仕事をやり抜こうという気概を持つ者は現れず、戦争の影響もあり概ねその後の消息は途絶えてしまった。どうも自分は人運がないもののようである。

斯くして昭和十二年七月七日に盧溝橋事件が勃発し次第に拡大していわゆる日支事変となった。日本国にとっては第二次世界戦争の前哨戦となり、物資は何ものも入手困難に陥った。

従って食肉加工業等は必需品である丈に此の七月七日を契機として却って忙しさを増して来て、幾分利益が見られるようになったのである。

ゾルゲ事件※とピアセキの死

※ドイツ人ゾルゲによる、日本における大戦前夜のソ連の諜報。

ピアセキは日本に於て常にブライマーと偽称して居った。ピアセキはロシア名に似ているから自分の嘗ての婚約者の名前を流用したとの事である。開店間もないころ、尾張町四丁目バー・ジャポンに彼を伴って飲んで居った時、偶々一外人と会って話してみたらそれがジャーマンベーカリーのウィリーミュラーで、それ以来付き合う事となったし引き続き取引をするようになった。

彼ピアセキは昭和十二、三年の頃から時々新橋の店に来たマックス・クラウゼンと交際するようになり、勝手に欠勤するようになった。一緒に仕事を始めて十年以上になるのだから少々の勝手は仕方がないのだが段々ひどくなって来た。

時に丸の内ホテルに住む台湾人と知り合いとなり、此の男が背丈六尺位、鼻筋の通った独逸女と結婚したいから探すようにと、神戸迄の旅費と洋服生地を与えてピアセキを欠勤させてしまう。又時に上海や青島、香港にも出掛けて一か月も休む始末、いよいよどうにもならぬので話し合って吾々お互いに別れる事に決まり下記の契約書をなした。

「伯林に於て締結せる契約書第１項〜第５項に定めたる貴殿の義務は完全に実行せられ小生何等意義ありません。従って今日迄に貴殿（鈴木正居殿）の義務に関しては完全に実行せられ小生は貴殿に対し何等の請求すべきものなき事を証明す」

ヨセフピアセキ

その後彼は相変わらず泉岳寺近くに住んで一 年を経たが、何時もクラウゼン等と付き合っていたらしい。十六年の夏に店に来て今年の夏は大磯に行って海水浴をするつもりと言い、うちの品物を持って出かけて行った。

其の翌々日クラウゼンの家内（ロシア人）から電話があり、ピアセキは大磯で水に溺れて死んだ。ベルリン屋に永く居った関係上､彼の家(当時は大井町)まで運ぶから世話をしてやってくれとの事｡ショックであったが過去の関係上世話してやるべきと考えて快諾した。早速工場の者二人をピアセキの大井の宅に送って万事手配をさせた。自分は店の仕事を早急に片付けてから大井を訪ねた。彼はアンナ女史と離婚してから大井町に移転して、留守中は近所のおばさんを度々掃除に頼んで居ったので此の際此の人にも手伝って貰う事にした｡夕方から待ったが中々来ない。クラウゼン自身が付き添って来るとの事だったが実は左に非ず、神経痛で来ないとの事だったが、吾々にはピアセキの死に対しての彼の行動は納得出来るものではなかった。全裸ではないと言った程度の服装でトラックに寝かせて夜九時頃に到着した。

当日は土曜日＊＊＊一寸困ったが放置できないのでおばさんに手伝わせて湯灌をして納棺した。元来血色の良い皮膚だったが何だか紫色を帯びたような感じであった。予め用意したドライアイスを詰めて腐敗を防いだ。戒名はないからヨセフ・ピアセキと紙に書いて位牌に貼った。新仏の霊を慰める為に尼さんに来て貰ってお経を読んで貰った。

ピアセキ知り合いの隣人日本人数人と自分等三人を加えてお通夜をする事にしたが、夕食を出す等の事も出来ずお茶と茶菓子を出し、彼が生前買い貯めて置いた色々の缶詰を利用分配して一同の労を労った。

仏を鈴木に渡してから全て相済みとでも思ったか分からないが、クラウゼン夫妻は当日は勿論、次ぎの日曜日にも姿を現さない。共々海水浴に行き乍ら死んだとなったら二日間もそのままとは何と怪しからぬ輩である。

然し彼は親しく交際して居った関係上そのままにしておく訳にもゆかないと考えたか、月曜日の午前十時頃来て仏を焼き場に運んで火葬にすると言う。自分は、それは困る、彼は独逸に国籍を持つカトリック信者である。カトリックは土であり然も独逸では火葬の場合でも四十八時間経過しなくては焼くことは出来ないと抗議した。ところがクラウゼンは自分は横浜の領事館で委任状を貰って来た。自分に任すと書いてあると言って委任状を出して主張したので、それなら勝手にしろと思い彼の指図に従って桐ケ谷火葬場に行って処置した。

銀行の普通預金通帳を見ると八万円位あったのが、死の一か月位前に大部分が引き出されて残は数千円しかない。

現金は二、三百円丈故トラック代や叔母さんの手伝いの礼に利用したので何も残らない。借家は自分が保証人となって居ったので返す事とした。ピアセキは前記のように変わった性質故、何か金目の物を何処かに隠してあるはずとクラウゼンは自分の店の者を数人連れて来て天井裏と言わず至る処を探させたとの事であったが、何等発見出来なかったとの話を聞いた。

彼が死んでから一週間位して手伝いの叔母さんが新橋に来て、お金がありました、と言う。日本円で二万円位、アメリカンダラーが一万円位、流しの下に山と積まれた空き缶の奥におかれた甕《かめ》の中から見つかったとの報告を受けた。彼は彼なりの事をやるわいと思ったが、自分はタッチしない方が良いと思い、クラウゼンが委任状を持っているから彼に相談するが良いと言ってやった。その金の行方は知らない。

独逸大使館員ゾルゲはロシアのスパイとして日本に於て活動、尾崎某を通じ当時の総理大臣近衛公に接近、情報を集めて居ったが、昭和十七年春発覚が発表されゾルゲ・尾崎は死刑、クラウゼンは二十年の刑を受けた。

因みにマックス・クラウゼンは当時日本における国際スパイ・ゾルゲ事件の通信技術員で、ピアセキは此の男の手先として支那方面へ度々旅行していた。彼の死の一年位前にベルリン屋と縁を切った事は自分にとって幸いであった。彼の死の秋頃から警視庁の刑事が時々来てピアセキの事等を聴かれたが、翌年の二月頃ゾルゲ事件が公表された。クラウゼンは二十年の刑を受けたが、そのあと何故か米国に渡ったとの話も聞いた。クラウゼンの妻（ロシア人）は上海に逃避直前に逮捕されたとの事である。ピアセキは存分に利用されて用済み後一服盛られたというのであったろう。

その後麹町のキリスト教会でヨセフ・ピアセキの葬儀が行われ自分も通知を受けて出席した。前記の横浜領事館の書記某が本国へ通知したので彼は既婚者となっていた由で、彼の持って居た財産は総てアンナ・ピアセキに渡されたと聞いた。兎に角ヨセフ・ピアセキの生涯は終わりを告げた。

過去に於て如何なる行いをとったにせよ既に仏である。然も自分が伯林で知り合って遠い異国日本に連れて来て共に働く事となり、次第にクラウゼン等という輩と付き合い、利用され死を早めたと考えると気の毒に思う。今は只彼の冥福を祈るのみである。

上目黒の住宅

新橋は店としては適当であっても二階は西向きで屋根はトタン葺き、時に夜十二時に華氏九十二度（摂氏三十三度）の事もあり、住居としては全く不適当である。健康上幾分なりとも閑静な安住の場所を探し求めて居ったが、そのあと新聞広告により目黒区上目黒五の二六一七に借地五十坪八・四五、三部屋の小住宅を三千五百円で入手する事が出来た。新橋から地下鉄で渋谷に出て、渋谷から東横線で第一師範前（現在は学芸大学前）下車徒歩約十分、計最短で約四十五分位往復約一時間三、四十分の物件なので好都合であった。夜十時、十一時頃店を仕舞ってからふたりで帰って来る。新橋に比較して長閑な生気を取り戻すような雰囲気であった。

昭和八年秋以来新橋で暑い夏を七回も過ごして来た事ゆえもう是位の贅沢は許されよう。暑いうちは喜んで通ったが、丁度良い気候となると往復が面倒で帰らずに新橋に泊る事も次第に多くなった。

猫が好きで上目黒で猫を飼ったが涼しくなって来るに従って次第に帰宅も足遠くなり、時には十日間も帰らぬ事すらあった。猫から見ればとんだ飼い主に引き取られたものと嘆いた事だろう。こんな日が続いているある日、うちに帰ってみると土足の跡が部屋中にある。見事空き巣屋さんに見舞われたのであった。

早速交番に被害届を出した。毛布・布団・ズボン等以外に自分の独逸で買った目覚まし懐中時計、是が長らく故障していたのを時計屋に修理に出し、一週間位前にやっと出来上がって来たものを同時に盗られてしまった。

一か月位してから其の空き巣屋さんが捕まって毛布等は出て来たが、時計とは縁が切れてしまった。

大東亜戦争勃発

昭和十六年十二月八日、日本海軍の真珠湾攻撃で大東亜戦争が勃発。朝上目黒の家から新橋の店に行く途中、地下鉄内で此の報道を耳にして巳冬諸共何とも言えない不安な緊張した気分に襲われた。真珠湾の奇襲攻撃は成功したらしい。

南支那海に於ける英国の戦艦キングジョージ五世及びレパレス共に日本空軍の餌食となり、至る処勝った勝ったで日本人全体が有頂天に成りきってしまった。

翌昭和十七年夏頃のミッドウェー海戦でレーダー（電波探知機）を持たぬ日本海軍は目明きと盲の戦いで大敗を喫してしまった。

是を契機として海軍は後退、空軍は次第にガソリンの不足が昂じて制空権が日一日と衰えて敗戦の色濃厚となるも、愚かなる当時の為政者は国民を欺き、陛下を欺き、斯く戦地に於ける損失を覆い隠し、戦果を過大報道して徒らに蒙古撃退の僥倖を願う等の不始末を招来した事は、言語に絶する愚策と言わねばならぬ。

血気にはやる無謀の青年将校の輩はさる事乍ら、自らも是に同調した東条英機の愚かさは日本最大の馬鹿者と言わねばならぬ。虚偽の報告に徹し八千万国民を欺き日本を最悪の事態に陥らしめ、最後に力尽きて投げ出し後継為政者をして屈辱的無条件降伏に迄追い込むと云う日本の歴史に計り知れない汚点を残す事となった。

其の結果得たものは何か。国際信用を失い、国威を失墜し、満洲・台湾・樺太・千島等の国土を失い、数百万の国民を失い、有望なる学徒を失い、国力を再起不能に迄追い込んでしまった。

粘りのない、独りよがりの、熱し易く冷め易い、軽薄な、斯かる性質が改まらぬ限り日本の繁栄は永久に望むべくもない事だろう。

青山南町五の八〇

昭和18年春に青山南町に三万五千円で余り綺麗でないが七間ある家を買った。応接間が四畳半で穢いから大工を入れて修理中に、又別の家を南町五の八〇に巳冬が見つけて下見に行った処、価格は同じく三万五千円で総檜造り、柱は四寸角二階建て、建坪数は四間で三十坪、土地一〇六坪余付き、電話にて通知あった為早速用意に小切手帳持参で出掛けた処、頗る上等故仲介人と三人二階にて話し合い早速と手金を売って契約し一階に降りたら第二第三の希望者が待ち構えていたが、こちらが一歩先だったので獲得する事が出来た。

桜の大木が数本あって春ともなれば実に見事な眺めで、末永く此の家を去る事はすまいと思った。此の家の持ち主は長松太郎と云う男爵で、此の人の母堂が隠居所に知り合いの材木屋に頼み勝手な事を言って建てた家だとの事で、此の家の建築を褒めない者はない位立派な造りで吾々は此の点恵まれていると思われた。

昭和十八年頃に農林省が食糧確保の為豚を農家に預託する制度を始め、是に呼応して吾々業界（加工食肉）の者が参加、管理者を定めて東京板橋区に三百頭、石川県羽咋郡に二人の管理人を通じて約七百頭の豚を預託する事が出来た。勿論是れについては相当の資金を投じなくてはならなかった。依って加工品販売の得意先、ジャーマンベーカリー、丸ビルのキャッスル、東京工房その他一、二から五千円、一万円位宛て無利息で借り入れて利用した。

その代わり月に何貫目丈はそのお得意店に必ず製品を販売しますと言う契約のもとに借入れをしたのであった。昭和十六年以来の戦果は十七年後半頃から次第に影も薄れて、青年が総て出征、国内にあっては徴用にと人手を奪う結果となり、新橋ベルリン屋も一人減り二人減り、全部居なくなってしまったので、自分は預託制度による原料豚の公定価配給も処理出来ず同業者に権利を譲るの止む無きに至った。

普通のお客には往復はがきで加工食品百匁単位として買入申し込みをする時は、原料肉入手に応じて販売日時を指定、通知をして各百匁ずつ売り捌く方法を始めた処、一か月前後で其の葉書きの数は積み重ねて六尺以上となり、販売日には店頭に百人以上も列を為し隣の足袋屋が商売の邪魔になると文句を言う始末。次第に多くなる許りで人手はなし。応じ切れないので受注は中止せざるを得なかった。

蛋白資源欠乏の折から此の仕事は誠に有意義であると思われた。一般には全く入手困難な砂糖や塩の特配もあって知り合いの人に原価で分けてあげて喜ばれた事も愉快な事柄であった。十八年の末頃からは人手不足でどうにもならず、自分は十八年の春からやむ無く安全電機株式会社に入社して総務部長のポストに落ち着いた。

昭和二十年春青山の家も遂に強制疎開で家の前方三分の一を壊すことになり、住む事もならず、隣の松宝重生さんの茶室を借りて自分の家は全部取り壊す事とした。勿体なくて見て居られない。四寸角の柱で新しい家故中々壊れないらしい。此の辺は三月の空襲で全焼したから、それ以前に家財を持ち出した丈は幸いと言わねばならぬ。家財は世田谷成城町八五三西川恭次郎君の処まで運ぶ事となった。

西川は朝田の姉の次女文子の婚家で、当時主人は出征中、文子一人住まい故丁度良いからとて厄介に成る事となった。家財を運ぶのには全く閉口した。馬力は無し、自動車はなし。安全電機の小型車と人を借りてやっと運び得たのであった。

又新橋の工場の方は一人も居らず致し方なく冷凍機屋の男と二人でカッター・チョッパー・スタッハー等道路迄運び出し、安全電機の小型車を利用してやっと運ぶ事が出来て、知り合いの幡ヶ谷の牛乳屋の小屋を借りて保管したが、その後此の小屋に図らずも直撃弾が落ちて焼けてしまった。

安全電機株式会社

同社は古い会社であるが、朝田二郎氏が相当出資し社長で居った関係で食肉加工休眠中の自分に白羽の矢を立てたもの。工員五百名位であったが、戦時中海軍及び航空局の受託に追われ、徴用を雇い入れ海軍と航空局の軍需会社として発展を重ね、埼玉幸手に約六千坪の土地を入手、工場を建設し工員数約千名に発展した。

軍需会社なるがゆえに資材等の配給を受けられるが、その代わりに工員の監督、配給など総てに厳しい制約を受けねばならぬ。警視庁の巡査上りが労務関係の監督官として時々監査に来て、飯時には工員用の弁当一飯を食べて帰って行く。

物資欠乏の折から斯かる不当の行動に自分は内心全く不満であったが、当時の社長Y. N.氏が甘んじて居るので止むを得ない。

自分は昭和十九年九月に約十日の休暇を得て（預託特配豚もないので）、石川県羽咋郡に管理人を訪ね預託解消を為し同時に資金の引き上げを行った。此の時能登の門前町に一泊し、嘗て両親が能登の総持寺詣でに穴水港より籠に揺られて六里の山道を超えて門前町に到達し、管長から戒名を貰ったり授戒についたりした事を偲んだ。

明治三十二年に此の禅総洞宗本山は焼失、当時の管長石川素堂師は、此の際辺鄙な土地より大都会付近へ移転すべきとの信念のもとに、横浜市鶴見に土地を定めて明治四十年の頃を実行に移したとの事であった。

此の為能登の門前町の人々は町の衰微を憂いて石川管長に迫害を加えた事実ありとの事であったが、管長は是を断行し鶴見に総持寺が出来上がったとの事であった。然し門前町に相当立派な総持寺があり、第二次大戦中宝物を鶴見から又能登へ戻したとの話を聞いた事もある。

図らずも信仰厚き父母が本山詣でをした聖地に接して感慨無量であった。当夜は丁度中秋の名月であり宿の窓越しに未だ嘗て見ない程の煌々たる名月のもと、机無きままに畳の上で此の心境を国元の兄に書き送った記憶がある。

門前町よりまた穴水港を経て帰路に就くのだが、途中富山より飛騨の高山旦那衆平田家（巳冬の母の実家）に立ち寄り、同時に巳冬を呼び出して高山にて落ち合うスケジュールを思いつき、穴水の宿から青山の宅に電話した処、極めて順調に連絡出来て好都合であった。平田誠二氏も大いに歓迎してくれ、叔母も親切にしてくれた。帰りに平田家から一升貰って下呂温泉に立ち寄ったが戦争でお客もなく、今日限り閉館という処であったが、平田氏の顔で相当の取り扱いを受けた。

実は此の機会を利用して奈良見物に出掛け、駅前の穢い旅館に落ち着く外なかった。それでも東大寺・若草山・猿沢の池等一通りの見物を済ませ、伊勢の津市を経て神宮詣でを為し急ぎ帰京の途に就いた。

全く落ち着かぬ旅乍ら戦時中の旅行としては致し方のないものであったろう。こんな事も既に約二十年の昔となってしまった。

安全電機会社へ入社してからは全くの銃後の戦いであった。相次ぐ海軍の注文、航空局の注文に応じ切れない。資材が足りない、特配あるはずなるも順調に入手出来ない、又軍部からの調査に次ぐ調査、統計の作成等々実に目まぐるしい程であり、この為に専念する人手の無駄は絶大なもの、東京都がB29による空襲を受けるに従い全都焼土化し、昭和十九年の末頃から二十年（一九四五年）にかけては全く制空権を失い敵機の為す儘に放置。僅かに地上からの対空砲火に頼るのみ。国民は塗炭の苦難に喘ぐに至った。

此処に至っても日本の一部指導者には尚神風の僥倖を夢見、さらに沖縄を失ってさえ愈々本土決戦等と蟷螂の斧を振りかざす者あるに至っては言語道断と言わねばならぬ。防火訓練にせよ全然子供騙しのような非常識極まる訓練を続け、実際の空襲場面では何等の役にも立たなかったのが実情である。

爆弾・爆風・焼夷弾に対しては90％位は全く無防備放置が実情である。人々は各自が身を以て避難あるのみであった。然も軍需会社から派遣されて来る大尉クラスの軍人の威張り様と言ったら話にならぬ。日本人に対する態度かと何時も思わせられた。愈々二〇年八月十五日、天皇放送を境に彼等の態度は借りて来た猫のように急変してしまった。

自分としては二年くらい前からこの度の戦争は日清・日露のようには行かぬとの予感がしていた。防空訓練にしても会社の為す事が実情に合わず馬鹿馬鹿しいと感ずる事がたくさんあった。従って此の気持ちが社長の吉田直次郎さんに反映してか彼は私を気に入らなかったかも知れぬ。然し自分の予感は残念乍ら悉く的中してしまった。

十八年春総務部長で入社した自分にはそれでも19年に取締役の椅子が与えられる。

戦争は終わった。然も無条件降伏だ。そして軍部の援助によって資材を入手し加工して軍部に納入するのが軍需会社の専らの仕事である。戦争終了と共に資材は入らぬ、納入先はない。斯かる会社が存続するはずがない。

徴用解除した残りの三、四百人の解雇と云う金の掛かる問題もあり、将来の見込みなしと見て重役会議で自分は極力解散を主張してそのように決定し、そのあとは自分は責任上安全に籍を残し、解散事務は米本哲雄君が専任して二か年位後に完了した。

世田谷区成城町八五三西川恭次郎方

昭和二十年五月成城の西川恭次郎君の宅に巳冬と共にやっと疎開する事が出来た。防空壕を掘って食料品や衣類、小道具類を保存したものだ。伊達方へ疎開する方法もあったが、軍需会社に籍を置く以上、勝手に放置して仕事もせずに田舎に疎開する事は心良しとしない。

一面敗戦で死なば諸共と云う気持ちもあった。青山に戻った時に聞いた話だが、五丁目の協会付近に五十kg爆弾が落ちて二階建ての家がスーッと道の真ん中に押し出されて来たという事であり、二軒置いて裏に和二彦兄の家があったが、家全部がガタガクになって戸締りも何も出来ない。

日本でやって居った防空避難酬練の指導者の幼稚さ、無能さにあらためてあきれる外はない。当時B29による東京空襲は益々熾烈を極め、毎日のように敵機を見るようになった。時に防空射撃により火を噴き乍ら落下するB29を眺めて快哉を叫んだこともある。二十年になってからはB29の空襲は益々熾烈を極め、此の分では日本の帝都も遠からず廃墟と化す外ないと思われた。

硫黄島から大挙襲って来るし、十九年初め頃と異なって是を迎え打つ飛行機がない､又あっても接近すれば直ぐ撃ち落される始末。晴天の日、数千メートルの上空で時々肉眼で見る事が出来た。二十年頃はその飛行機すらないのが実情であった。嘗て日清戦争で台湾を得て東海岸の山岳地帯の生蕃討伐の折り彼等が蟷螂《とうろう》の斧を振るうと口にしたものだが、此の時の東京に於ける戦いは米国から見れば将に日本が蟷螂の斧を振るっていると思ったに違いあるまい。只抵抗せんが為の抵抗であり、最後の一兵卒迄等と言う言葉は言飾に過ぎない。

遂に成城に居って終戦を迎える事となった。八月十五日の玉音放送による重大ニュースで来るべきものが来た事を感じた。扨て今後吾々は如何にして生くべきかが問題である。蓋《けだ》し一族郎党に空襲等による身体障碍者が出なかったことは何より幸いであった。

しばらく飛騨の高山に疎開して居った巳冬の母を青山の和二彦兄と巳冬とが連れに行って来たが、物資不足の折からその後衰弱して二十年十一月二十七日に他界してしまった。住みよくなった戦後の世の中を体験することなしに亡くなった事は誠に残念であった。

二十一年五月から練馬区小竹町の錦華学院に畜産部を創設して此処で自分の責任で食肉加工の仕事をする事となった。結局二十年の春から二十一年の秋まで一年半の間恭次郎君の家に疎開させて貰った事になる。

二十一年秋に当時既に正形一家が住んで居った上目黒五ノ二六一七に移転して二世帯同居する事となった。上等ではないが自分の家だけに幾分の落ち着きを取り戻す事が出来た。

成城の家の恭次郎君は二十二年の春頃に戦地から無事帰還して文子と幸福な家庭を再現することができた。

錦華学院畜産部

此の名前は明治十八年頃に宮内省より練馬小竹町に約三千坪の土地を下賜せられ感化院として誕生し、そのあと明治天皇の愛馬錦華号を此の地に飼育した事により錦華学院と称するに至ったとの事。当時は十八歳未満の浮浪児を収容・補導するを目的とし、東京都の管轄に属し赤い羽根募金を受ける社会福祉法人であった。

此の学院の三間×六間の食堂及び付属納屋を利用して食肉加工を為す目的にて、独立採算による畜産部を創設したのが始まりであった。工員として復員して来た天野に次いで西山を雇い入れ、他に学院の子供二、三人を補導の意味にて手伝わせ始めたものである。何せ戦後最大の食料品欠乏の時期であり、原料が入手出来て品物が出来上がればすべて売れてしまうので、その点心配無用だが、六月、七月と暑さを増して来ると氷の冷蔵庫では五十貫位の氷を用いても十分に冷えず、プレスハムがどうしても結着せず売り物にならない。結局中止の止む無きに至った。（昭和二十一年四月に始め、其の年の夏）。

雇用人に給料を支払わねばならず遊んでは居られないので、シューマイを造って近所の肉屋へ卸したりしたけれども赤字は免れない。洋服を売って給料の一部としたり随分苦労して過ごしたものだ。東京では九月の彼岸過ぎれば涼しくなるので、その間気象台に行って東京の平均気温を調べたりして不安な数か月を過ごした。

十月に入ってから本格的に製品加工製造を始める事にした処、作ったものは全部売れ、順調に伸びていると実感できた。

然し氷の大型冷蔵庫丈では限界があり面白味も少ないので、努力して新橋当時の冷凍機を用い動力を引くことが出来たが、出来上がって一週間後の22年七月に品川に移転することとなった。

品川区北品川二の五十五、芝浦二の三

上記番地の西村兵造方の地下室二部屋と一階の冷蔵室約十坪を利用するとして月額四万円で借り受け引越しする事とした。

地下室と云っても鉄筋コンクリート造りであり、極めて頑丈で錦華学院に比すれば遥かに上等である。人手も不足したので二、三人を雇い入れ次第に発展していった。月三百万円以上の売り上げにて多少の面白味も出て来た。

品川に移転してからは元のベルリン屋に立ち帰って営業する考えで一度申請書を提出したが、錦華学院の土田院長が来て学院の名称を引き続き使用し、同時に学院の子供の職業補導をしてくれるようにとの事。自分は土田氏の薦めにより錦華学院の理事になって居るし、税金の面も多少楽なので彼の意を酌んで錦華学院の名を続ける事とした。

品川工場に於ては相当の発展を見せ、百万余の普通当座預金が常にあった位で、二、三十万円位の仕入れも現金支払いが出来、ある程度の余裕ができたが、次第に世の中が落ち着いて来るに従って競争が盛んになり利益も減少して行った。原料豚の買入に伴う過剰のラードの処理コストが高く収支バランスが反転、社員のボーナス支払いに骨が折れる状況となり二十六年春には三人解雇せざるを得なくなり、自分が会計も兼ねて働く事とした。

その頃会計係のＹが胸を病んでおり、自分には新橋時代から糖尿病が

あったのであるいはこの時自分は感染したのではないかと思われる。糖尿病については十分養生して昭和三十一年頃までにはおおよそ治ったようだったので、次第に無理な生活もするようになった。

二十八年の正月に家主の西村兵造が死んでその後の店の様子を見ていても、余り良くなさそうだし、若し西村の店を他に転売して地下室を追い出されるような事があっては大変と思った。やはり自分の工場を持つべきと心を決めた時に、ふと芝浦二の三に三矢遜氏の経営する東京ハム（株）を転売する意図有る事を知って交渉の結果三百五十万円の言い値で買い入れる事に決定、三月二十一日までに移転して四月一日から芝浦で営業する事にした。

土地は芝浦土地から借りているもの故借主が変更すれば相当の金額を取られる事となるので、都合上従来の東京ハム株式会社の重役として入社して、此の年の決算期（三月三十一日）の時に選ばれて社長に就任した形式をとり、東京ハムの名は継承する事としベルリン屋を屋号とした。

目黒区上目黒五の二六の七

昭和二〇年の春頃友人Ｋから取り戻した上目黒の家に正形の家族が先に住む事となり、自分達は練馬区小竹町錦華学院での畜産加工の仕事に専念する必要もあり、安全電機株式会社解散事務も中々完了に至らず多忙の日々であったが、二十一年の秋成城から上目黒の家に親子三人で引越し、戦後初めて自分達の家に落ち着く事ができた。玄関三畳と四畳半、八畳で二家族の住まいとしては一寸窮屈故玄関の右手に古材を用いて正形と二人で八畳位の部屋を建て始めたが中々うまく行かない。結局途中から大工さんに依頼して兎に角完成して貰った。

昌和は第一師範駅近くの育英幼稚園二年保育に通い、吾ら両人共専心育児に心掛けた。配給食糧は貧弱でも自分が食料品を取り扱う関係で幾分好都合の面もあり、赤いリンゴの頬ッぺの可愛い坊やであった。健康でもあり二人とも満足の日々をすごした。

小学校は色々と考えた末、育英幼稚園園長先生の薦めもあり、同じクラスの4人と共に大田区雪谷の清明学園に入学した。学校からは東横線の多摩川園まで三十分位歩き、電車で第一師範（現在は学芸大学）まで来て十分位歩いて帰着するのであるが、昌和にパスを買い与えて一週間後に学校に置き忘れ、多摩川園に着いてから線路沿いに田園調布、自由が丘、都立高校迄来て道が線路と離れたため分からなくなり交番に行って、おうちにかえれなくなったと申し出たため、婦警さんが電車の切符を買ってくれて家迄送り届けてくれた。

それなのに昌和は自分丈家に入り、ただいまと言いながら玄関の戸を閉めてしまったとか。このいきさつをかなり後になってから聞いて、婦警さんは大変親切であったのに知らぬ事とはいえ吾々が是に答える事の出来なかった事は大変申し訳なく思っている。

正居病状記

昭和三十七年六月二十二日芝浦工場によりの帰り道、尾山台駅にて正形と別れ小雨の中を歩きだしたが、脳貧血の為か傘や鞄を持って歩く事も困難となり、地面に座りたい気分となったが、やっと近くの交番に入り椅子に腰をおろした。

巡査は電話をしてくれたので巳冬、昌和、正記の三人が来て家に帰った。翌日も朝変わらずに芝浦に出掛けたが、何だかフラフラするようで元気は無かった。二十四日は日曜日、便所に入り出る時に倒れる。一週間位前から血便が出て居ったようだが、経験のない事故そのまま今日まで病気が進んでしまったのであろう。尾山台の阿久津先生来診、潰瘍としての手当てを続け、演さんの紹介にて聖路加内科部長の日野原先生の来診を得て部屋の出来次第聖路加病院へ入院の事に決定した。

七月二日、日曜日、雨。寝台車にて築地聖路加へ入院。胃も腸も少しの痛みもない儘に二日間は普通の健康食、下の出血は相変わらず止まらぬままに胃バリウム透視の結果胃潰瘍と断定され、七月九日外科部長上中先生執刀のもとに胃の三分の二の切除を為す。

孤独　　寂寞
無聊　　閑居

入院中はいやが上にも此の言葉を味わされた。体が健全ならば耐えられるというものでもないが、手術後の気力減退により唯々呆然と時が過ぎた訳だ。然も其の苦しみも日一日と薄らいで行くから不思議なものだ。

病状記など見て楽しむ者はないが書いて置かねば少しも分からない。撒かぬ種は生えぬと言う事になる。

八月五日朝五層楼の病室の窓を通して紅灯の消えた巷を眺める。朝ぼらけの清々しさ向かうと病人であることを忘れてしまって、高き楼に登りて見れば……と言う気持ちに一寸なる。アア少々腹が空いた。早く朝めしは来ないかな。

新聞紙上参議院議員当選発表が始まった。随分如何わしい人物も当選したものだ。名前が売れていると言う丈で投票する有権者がいるからだ。是では○鵬でも美○ひばりでも立候補さえすれば当選するであろう。この大馬鹿野郎共めが……。日本の普通選挙施行は百年早かったかな。

暁に流石紅灯消えにけ里
遥かに見る銀座の紅灯　思い出すホップの香
暁に　色とりどりの　空模様
聖路加は実に親切なホテルなり　恢復酒《サケ》と芸者と按摩なけれど

三十七年一月八日聖路加病院退院、まずはめでたしめでたし。ところがその後十二月昭和医大入院中に盗難に遭い病状記録（もちろん入院中の分も）を失ってしまった故、前後したりして居る点もあろうと思う。

爾来自宅療養に専念する事を考えて居ったが、胃が小さい為に食欲少なく結局栄養失調となり、手術による体力消耗を回復する事は極めて困難で、最低九貫八百五十匁に減ってしまった。年齢もさること乍ら糖尿病が禍していることは確実である。十月二十四日第七回の同窓会（四十五周年目）に出席して見たが、体力的に無理だった事を知った。爾来体力回復を主眼として療養是努める事にした。

十月十三日に等々力不動尊前の床屋に行き、鑑に映る自らの姿を見てその衰弱に驚く。十月上旬勝田君の薦めにより四万温泉に行く計画をしたが、夜中に微熱が出るのが気に掛りでとうとう中止してしまった。

家庭医の阿久津先生に聞いても何の熱かはっきり断定をしてくれない。永い療養で少しずつ回復していることは事実だが、中々はかばかしくゆかない。静岡に行ってみるか、伊達方へ行くか、昭和医大あたりに入院して良く調べて貰うか等を考えて見たが、中々に結論がでない。

昔しゃ太　五十路中肉　今じゃ細
いつも変わらぬ欲とかわ？（十二月一日）

結局十二月十一日昭和医大病院に入院、部屋は291号室。先年巳冬が入院して居ったであったのには驚いた。昭和医大は聖路加と違い自宅から一時間以内で来られるし誠に便利である。

入院偶感
入院をしてみて　女房株大暴騰　（忘年迎春）
行く年は　悪しき事のみ　多かりき
弟の誠意をしのびて　誠ある　仕事はよくぞ　進みけ里

十月三日所感

聖路加退院後約八十日になるが茲《ここ》二、三週間背中や顔の目のまわりが痒かったりしたものだが別に気にとめずに居った。入院中カロリーが充分でないので甘い食物等気にする必要なしと言われ其のつもりで居ったが、シノテスト（糖尿試験紙）の検尿の結果が頗る悪いので驚いてしまった。今後糖の問題も同時に考えて食事するほかない。

大正のはじめ鹿児島高等学校時代の同窓調武男（北九州の産）同石橋源吉、前者学友間でニックネームメートルと称せられる肩巾を持ち健康そのもの、酒煙草を用いず当時柔道初段なり。後者は偉大なる身体の持ち主、頑丈そのもの、是又柔道を良くし当時二段の腕前。

薬学を卒業し三井の団琢磨の娘婿となり、大学卒業後朝鮮に住まい大いに出世をした模様であったが、第二次大戦終了の折りかの地にて迫害を受け、腕力に自信ありし為か却って不慮の死を遂げる結果となったよし。

調武雄も朝鮮に住み地位を得たが、戦後郷里北九州に住む。嘗て第七回四十周年会合の折りに相変わらず元気であり、酒も煙草も用いず甘いもの丈で百歳会の一員であると思った事を覚えて居る。

そのあと三十七年自分が聖路加に入院中数回も上京見舞ってくれた。その折の話に、自分は七高以来危険に近寄らぬ主義であったが現在迄に二回危険と思った事がある。一つは朝鮮で白頭山に上った時、一つ踏み外せば危険其のものという道を通過した時、元の道へもどればよいのだが自分丈が引き返すことはできなかった。

二つ目は銃弾の走る谷を通過したことがあるとの話。調もあの偉丈夫で案外神経の細い所があると思った。然し一昨年十二指腸潰瘍をやったので、輸血、リンゲル・ブドウ唐等を点滴の経験もあるが、切開せずに快癒したとの事であった。

その調武男が三十八年二月十七日に突然心臓発作により長逝したと言う話を楠原正秀君から通知を受けた。調が七十歳そこそこで死ぬなどとは本当に驚いた。人間の健康は外見丈では分かるものでないとつくづく思う。

依って自分の嗜好するものは自らのセンスにより適当に楽しむが良い。酒よし、煙草よし、その他何でも余り遠慮する必要は無かろう。是でも天寿を全うする事は出来るはずだ。但し、フラフラにならぬよう、ほどほどが肝要。

三十八年六月頃K氏来訪、近頃は加工業界の吾々グループの連中がボツボツゴルフを始めたとの事であった。各自体力が衰え始めるとゴルフが始まるものかと密かに思う。

ボツボツと　きかなくなって　ゴルフ党

偶感　　古希過ぎて　一とせの　春をよくぞ迎えけ里

三十八年四月三十日　大井博君長逝。静岡中学校・鹿児島高等学校と長い知り合いであった。静岡県富士郡の産、医者の父をもったが自らは七高中退、長崎の高校？　を卒業した模様。極めて善良なる性質、静中時代大井と柔道の試合をして自分が敗けた記憶などもある。今や亡し！

昭和医大の入院も随分長くなって半年になる。この頃は確かに病院ボケして来た。

瀬を越して　桜も過ぎて　まだ床の中

三十八年六月二十二日　柴達殿上京、等々力宅に一泊、翌日午後朝田姉（次姉）宅に立ち寄り連れだって昭和医大に自分を見舞ってくれた。感謝。自分は大いに喋りつづけた。二十一、二歳頃の梅ヶ島温泉への一人旅、正形と秋葉山奥の院、二股、浜松、掛塚方面の旅の話、行者の話、大判・小判探しの話等々。達・正記・朝田姉・正形・巳冬・昌和は病院近くの店で食事をした後、昌和は車で朝田姉と正形を送って先に帰り、達は九時頃東京駅から静岡へ。

六月二十八日　橋本先生来室。自分は糖尿病に対しては諦めているからある程度の段階を示して貰えばよい。是以上採血のテストは中止して欲しい。しかし肝臓は従来悪くなかったのだから全快させたい。今敢て直ちに退院とのみ考えるのではないが、七か月の入院はつらいと話しおく。

過ちも原因が被害者であったり加害者であったりするものである。過ちは往々にして起こり得るものである。悪意の過ちは論外であるが、善意の場合でも、加害者は是を覆い隠そうとする人と、全面的に認め真摯に処理せんとする人とがある。加害者の善意による事故の場合でも、自動車の轢き逃げ的に取り扱われたとすれば被害者の気持ちは治まらないのが自然であろう。自分の昭和医大入院中たまたま起こった一、二の事実を記しておく事にした。

三十八年四月六日　静脈注射を行った際インターンの先生が担当のお医者の手助けをする目的で静注をした時、不慣れの為に右腕の皮下に漏れて結局五×七センチ大に皮膚が化膿してしまった。チンク愉を塗っては朝夕包袋を取り換える事二か月余、どうやら乾燥して来たが、其の部分の皮膚の変色とシコリは相当なもの、一年やそこらでは恐らくなおらないだろう。

担当の先生は申し訳を言うけれど、誤注をしたインターンの御本人からははっきりした謝意の言葉を聞いていない。本人は大失敗をしたと人に漏らしたとか聞いたが、自分としては彼の態度は釈然とし難い。

次ぎに六月三十日　点滴静注の最中にある看護婦が来て二十ccの薬液を点滴用ゴム管につながるガラス管に追加注入しようとするので、今までやったことはないと言ってみたが、当然だと言わぬばかりにサット注入してしまった。然もなお五百のリンゲル液をもやるつもりらしい。

今度こそそんなはずはないからと中止させた。巳冬も不安がって、カルテに指示されているかと詰問した処、しどろもどろに書いてある由主張した。それでも本日（日曜）の担当医石井先生に会って尋ねてみた処全くの間違いであることが判明した。

結論として是は当看護婦の不注意によるもので、善意の加害者の過ちである。翌七月一日に石井、橋本先生及び当の看護婦を加え検討の結果、正直に誤りを認めて謝する事になったと全部打ち明けて巳冬に謝した由。自分の身体に異常をみとめなかった事は幸いであった。

差し支えない薬であったとは言うがなんの薬かは言わなかった。当の看護婦は具合が悪いか吾々に会うのを避けている様子で、一言の断りも言わぬ愚である。

愛犬マキの死

昭和27年12月初め等々力の家へ引っ越しの頃、目黒の家の買い取り主田中某の斡旋で貰い受けた日本犬である。十一月二十七日（？）に生まれ十二月初めから我が家の一員となった次第である。毛深くコロコロとして実に可愛らしい子犬であった。純粋の秋田犬らしいとの事であったが、日を経るに従って一寸怪しくなってきた。然し是ハマキの罪ではない。毛深いながらも赤茶色相当つよく、お預け、チンチン、お廻り、ワンワン位の芸はどうやら覚えたがそれ以上の訓練もせず、もっぱら番犬として育てられる事となった。リード？　無しで散歩していて犬殺し（野犬駆除員）に捕獲され、三河島の繋留所まで貰い下げに出向いた事もあった。おかしなものでこんな面倒な事があって尚一層マキへの愛着は増した。

40～50匹もまとめて入れられた檻の前に立って、一言「マキ！」と呼んだ時、奥から一目散に飛び出して来た姿は忘れられない。元来元気は中々に良く、早朝鎖を解いたすきに近所の養鶏小屋に入ってヒヨコを100匹位噛み殺してしまったと言う。実際は野犬数匹が先に暴れて居る処へアトからヘロヘロ出掛けて行って、他の野犬は逃げたのにマキは養鶏所の親父さんに後をつけられて我が家に案内して来たと言う事らしい。こちらの言い分もあったが三千円の包み金でおさめた。当時はまだ犬の放し飼いは一般的であったが、この事件後は自宅の裏側に金網の囲いを造った。が、一度味をしめたためか或る日の明け方金網を乗り越えて外に出ていき、帰って来てからは息苦しそうにして、吐いたりもしているうちに痙攣を起して死んでしまったという。恐らく畑などに毒入りの食べ物がまかれていたのを食べたのだと思う。もっとしっかり管理しておくべきであったと悔やまれた。保健所に連絡の上木箱にいれ、紫陽花一輪を添えて保健所員に託した由、会葬料2500円、塔婆料500円との事、吾々の田舎では考えられない便利なものだ。十年七か月の長い間我が家の一員として家を守り一生を終えたことを思うと感慨深いものがある。

エピローグ

存命中に直接言えなかった両親への感謝を表すために書き始めた自分史であったが、図らずも父正居・母巳冬それぞれの日記が見つかり、読み進んでいるうちに、父母が私に注いでくれた愛情の大きさに比べて、私が返した感謝の何と僅少であったかを改めて思い知ることになった。父正居とは一緒に暮らして20年、私の反抗期と重なり、父が病気がちであった事も加わって、じっくり話し合う機会が持てなかった。４年制大学を卒業して就職をするときにも父は長期入院中で殆ど相談が出来ないまま、卒業を待たずに亡くなった。父は自分が起こした食肉加工の仕事を私が継ぐことを望んでいただろうか。存命中に私が相談すらしなかった事を淋しく思っていたのではなかったか。私はと言えば入社後、仕事は与えられるものではなく、自分から探すものとの心構えを聞いてはいたものの、まわりが忙しく立ち働いている中で無理に仕事を創り出す事に耐えられなくなっていた。そんな状況でいるときに同じテーブルの先輩女性が「今年は当課から新人要求してない筈なんだけど……」と何気なく言った言葉が決定的になった。「自分は此の課には要らない人間なんだ」、呪文のようにこの言葉が頭の中を渦巻いた。退職を決意したがその後どう生きて行くかが問題であった。医者の家から養子として東京に来たからは、医者にだけはなるまいと漠然と決めていた筈だった。しかし自分にはサラリーマンとしてよりも、医師としての血が流れていると心が叫ぶ。悶々の日をかさねたあと考えあぐねて巳冬母に相談した。母は意外にも二つ返事で転職を賛成してくれた。私がサラリーマンに向いていないことを見抜いていたのだ。だがそれよりも東京の父母達は私が静岡の医家柴家に生まれながら自然と進むべき医師への道を変えてしまったことをずっと気にしていたのではなかったか。就職に際してお世話になった母の兄達との間に入って自分は賛成だととりなしてくれた。今更苦労することはないと大反対だった伯父たちもしまいには巳冬が賛成なら仕方がないと言ってくれた。後年母は「あの時が一番活気があって楽しかった」と笑いながら語ってくれた。

３年間の予備校生活の後医学部に入学、小児科医となって開業し40年になろうとする。振り返ってみればあのとき周囲に義理を欠き、多大な迷惑と心配をかけたけれど思い切って意思を貫いてよかったと思う。サラリーマンとしてそこそこ勤め上げたとしてもきっと満足は得られなかったであろう。父も母もそこを理解してくれたに違いない。心底から愛してくれたからこそ父母は自身の願いを引っ込めて医師の道を選ばせてくれたものと思う。

来世はあると最近は思えるようになった。と言うより、あって欲しいと強く思うようになった。けれどもその来世で私はどんなポジションにいるのだろう、何歳の私として存在するのか？　父や母は？　あるいは存在という概念すらないのかもしれない。そう考えると来世のかたちが崩れてくる。病気がちであった父の晩年は恐らく不本意であったと思うが、こうして父の自分史をまとめているうちに、父はかなり濃い人生を送ったのだと思えるようになった。父はその自分史を人に読ませるものではないと書いているが、プロローグで私が書いたように、それでも何らかの生きた証拠を遺したいとの思いはあったと思う。

明治の時代に郷里を遠く離れた鹿児島で高校生活を送り、桜島の大噴火を経験し、単身上海に旅行、大学卒業後は一旗揚げる事を目論んで独逸で５年余を過ごした後、ドイツ人技術者を帯同帰国して銀座に食肉加工工場とグリルを開店。経営は必ずしも順調ではなかったが、一度も辞めようと思ったことはないと日記に記している。一言で表せば、自分の思うがままに生きた一生であったと言える。30年余にわたる日記手帖と思い出の記を探し出すことが出来て、私が知らなかった父の像を埋め合わせてくれた。巳冬母についても私が直接見聞きして知っていた母とはことなるイメージが幾つも出てきた。ベルリンヤの商品代金の回収に単身松坂屋に督促に行ったこと、戦後の物資不足の折りヤミ市に出掛けて売買いしたり、初対面のひとの家にまで行って物々交換をしたり積極的に動き回っている様子がうかがわれる。母は６人兄弟の末っ子であったが、若し男に生まれたら３人の兄達のように立派な経営者として活躍したに違いない。

ひとりでたくさんの映画を観に行っていたことも新しい発見であった。「陽の当たる場所」や「サムソンとデリラ」「女中っ子」など自由が丘のロマンス座で一緒に見たのを懐かしく思い出す。私にとって上目黒時代が一番楽しい時期であった様に、母にとっても同様に思い出深い時期であったらとてもうれしい。そして私を養子として迎えた事が幸せであったのかどうか、どうしてもそこに行きついてしまう。私は自分が幸せであったと断言できる。母にとっても幸せであったと信じたい。父母の遺した日記を読んで、私はそんな事をしたのか、こんな事を言ったのかと悔やまれることが沢山あった。父や母は許して呉れたのだろうか、理解してくれていたのだろうか。総てをひっくるめて父、母、私と３人で幸せな家庭をつくれただろうか。残りの人生、引き続き答えを探して生きて行こう。

追伸：

妻の多美子が子供達にいつ、どのように真実を伝えたのかは知らない。恐らく親類の集まり等で中学～高校生頃までに徐々に気付いていったのだと思う。母はことあるごとに「死ぬまで2人のお婆ちゃんでいさせてくれ」と口にしていた。この約束は確かに守られていたと信じている。このことについて私は妻の多美子に深く感謝するものである。

〈著者紹介〉

鈴木 昌和（すずき まさかず）

静岡県静岡市出身。

1966年　慶応大学経済学部卒業
　　　　大正海上火災保険株式会社（現）三井住友海上入社
1968年　大正海上火災保険株式会社（現）三井住友海上退社
1970年　昭和大学医学部入学
1976年　昭和大学医学部卒業、小児科学教室入局
1980年　小平市公立昭和病院入職
1985年　小平市公立昭和病院退職、鈴木小児科医院開院
2004年　小平市医師会会長に就任
2010年　小平市医師会会長を退任

僕《ぼく》の少年時代《しょうねんじだい》

～昭和《しょうわ》を生《い》きた父母《ふぼ》の日記《にっき》より　感謝《かんしゃ》を込《こ》めて～

2024年1月29日　第1刷発行

著　者　　鈴木昌和
発行人　　久保田貴幸

発行元　　株式会社 幻冬舎メディアコンサルティング
　　　　　〒151-0051　東京都渋谷区千駄ヶ谷4-9-7
　　　　　電話　03-5411-6440（編集）

発売元　　株式会社 幻冬舎
　　　　　〒151-0051　東京都渋谷区千駄ヶ谷4-9-7
　　　　　電話　03-5411-6222（営業）

印刷・製本　シナジーコミュニケーションズ株式会社
装　丁　　川嶋章浩

検印廃止

Printed in Japan
ISBN 978-4-344-94186-1 C0095
幻冬舎メディアコンサルティングＨＰ
https://www.gentosha-mc.com/